马向于 编著

读名著 学知识 1

阆苑仙葩

——《红楼梦》中的植物知识

《红楼梦》中的大观园就是一个花木繁盛的植物世界……

U0595072

河南人民出版社

少儿精品
原创阅读书架
美绘版

图书在版编目（CIP）数据

阆苑仙葩：《红楼梦》中的植物知识 / 马向于编著
. -- 郑州 ：河南人民出版社，2016.3
（读名著，学知识）
ISBN 978-7-215-10006-0

Ⅰ．①阆… Ⅱ．①马… Ⅲ．①《红楼梦》研究②植物
学—青少年读物 Ⅳ．① I207.411 ② Q94-49

中国版本图书馆 CIP 数据核字（2016）第 070632 号

河南人民出版社出版发行

（地址：郑州市经五路 66 号 邮政编码：450002 电话：65788062）

新华书店经销 新乡市龙泉印务有限公司印刷

开本 880 毫米×1230 毫米 1/32 印张 20

字数：320 千字

2016 年 3 月第 1 版 2016 年 3 月第 1 次印刷

定价：108.00 元（共 4 册）

目录

第一章 《红楼梦》中的植物王国

《红楼梦》中描写了众多的植物，而大观园简直就是一个植物园。大观园的花草树木映照着金陵十二钗的悲欢离合，那些年年岁岁相似的花儿，见证了岁岁年年不同的离人。他们的歌哭言笑、他们的青春梦幻、他们的生活情趣和他们的才情学识，全都隐藏在大观园的一草一木里。

【宁国府里梅花开】

中国古代文人对梅花情有独钟，视赏梅为一件雅事。赏梅贵在『探』字，品赏梅花一般着眼于色、香、形、韵、时等方面。

在《红楼梦》中，与梅有关的内容相当多。如在第四十八回香菱的《吟月》诗中有"淡淡梅花香欲染，丝丝柳带露初干"之句。在第四十九回与五十回中，曹雪芹更是十分详尽地描绘了雪中赏梅、诗兴勃发的情景。不仅是在《红楼梦》中，梅花还经常出现在历代文人墨客的诗句中。"冰雪林中著此身，不同桃李混芳尘。忽然一夜清香发，散作乾坤万里春。"这是元朝著名诗人王冕写的一首《白梅》。

梅花究竟是怎样的一种植物呢？为何会如此令人向往呢？

梅花，又名梅，是原产于我国的蔷薇科、梅亚科植物，是一种落叶乔木，树干一般偏紫色，而且有横纹、有刺。梅花有五片花瓣，常见的颜色有白色、粉红色、红色、淡黄色，等等。

梅花是中国传统文化的代表，也是人们十分喜爱的花卉之一，已经有三千多年的栽培历史。我国的南京、武汉、无锡等城市将梅花定为市花。梅花不仅圣洁高雅，且因为在寒冷的冬春季节开放，因此被人们赋予了勇敢、坚强的内涵。梅花与同样代表着清高品格的兰花、竹子、菊花并称为"四君子"，又与松树、竹子这两种冬天不会凋谢的植物并称为"岁寒三友"。

梅花为什么会在寒冷的冬季盛开呢？实际上，梅树是喜欢温暖气候的，16℃～23℃的气温最适合它的生长。但是梅树生命力比较旺盛，

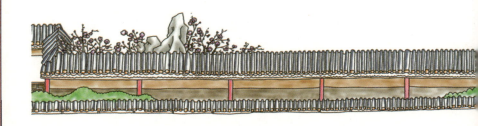

且具有一定的抗寒耐热能力，它的寿命甚至可达千年，因此即使是在严寒的冬季它也依然可以生长。但 -5℃～ -7℃是最适合梅花开放的温度。而我国很多地区，只有冬季到初春的平均气温才在这个温度范围之内，因此，梅花一般会在这个时间段内开放。具体来说，西南地区为12月至次年1月，华中地区为2至3月，华北地区为3至4月开花。

梅花不但可以用来观赏，还可以用作中药或食疗佳材，有疏肝理气助消化之功效。在《红楼梦》中，贾母最爱喝的养生茶就是"老君眉"了。每次贾母喝此茶时，都取用梅花雪水浸泡，使得此茶色泽鲜亮、香气高爽、其味甘醇，既养心又养生，自然也就成为了贾母最喜爱的养生茶。

柳叶飘飘大观园

由于『柳』与『留』谐音，因此古人在送别之时，往往折柳相送，以表达依依惜别的深情。

青青柳树装点了大观园的美景，在红楼梦第一回便有"风晨雨夕，阶庭柳花"，整部书亦有近三十处之多，如"花柳繁华地"、"绕堤柳借三篙翠，隔岸花分一脉看"、"莺儿便又采些柳条，越性坐在山石上编起来"。曹雪芹在书中以咏柳来比喻大观园儿女之才情、秉性和人际命运，可见他对柳树是情有独钟。

柳树在中国已有2000多年的栽培历史，属落叶大乔木，别名杨柳，在全世界有520多个品种。柳树生命力旺盛，耐寒、耐涝、耐旱，非常容易成活，所以诗中有云："无心插柳柳成荫"，正是这种无与伦比的适应性使之成为我国古往今来国土绿化最普遍的树种之一。柳树

在春天的时候会开黄绿色的小花，种子上有白色毛状物，等到成熟以后会随风飘散，这就是我们常说的"柳絮飘飘"。

柳树树形十分优美，喜温暖和潮湿的地方，它的叶子是单叶互生，叶片狭长但宽窄相宜，如同少女细长的眉毛，正如"芙蓉如面柳如眉"。我们常常能在早春的河边看到满树嫩绿的柳树，光滑柔软的枝条状若丝缘，纷披下垂，让人感到春意盎然，如杭州西湖的"柳浪闻莺"、贵阳花溪的"桃溪柳岸"等。

阿斯匹林是我们在日常生活中十分常见的一种解热镇痛药，它的学名叫乙酰水杨酸。可是你知道吗？阿斯匹林的发明竟然是起源于处

处可见的杨柳树。自古以来，人们就知道柳树皮具有解热镇痛的神奇功效。在中药里，柳絮性凉柔软，用它做枕芯能够安神催眠；柳叶含有丰富的鞣质，可以清热解毒、利湿消肿，能治疗上呼吸道感染和膀胱炎等。柳树木材颜色净白，有很强的韧性，所以可以用柳条来编制箩筐、提篮、抬筐、柳条箱及安全帽等，河柳枝皮的纤维还可作纺织及绳索原料。

怡红快绿怡红院

贾宝玉的住所为"怡红院"，这名字是从哪里来的呢？红指的是哪种植物呢？

怡红院是贾宝玉的住所，是大观园中最雍容华贵、富丽堂皇的院落之一。在第十七回中有"院中点衬几块山石，一边种着数本芭蕉，那一边乃是一棵西府海棠，其势若伞，丝垂翠缕，葩吐丹砂"。从这段描述中我们知道在怡红院内，一边种着芭蕉，一边种着海棠。正因为如此，此院才被宝玉题为"红香绿玉"，后来元妃改为"怡红快绿"，名"怡红院"。其中"绿"指芭蕉，"红"指海棠，这两者都意味院子里的海棠和芭蕉令人心旷神怡、心情愉快。

芭蕉是常绿大型多年生草本植物，茎高达 3～4 米，不分枝。它的叶子表面呈浅绿色，背面则是粉白色，并且非常的宽大，长可达 3 米，

宽约40厘米，呈长椭圆形。初夏时，叶丛中抽出淡黄色的大型花。"扶疏似树，质则非木，高舒垂荫"，是前人对芭蕉的形、质、姿的形象描绘。芭蕉喜欢温暖，耐寒性较弱，且适合在山高林密、土地肥沃的地方种植。芭蕉和香蕉同属一科，外形上也十分相似，并具有一定的药用价值。芭蕉叶预防瘟疫已有几千年的历史，它对很多病菌具有抑制和杀伤作用。

海棠是苹果属多种植物和木瓜属几种植物的通称与俗称，是中国著名观赏树种，也是怡红院的景观主题。海棠花花姿潇洒，花开似锦，被古人称之为"睡美人"，素有"花中神仙"之誉，历代文人墨客题咏不绝。如：郭积海棠诗中"朱栏明媚照黄塘，芳树交加枕短墙"就

是最生动形象的写照。

　　在《红楼梦》中提到的西府海棠，因晋朝时生长于西府而得名。西府海棠、垂丝海棠、贴梗海棠和木瓜海棠，习称"海棠四品"，是重要的温带观花树木。海棠花娇艳动人，但普通的海棠花并无香味，只有西府海棠既香且艳，可以称得上是海棠中的优良品种了。在北京故宫御花园和颐和园中就植有西府海棠，每到初夏花朵含苞待放之时，花蕾艳红，犹如点点胭脂；开放后则逐渐变成粉红色，花姿明媚，楚楚有致，与玉兰、牡丹、桂花相伴，形成"玉棠富贵"之意。

【竹叶青青潇湘馆】

所。潇湘馆里最主要的植物是什么呢？是竹子吗？

潇湘馆是黛玉的住

潇湘馆是林黛玉客居荣国府的住所。《红楼梦》书中描写贾政等走到潇湘馆前："忽抬头看见前面一带粉垣，里面数楹修舍，有千百竿翠竹遮映。众人都道：'好个所在！'"可见，竹子是潇湘馆中的主要植物。翠竹象征着正直不屈的高贵品质，高洁中带着儒雅。黛玉的诗号"潇湘妃子"，正是这样一种清雅脱俗、风姿绰约的美丽。竹子四季常青、挺拔秀丽、凌霜傲雨，倍受人们喜爱。古往今来，文人墨客嗜竹咏竹者众多，大诗人苏东坡则留下"宁可食无肉，不可居无竹"的名言。

世界竹类植物约有70多属，1200多种，是重要的森林资源之一。

凤尾竹，枝叶挺秀细长；琴丝竹，在金黄色的枝干上镶有碧绿的线条；湘妃竹，枝干上生有花斑，青秀婀娜；斑叶苦竹，在叶片上生有斑白图案；此外，还有龙鳞竹、碧玉竹、鸡爪竹等，也是竹中的珍稀品种。

竹子生长速度奇快，有的一天之内能长 1 米以上，仅仅两三个月内便可以完成发育。所以人们常用"雨后春笋"来形容事物迅速大量地涌现出来。竹子虽然常见，但是很少会有人看到竹子开花。实际上竹子是有花植物，自然也要开花结果。竹子的生命周期只有数年，一旦开花，也就意味着它的生命即将结束，但这样是为了推陈出新，促进竹林的成长。

我国对竹子的开发应用历史悠久，源远流长，古人就是用竹简、竹帛、毛笔这些竹文化用品记载了历史。竹子有很好的弹力，其抗拉

力和承重力是一般树木的 1～3 倍，是良好的建筑材料。毛竹因其特有的细密均匀的纹理、坚硬的质地，非常适合用来生产地板及其他装饰板。竹子还可以做成我们常用的竹菜板、竹席、竹椅等。此外，还能制成笙、管、箫等乐器，而青脆香甜的竹笋更是人们餐桌上的美味。

【蘅芷清芬蘅芜苑】

蘅芜苑，谐音"恨无缘"。住在这里，预示着宝玉和宝钗真的无缘吗？

蘅芜苑是薛宝钗在大观园里的居所。院中异香阵阵，奇草仙藤愈冷愈苍翠，牵藤引蔓，累垂雅致。宝玉游到此处时不禁说出"蘅芷清芬"四字，又有对联"吟成豆蔻才犹艳，睡足酴醿梦也香"，后元春赐名"蘅芜院"。

蘅，就是杜蘅，又名杜若、杜莲，是一种香草，也是一味中药，在《神农本草经》里被列为"上品"，是治肾、膀胱诸经的要药。芷也是一种草名，亦称"辟芷"，多年生草本植物，根粗大，茎叶有细毛，夏天开白色小花，果实椭圆形，根可入药。

不过，结合前后文来看，这里似乎是指香味和芷相似的蘼芜。蘼芜，

又名蕲茝、薇芜、江蓠，是川芎的苗，多年生草本，高 40～70cm。全株有浓烈香气。据辞书解释，蘼芜苗似芎藭，叶似当归，香气似白芷，是一种香草。古时，妇人们到山上采集新鲜的蘼芜，回来后放在阴凉处风干，然后用它做香料，或作为香囊的填充物。同时，它还具有祛风止眩、补肝明目、除涕止唾的功效，可治头风头眩、流泪、多涕唾、泄泻、咳逆等。

除了以上这几种香草，常见的芳香植物还有很多，如薰衣草、风信子、迷迭香、薄荷、百里香、洋甘菊、留兰香，等等。据不完全统计，在地球上有3600多种芳香植物，但被有效开发利用的却只有400多种。

我们生活在一个香的世界里。从洗手的香皂、美容的润肤霜、洗发用的香波，到食用的面包、糖果和花茶里都含有香料，甚至制造香烟、圆珠笔、橡皮也离不开香料。这些香料大部分取自植物。芳香植物不但能制作香料，还能吸收有害气体、净化空气。如万寿菊等能吸收大气中的氟化物；米兰、栀子花等能吸收二氧化硫；桂花、腊梅等能吸收汞蒸汽；腊梅、桂花、各种兰花等还具有较强的吸收烟尘的作用。

我国已知的香料植物约有350种，是世界上芳香植物最多的国家，且已形成了几种重要芳香植物的生产基地。如江苏生产的薄荷、留兰香；广东生产的香根、香茅、肉桂；广西生产的桂花、八角、肉桂；福建生产的白兰、米籽兰、芳樟、金合欢；新疆生产的熏衣草；陕西生产的香叶天竺葵、柠檬、香桂；浙江生产的代代墨红月季、香根。

【紫菱洲里水草柔】

贾迎春住所里有什么植物？从书中描写可以看出，苇叶和香菱是这里的主要植物。

　　紫菱洲是大观园一景，是一处临水建筑，贾迎春奉元春之命进大观园后，便居于此处的缀锦楼。后来，贾赦将迎春许嫁了孙绍祖，并将她接出大观园去。于是宝玉发惆怅，天天到迎春住过的紫菱洲一带徘徊，只见"那岸上的蓼花苇叶，池内的翠荇香菱，也都觉摇摇落落，似有追忆故人之态"，情不自禁吟此一歌。

　　从上面的"蓼花苇叶"和"翠荇香菱"，我们可以看出这些是紫菱洲里的主要植物。

　　蓼花，别名荭草、大红蓼、大毛蓼、游龙，因其花的形状很像狗的尾巴，故此得名"狗尾巴花"。它是一年生或多年生草本植物，开

白色或浅红色小花，多生长在湖泊、沼泽、河滩等水资源丰富的地方。蓼花全草、花穗、根和种子亦入药，有祛风明目、清热利尿之功效。

　　苇叶就是芦苇，是一种多年水生的高大禾草。芦苇外形纤细高挑、自然挺秀，宛如一位不施脂粉的聘婷女子，迎风而立。在灌溉沟渠旁、河堤沼泽地，经常可见到它优雅的身影，迎风摇曳、野趣横生。我们平时所吃的粽子，就是用苇叶包成的，吃的时候会有淡淡的清香。

　　香菱就是菱角，又名腰菱，是一年生草本水生植物，又称"水中落花生"，果实"菱角"为坚果，垂生于密叶之下的水中，必须全株拿起来倒翻才可以看得见。菱角在秋天成熟后就会变硬，如果不及时采摘它就会从茎上脱落然后沉入水底，等到来年春天生根发芽。菱角皮脆肉美，蒸煮后便可剥壳食用，亦可用来熬粥。菱角含有丰富的蛋白质、不饱和脂肪酸及多种维生素和微量元素，具有利尿通乳、止渴、解酒毒的功效。

　　翠荇也就是青荇，属浅水性植物，生于池沼、湖泊、沟渠、稻田、河流或河口的平稳水域。茎细长柔软而多分枝，匍匐生长，节上生根，漂浮于水面或生于泥土中。叶片形似睡莲，小巧别致，鲜黄色花朵挺出水面，花多且花期长，是庭院点缀水景的佳品。它的叶子可以用来做蔬菜煮汤，味道柔软滑嫩，在上古是美食。青荇一般在3～5月返青，5～10月开花并结果，到了9～10月果实才成熟。在气候温暖的地区，

青草期达 240 天左右，花果期长达 150 天左右。青荇的繁殖力和再生力很强，种植时将它的匍匐枝、根茎投入水中或埋入泥中便可，很容易成活。

当然，水生植物并非只有这几种，根据水生植物的生活方式，一般将其分为以下几大类：挺水植物、浮叶植物、沉水植物、漂浮植物以及挺水草本植物。

挺水植物：挺水型水生植物植株高大，花色艳丽，绝大多数有茎、叶之分，根或地茎扎入泥中生长，上部植株挺出水面。有荷花、碗莲、

芦苇、香蒲、茭白、水葱、芦竹、水竹、菖蒲、蒲苇、黑三菱等等。

浮叶植物：浮叶型水生植物的根状茎发达，浮叶植物花大，色艳，无明显的地上茎或茎细弱不能直立，叶片漂浮于水面上。有睡莲、凤眼莲、浮萍、萍蓬草、荇菜、慈姑、菱角、芡实、小浮莲。主要是莲科植物。

沉水植物：沉水型水生植物根茎生于泥中，整个植株沉入水中，具发达的通气组织，利于进行气体交换。有苦藻、黑藻、金鱼藻、狐尾藻、灯笼藻、眼子菜、刺藻、狸藻。主要是水草类。

漂浮植物：植株的根不生于泥中，株体漂浮于水面之上，漂浮植物随水流、风浪四处漂泊，多数以观叶为主，为池水提供装饰和绿荫。有水葫芦等。

挺水草本植物：美人蕉、梭鱼草、千屈菜、再力花、水生鸢尾、红蓼、狼尾草、蒲草、泽泻。适于水边生长的植物。

【曲径通幽之处苔藓生】

大观园中在阴湿的地面和背阴的墙壁上，生长着很多苔藓，形成了翠障，为园林增添了一番风韵。

在阴湿的地面和背阴的墙壁上，常常密集地生长着许多低矮弱小的植物，肉眼看呈现绿色，用手抚摸会有毛茸茸的感觉，这就是苔藓植物。苔藓植物是一群小型的多细胞的绿色植物，喜欢生长在阴湿的环境中，特别不耐干旱及干燥。其最大的种类也只有数十厘米，简单的种类，与藻类相似，成扁平的叶状体。在《红楼梦》中，曹雪芹曾提到："一进院门，便可见一堵翠障"，其后的"曲径通幽"处，"苔藓成斑，藤萝掩映"，这段话也恰好验证了苔藓的生活习性。

苔藓属于最低等的高等植物。植物无花，无种子，以孢子繁殖，其种类千差万别，地球上总共有 2.3 万多个不同的品种。会出现这么多个种类是因为它是一类对生活环境依

赖性非常强的植物，环境一变可能就又多出一个种类来。最常见的苔藓植物是葫芦藓，葫芦藓的植株高度约 1～3 厘米，没有真正的根，只有短而细的假根，假根主要起固着植物体的作用；葫芦藓有茎和叶，叶又小又薄，含有叶绿体，不仅能够进行光合作用，还能够吸收水分和溶解在水中的无机盐。别看苔藓植物很不起眼，但对环境却有着很大的贡献，不要小看它哦！

1. 可以防止水土流失。

苔藓植物一般生长密集，有较强的吸水性，因此能够抓紧泥土，有助于保持水土。

2. 有助于形成土壤。

许多苔藓植物都能够分泌出酸性代谢物来腐蚀岩石，加速岩石的风化从而促成土壤的形成，所以苔藓植物也是其他植物生长的开路先锋。此外，泥炭藓还可以用作肥料增加沙土的吸水性。

3．空气污染的监视器。

苔藓植物的叶为单层细胞结构，容易吸入空气中的污染物，对周围环境中的污染物如二氧化硫等有毒气体十分敏感，因此可以说它是大气污染的"监视器"。

4．可作燃料或药物。

泥炭藓晒干后可作为燃料，用来发电。有些种类的泥炭藓还可做草药，具有清热消肿的功效，泥炭酚还可治皮肤病。

【风露清愁木芙蓉】

木芙蓉花大而色丽，而且又容易种植，是中国园林艺术中常见的一种观赏植物。

林黛玉在怡红院宝玉寿诞掣得一根签，上面画有一枝芙蓉花，写着"风露清愁"四字。这四个字既映照了林黛玉多愁善感的性格，又切合了木芙蓉的风韵。红楼梦里提到的芙蓉花，一种是水芙蓉，也是我们平常所说的莲花；一种是木芙蓉，又名木莲，因花"艳如荷花"而得名，也有人称它为拒霜花。

木芙蓉是一种落叶灌木植物，丛生，高约1米，叶片大，呈裂状，三角，叶缘锯齿。木芙蓉对生长环境的要求极为苛刻，喜温暖湿润和阳光充足的环境，稍耐半阴，有一定的耐寒性，但对土壤要求并不高，

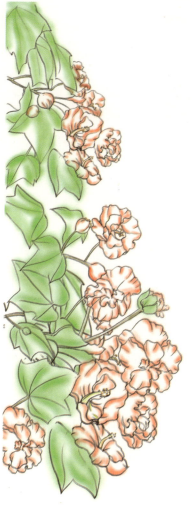

即使是贫瘠的土壤也能生长。木芙蓉可分为野生种、园艺种两大类，在花形上有单瓣和重瓣之分。野生种大都为单瓣，园艺种重瓣的居多。

芙蓉花最为人所道的便是它的花色一日三变，早晨初开花时为白色，至中午变为粉红色，下午又逐渐呈红色，至深红色则闭合凋谢，人们形容其"晓妆如玉暮如霞"，谓之"醉木芙蓉"。普通木芙蓉花一般都是朝开暮谢，而弄色木芙蓉却能花开数日，逐日变色。由于每朵花开放的时间有先有后，常常在一棵树上看到白、鹅黄、粉红、红等不同颜色的花朵，甚至一朵花上也能出现不同的颜色。南宋《种艺必用》也记载了弄色木芙蓉的花色变换

情况:"其花一日白,二日鹅黄,三日浅红,四日深红,至落呈微紫色。"
这些色彩的变化,看起来非常玄妙,其实都是花内色素随着温度和酸
碱浓度的变化所玩的把戏。

其次,是它"拒霜"的独特性格。此花盛开于农历九至十一月霜
降之后,也就是深秋。此时百花凋谢,它却傲霜绽放,在萧瑟的初冬
给人们带来一场美丽的盛宴。所以白居易有诗:莫怕秋无伴愁物,水
莲花尽木莲开。

【开到荼蘼花事了】

荼蘼花开代表女子的青春已成过去。荼蘼花开，表示感情的终结。荼蘼，意喻生命中最灿烂、最繁华或最刻骨铭心的爱即将失去。

《红楼梦》中有语：开到荼蘼花事了。荼蘼，究竟是一种什么类型的植物？它的花又是什么样子的呢？

所谓"开到荼蘼花事了"这句诗，出自宋代王淇《春暮游小园》诗：一从梅粉褪残妆，涂抹新红上海棠。开到荼蘼花事了，*丝丝天棘*

出莓墙。意思就是荼蘼花开，便是一年花季就要结束了。这一句是在《红楼梦》里的《寿怡红群芳开夜宴》这一回中，麝月抽到的花签上所提，曹公以此暗示小说人物的悲剧命运。

荼蘼，蔷薇科。落叶小灌木，攀缘茎，茎上有钩状刺，羽状复叶，小叶椭圆形，花白色，有香气，夏季盛放。荼蘼是夏季最后盛放的花，当它开放时便意味着夏天的结束、秋天的开始。因此，人们常常认为荼蘼花开是一年花季的终结。苏轼诗："荼蘼不争春，寂寞开最晚。"任拙斋诗："一年春事到荼蘼。"荼蘼花开代表女子青春已逝，也意味着一段感情的终结。荼蘼花在很多佛教著作中也都有提及，如佛语云："开到荼蘼"，意思就是花已凋谢，一切结束。有学者认为荼蘼就是彼岸花。

　　荼蘼产于我国，现在较少人知道，但它在古代是非常有名的花木，古人还给它取了不少好名字：佛见笑、百宜枝、独步春、琼绶带、白蔓君、雪梅墩等。荼蘼花色优美、香气宜人，将其藤蔓架起来，就可形成一道美丽的绿篱。它的花是很好的蜜源，还可以提炼香精。果实可以生吃，也可用作酿酒。在古时，有一种酿造荼蘼酒的方法：先把一种叫做"木香"的香料研成细末，放入酒罐中，然后密封。等到饮酒之时，开罐取酒，酒香浓郁。此时，再在酒面上洒满荼蘼花瓣，便可使香气四溢，令人陶醉。于是，这浮着片片荼蘼花瓣的酒水，便成就了宋人在暮春里的一场场欢宴。

满纸茶香红楼梦

中国茶文化源远流长，品种丰富，《红楼梦》中对茶文化的研究也有一番韵味。

　　红楼梦中的贾府是京城里的名门望族，"钟鸣鼎食"、"诗礼簪缨"，对茶的讲究自然也是不同于寻常百姓家。据统计，整部书中有273处提到的名茶就有好几种，如贾母不喜欢的"六安茶"、妙玉特备的"老君眉"、怡红院里常备的"普洱茶"（"女儿茶"）、暹罗国进贡的"暹罗茶"、茜雪端上的"枫露茶"、黛玉房中的"龙井茶"。此外还有多次提到的"漱口茶"、"茶泡饭"等含茶字的茶。

　　中国茶的名目繁多，千姿百态，所以民间有"茶叶学到老，茶名记不了"的俗谚。茶叶共分为六大类：即绿茶、红茶、乌龙茶、花茶、

白茶、紧压茶。中国汉族人饮茶，据说始于神农时代，少说也有4700多年了。一般说来，长江以南的人多喜欢饮绿茶，而北方大多数人则喜欢饮红茶和花茶（俗称香片）。广东、福建一带喜欢饮乌龙茶，而西南一带又喜欢饮普洱茶。

茶属于山茶科，为常绿灌木或小乔木植物，植株高达1～6米，喜欢湿润的气候，在中国长江流域以南地区有广泛栽培。茶树种植3年就可以采叶子。一般清明前后采摘长出4～5片叶的嫩芽，用这种嫩芽制作的茶叶质量非常好，属于茶中的珍品。茶与可可、咖啡并称为当今世界的三大无酒精饮料，为世界三大饮料之首。

西湖龙井

绿茶，产于浙江省杭州市西湖周围的群山之中。杭州不仅以西湖

闻名国内外，也以西湖龙井茶誉满全球。其色泽嫩绿泛黄，外形扁平光滑，苗锋尖削。汤色嫩黄（绿）明亮，滋味清爽浓醇。

武夷岩茶

产于福建"奇秀甲东南"的武夷山，茶树生长在岩缝之中。武夷岩茶为乌龙茶类，有茶中之王的美誉，具有绿茶之清香，红茶之甘醇，是中国乌龙茶中之极品，中国十大名茶之一，其中著名的大红袍享誉世界。

洞庭碧螺春

绿茶。产于江苏省苏州市太湖洞庭山。碧螺春茶条索纤细，其外形如同卷曲的毛螺，满皮白色绒毛，汤色嫩绿明亮，香气清爽持久，滋味鲜爽味醇。

黄山毛峰

绿茶。产于安徽省的黄山。茶芽格外肥壮，柔软细嫩，叶片肥厚，经久耐泡，香气馥郁，滋味醇甜，乃茶中的上品。

庐山云雾茶

绿茶。产于江西省九江市庐山。庐山云雾茶色泽翠绿，香如幽兰，味浓醇鲜爽，芽叶肥嫩显白亮。

安溪铁观音

乌龙茶。产于福建省泉州市安溪县。安溪铁观音茶历史悠久，素有茶王之称，香气馥郁持久，有桂花香；滋味醇厚甘爽生津；汤色橙黄鲜丽。

信阳毛尖

红茶。产自河南省信阳地区的群山之中，是中国著名的毛尖茶，河南省著名特产之一。信阳毛尖素来以"细、圆、光、直、多白毫、香高、味浓、汤色绿"的独特风格而饮誉中外。

第二章 《红楼梦》中的天文学知识

　　《红楼梦》中除了描写大观园千姿百态的植物外，也从另一方面描写了当时的天文状况。这些描写从科普的角度来阐述，让我们得到另一番的启迪。

【天真的是用石头补起来的吗】

神话中，天塌了，暴雨连绵，洪水泛滥，女娲不忍心让人间遭受涂炭，于是炼制五彩石补天，拯救了万民。

《红楼梦》引用了古老的"女娲补天"神话作为开篇，为整部书染上了一层浪漫主义色彩。那么，"天"究竟是由什么组成的呢？它真的如同神话中所说的是女娲用石头补起来的吗？

实际上，我们所说的"天"，就是地球大气层，又称大气圈，整个地球就是被一层很厚的大气层所包围着的，它是地球最外部的气体圈层。原始大气因为地球引力的作用，聚集在地球周围，主要成分有二氧化碳、一氧化碳、氧气和氨气。原始大气经过漫长的演化过程，

形成了现在适合生物呼吸的大气。

据科学家估算，大气质量约有 6000 万亿吨，差不多占地球总质量的百万分之一，大气层的成分主要有：氮气 78.1%；氧气 20.9%；氩气 0.93%；还有少量的二氧化碳、稀有气体（氦气、氖气、氩气、氪气、氙气、氡气）、水蒸气和尘埃等。大气层的空气密度随高度的增加而变得越来越稀薄，根据这些特点可将大气层分为对流层、平流层、中间层、暖层和散逸层，再上面就是星际空间了。大气层保护地球表面避免太阳辐射直接照射，特别是紫外线。

虽然天空不需要用石头来补，但是现在它却真的存在缺口，那就是臭氧层"空洞"。臭氧是大气中的微量气体之一，它主要集中在平流层中。臭氧层对保护地球上的生物界以及调节地球的气候都具有极为重要的作用。经科学家研究；大气中的臭氧每减少 1%，照射到地面上的紫外线就增加 2%，人类患皮肤癌的机率就会增加 3%，同时还会受到白内障、免疫系统缺陷和发育停滞等疾病的袭击。然而，近些年，

人类大量使用的氯氟烷烃化学物质（如制冷剂、发泡剂、清洗剂等）对臭氧层造成了严重的破坏，以致于在南极上空出现了"臭氧空洞"。现在，空洞越来越大，人类真的需要"补天"了。如果大气圈的臭氧层全部遭到破坏，太阳紫外线就会杀死所有陆地生命，人类也会遭到"灭顶之灾"，地球将会成为无任何生命的不毛之地。可见，臭氧层空洞已严重威胁到人类的生存了。

【天上一轮才捧出，人间万姓仰头看】

古人对晚上那轮皎洁的月亮历来是情有独钟，限于对自然现象的科学认识，古人对月亮的幻想非常丰富。

《红楼梦》第一回，贾雨村"对月寓怀口号一绝"中吟道："时逢三五便团圆，满把清光护玉栏。天上一轮才捧出，人间万姓仰头看。"此诗通过对月亮的描写，表达了贾雨村心中的理想抱负。自古以来，有无数的诗人和画家，用美妙的笔墨描绘过它，赞美过它；民间也流传着嫦娥奔月、吴刚伐桂、玉兔捣药等许多动人的神话故事。月亮的雅称在汉语中是最多的，例如：广寒、丹桂、飞镜、嫦娥、婵娟、玉壶、玉轮、悬钩、银盘、望舒、冰壶、圆蟾、明镜、瑶台镜，等等。

月亮上究竟是什么样的？是否真的有人居住？人们一直没有确切的答案。直到 1609 年，伽利略开始用望远镜观察月球，人们才逐渐看清月亮的真面目。月亮是环绕地球运行的唯一的天然卫星，也是离地球最近的天体，与地球之间的平均距离是 39 万千米。月球比地球小，同样有壳、幔、核等分层结构，直径是 3476 千米，大约等于地球直径的 3/11。月球的表面积大约是地球表面积的 1/14，比整个亚洲的面积还略小一些。它的体积是地球的 1/49，换句话说，地球里面可以装得下 49 个月球。月球的质量是地球的 1/81，月球的引力只有地球的 1/6，也就是说，我们拿着在地球上 6 千克重的东西到了月球上，就只有 1 千克重了。

月球上大气很少，而且没有水。因为大气稀少，所以月球的昼夜温差非常大。白天，在阳光直射的地方，温度高达 127℃；到了夜晚温度可低到零下 183℃。可见，月亮是不适合人类居住的。月亮的表面并不是光滑平整的，而是坑坑洼洼、高低不平的。月亮上还有很多环形山，其中央是一个陷落的深坑，四周有高耸直立的岩石。环形山

的高度一般在 7～8 千米之间，最大的环形山是贝利环形山，在月亮的南极附近，直径达 295 千米。在月球表面，直径大于 1 千米的环形山总数达 33000 多个。科学家们认为，多数环形山或月坑是由流星体、小行星和彗星撞击形成的；还有一部分的环形山则是由火山爆发形成的。

月球自己不发光，靠反射太阳光才发亮。随着月球每天在星空中自西向东移动一大段距离，它的形状也在不断地变化着，这就是月球位相变化，叫做月相。

【『厚地高天』，地到底有多厚】

天有多高？地有多厚？古人是无法获取科学答案的，但在今天，我们可以知道这些正确的知识。

在《红楼梦》中，曹雪芹借"厚地高天"来比喻爱情的深远绵绵不绝。但我们脚底下的"地"到底有多厚呢？在古代，由于科学技术不发达，人们无法得出准确的数字。然而，在科学技术日新月异的今天，我们对地球已经有了相当的了解。

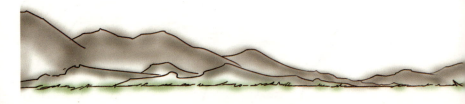

　　经过人类长期以来对地球的认识和科学探测，已知地球是一个南北两极半径稍短的椭圆形球，赤道半径稍长，两者相差 21 公里，平均半径是 6371 公里。如果说地厚也只为 12756.28 公里。地球的体积为 $1.083×10^{12}$ 立方公里，它的质量为 $5.974×10^{24}$ 公斤。密度为 5.52 克每立方厘米，自转速度每秒 500 米，公转速度每秒 29.79 公里。

　　地球内部大致可分为地壳、地幔和地核三大部分。地壳的厚度在地球的全部结构中只是薄薄的一层，人们所说的地厚应该指的是地壳这一层。据新近的探测资料报道，它的平均厚度为 17 公里。它是由各种不均匀的岩石组成的，除地表覆盖着一层薄薄的沉积岩、风化土和海水外，主要是由花岗岩一类的物质组成。当然，由于地球表面是凹凸不平的，所以有的地方就比较厚，如我国西藏高原达到四五十公里；有的地方就很薄，如在大洋深处，地壳仅仅只有几公里。

　　地壳下面是地球的中间层，叫做"地幔"，厚度约 2865 公里，主要由致密的造岩物质构成，这是地球内部体积最大、质量最大的一

层。主要成分是铁镁硅酸盐类，呈固态。地幔从 33～1000 千米为上地幔，1000～2500 千米则是下地幔。

地幔下面是地核，地核的平均厚度约 3400 公里。地核还可分为外地核、过渡层和内地核三层。外地核厚度约 2080 公里，物质大致成液态，可流动；过渡层的厚度约 140 公里；内地核是一个半径为 1250 公里的球心，物质大概是固态的，主要由铁、镍等金属元素构成。地核的温度和压力都很高，在 5000℃以上，压力达 1.32 亿千帕以上，密度为每立方厘米 13 克。

【看天河正高，听谯楼鼓敲】

夏日晴朗的夜晚，遥望苍穹，繁星点点，一条繁星组成的亮带，引起无数人的遐思。

《红楼梦》第二十八回，蒋玉菡唱词中有"看天河正高，听谯楼鼓敲"的句子，这两句诗是说银河在高高的天空中，钟鼓楼上已响起午夜的鼓声。

在晴天的夜晚，就会在天空中看到一条白茫茫的亮带，好像一条大河，从东北向西南方向将整个天空一分为二，这就是银河。在银河里有许多小光点，如同银白色的粉末，辉映成片。银河在民间又称"天河"、"天汉"。自古以来，气势磅礴的银河就是人们十分注意观察和研究的对象，不知道曾引起多少美丽的遐想和动人的故事。我国著

名的神话故事牛郎织女鹊桥相会，这鹊桥就是铺设在这天河之上。传说王母娘娘为了阻止牛郎与织女相恋，就用银簪在天空中划下一条银河，从此，牛郎织女隔河相望，唯有每年七夕才得以相见。在夜空中，分处银河两边的牛郎星和织女星特别引人注目。

美丽的神话故事不能代替令人满意的科学解释。银河究竟是什么呢？望远镜发明以后，这个问题便有了正确的答案。17世纪初期，伽利略用他自己制造的望远镜观察银河，惊喜地发现银河原来是由许许多多、密密麻麻的恒星聚集在一起而形成的。由于恒星发出的光离我们很远，数量又多，又与星际尘埃气体混合在一起，因此远远看去就像一条烟雾笼罩着的光带，十分美丽。银河不是银河系，而是银河系的一部分。银河系大约由2000亿颗恒星组成，直径有8000光年。

根据现代天文观测及测算，牛郎星距我们有16光年（1光年约等于10万亿公里），织女星距离我们26光年，两星之间相距16光年，

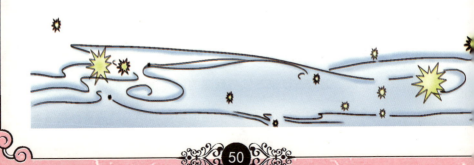

即使牛郎给织女打个电话，织女也要等到16年后才能听到牛郎的声音。因此两人每年的"鹊桥相会"是根本不可能发生的。科学的发展开拓了人们的视野，也弄明白事实的真相。古人不知道银河是什么，把银河想象为天上的河流，现在看来确实有点荒谬。书中蒋玉菡对天河的认识也仅限于神话传说，也许他无论如何也不会认识到天河竟然是由星星组成的。

【古今的月亮是一样的吗】

万事万物都有从生长到灭亡的过程，地球、太阳、月亮也不例外。月亮是怎么诞生的呢？

《红楼梦》诗中云："月本无今古，情缘自浅深。"意思是说古时的月亮与今天的月亮是一样的，人的感情有深有浅是不相同的。人类的感情都是不尽相同的，古代的月亮和现在的月亮真的一样吗？实际上，星体和人一样，都是有生命期限的。人在不同的年龄是不一样的，而月亮在不同的时间里的状态也是不同的。只不过，人的寿命是用年来计算，而月亮的寿命一般以亿年来表示。由于人的寿命太短促，所以难以发现月球的变化。人类认识到星体有寿命也只是近代的事情，

所以红楼梦里的薛宝琴肯定意识不到这个问题。

　　人类的生命过程可以分为胎儿、婴儿、幼儿、少年、青年、壮年、老年等。我们观察宇宙中的各种天体，也可以观察到有原始星云、原始星、主序星（相当于人的青、壮、成年期）、老年星（又叫红巨星）和濒临死亡的白矮星及死亡后形成的中小星、黑洞。最初，原始星云中的物质慢慢收缩，形成原始星的胚胎。原始星云继续收缩、密集、升温、升压，形成不均匀的物质区，演变成致密星云块。最后，再进一步在高温、高压、强磁力作用下形成原始星。这如同是新生儿的出世，然后不断发展壮大成为主序星，这个阶段要经过相当长的时间，正如人类的青、壮年。最后，由于燃料耗尽，热核反应变弱等原因会逐渐

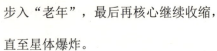

步入"老年",最后再核心继续收缩,直至星体爆炸。

所有的星球都有寿命,太阳的生命期约为 100 亿年。现在它已经生存了 50 亿年,可能再过 50 亿年太阳系就不复存在。也许到那时候,地球上的人类就要到银河系之外去寻找适合居住的星球了。当然,科技发达到一定程度,人们也可以自己制造出一个"地球",供人类生活居住。

通过上面的讲解,我们知道月亮是有寿命的,古今的月亮是不一样的,古代的月亮应当"年轻"些,今天的月亮应该显得"苍老"些才对!

【为什么会说『月满则亏』】

为什么每三十天月圆一次？圆月过后又会是什么状况呢？

　　秦可卿夭亡后托梦给王熙凤，让她早做抽身的准备："常言道'月满则亏，水满则溢'"。从这句话中我们看到一个天文学现象——"月满则亏"，为什么"月满"就一定会"亏"呢？

　　月亮在围绕地球公转的同时也在不停地自转，这两者的周期和方向都是一样的，因此月亮总是以相同的一面对着地球。在人造卫星升空之前的漫长岁月中，人们还不曾见过月亮的后背。月亮本身不会发

光，它是把照射在它上面的太阳光的一部分反射到地球上，这样，对于地球上的人们来说，随着太阳、月亮、地球相对位置的变化，在不同的时间里月亮就会呈现出不同的形状，这就是月亮位相变化，叫做月相。

当月球运行到太阳和地球之间时，月亮被太阳照亮的半球就会背对着地球，所以人们在地球上就看不见月亮，这一天称为"新月"，也叫"朔日"，这时是农历初一。过了"新月"，月球顺着地球自转方向运行，亮区逐渐转向地球，我们就可以在西方的天空看到一轮银钩似的月球，弓背朝向夕阳，这一月相叫"蛾眉月"，这时正是农历初三、初四。

随后，月球与太阳的距离越来越远，到了农历初七、八的时候，月亮的半个亮区对着地球，我们可以看到半个月亮（凸面向西），这一月相叫"上弦月"。当月球运行到地球的背日方向时，即农历十五、十六、十七，月球的亮区就会全部对着地球，所以我们就能看到一轮皎洁的圆月，洁白的月光洒满大地，这一月相就是"满月"，也叫"望"。

但是"好景不长"，过了满月以后，

月亮逐渐向太阳移近，亮区西侧开始亏缺，月面就会出现我们所说的"月满则亏"的现象。到农历二十二、二十三，又能看到半个月亮（凸面向东），这一月相叫做"下弦月"。在这一期间月球日渐向太阳靠近，半夜时分才能从东方升起。再过四五天，月球又会变成一把弯弯细细的镰刀，弓背朝向旭日，这一月相叫"残月"。当月球再次运行到日地之间时，月亮又重新回到"朔"。月相就是这样周而复始地变化着。如果用月相变化的周期（即一次月相变化的全部过程）来计算，从新月到下一个新月，或从满月到下一个满月，就是一个"朔望月"，时间间隔约 29.53 天，中国农历历法就是根据这个变化周期来制定的。

读名著 学知识·《红楼梦》

【四季更替是无法改变的】

自然规律是无法更改的，万物生长、灭亡是无法改变的。春去秋来的四季变化规律亘古不变。

在《红楼梦》中，有许多篇幅描写了人们悲秋的心理感觉，如探春的《残菊》、黛玉的《秋窗风雨夕》等诗。"三春去后诸芳尽"，萧瑟秋天让人倍感忧伤，于是更加怀念春天的种种美好。

四季的变化是怎么形成的呢？我们是否能阻止秋天的到来，把春天一直留住呢？

我们知道，地球绕太阳公转的轨道是椭圆形的，而且与其自转

的平面有一个夹角。当地球在一年中不同的时候，处在公转轨道的不同位置时，地球上各个地方受到的太阳光照是不一样的，接收到太阳的热量不同，因此就有了季节的变化和冷热的差异。气温是决定季节的主要因素，所以我们不难理解太阳光直射的地方，将是夏季，而斜射得最厉害的地方将是冬季，处于这两者之间的则是春季或秋季。假如地球是垂直地绕太阳旋转的话，太阳光线就会永远直射在地球的赤道附近，而地球上其他地方的地平面与太阳光的夹角也永远不会变，那么地球上就不会再有四季的变化。

在气候上，四个季节是以温度来区分的。在北半球，每年的3～5

月为春季，6～8月为夏季，9～11月为秋季，12～2月为冬季。地球上的四季首先表现为一种天文现象，不仅是温度的周期性变化，而且是昼夜长短和太阳高度的周期性变化。当然昼夜长短和正午太阳高度的改变，决定了温度的变化。在南半球，各个季节的时间刚好与北半球相反。南半球是夏季时，北半球正是冬季；南半球是冬季时，北半球是夏季。

四季与昼夜的变化是天体运动的规律，在各个季节之间并没有明显的界限，季节的转换是逐渐的。四季变化是天体运动的结果，是我们人类无法改变的，如果明白了这个道理，那么《红楼梦》中的人们恨春、悲秋、暮愁的心理也就不会难以理解了。

【夜叉星是什么星】

人们总认为，人倒霉的时候喝凉水都塞牙，看到扫把星真的就会倒大霉吗？

在《红楼梦》第四十四回中，贾琏说："平儿也一肚子委曲不敢说，我命里怎么就犯夜叉星！"这里的夜叉星，是什么星星呢？

实际上，天上并没有叫夜叉的星宿，古人是把彗星说成是夜叉星或者扫把星。在生活中经常听到有人提到某个人是个"扫把星"，是说这个人不仅自己运气不好，他周围的人也会跟着他倒霉。其实，这只是一种迷信的说法而已。

彗星是绕太阳运行的一种奇特的天体，它的轨道又扁又长，有时还带着一条长长的会发光的尾巴。在历史上，由于彗星形状怪异、行

踪不定，人们常把它的出现看成是某种不祥之兆，往往将其与战争、倒霉和麻烦联系在一起。后来，随着科学的进步，人们才逐渐认识到，彗星的出现其实是一种十分普通的天体现象，并且可以通过计算准确地预测出它出现的时间。

　　一般彗星由彗头和彗尾两部分组成，彗头包括彗核和彗发，有的还有慧云。彗核是由石块、尘埃，或者混和着水、冰块和各种气体（如甲烷、氨、氰、氮、二氧化碳等）的"冰块"及它们的化合物所组成。彗核的直径很短，一般只有几千米到十几千米，最小的甚至只有几百米。彗核周围有一层雾蒙蒙的东西叫彗发，这是由于彗星接近太阳时在太阳光能的作用下，彗核里的"冰块"逐渐汽化而产生的。彗核和彗发合称为"彗头"。彗头的直径随着与太阳的距离的不同而作不规则的变化，最大可达数 10 万千米，甚至 100 多万千米。

　　当彗星接近太阳时，在太阳光和太阳风斥力的作用下，彗头的微

小尘埃及气体就可能被压向后面，在彗头背向太阳的一面形成了一条长长的彗尾，就像一个扫把，因此人们又称它为"扫把星"。

虽然人类对彗星的组成结构已有所了解，但彗星的起源至今仍是个未解之谜。不过随着科学技术的发展，相信未来的科学家们一定能解开这个谜团。

第三章 《红楼梦》中的自然科学

《红楼梦》中也有很多奇闻趣事，引人好奇不已：为什么宝钗身上有一种独特的香味？那个时候没有牙膏牙刷，人们又是怎么保持牙齿清洁、健康的？

【梦是怎么形成的】

我们都做过梦，好梦、噩梦都有，但梦是怎么形成的呢？

《红楼梦》写梦之多、写梦之奇、写梦之妙，堪称一绝。据统计，《红楼梦》共写了大大小小三十二个梦。曹雪芹通过对梦境的描写，折射出了大观园内人物丰富复杂的心理世界。

人有三分之一的时间都在睡梦中，因此，不可避免的就会做梦。人为什么会做梦？梦说明什么？有没有预示意义？古今中外的人们都一直在孜孜不倦地寻找这些问题的答案。

对于梦是怎么形成的，目前还没有明确的说法。有学说认为，梦

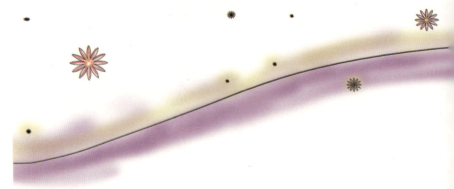

是人在睡眠状态中的一种心理活动，梦中的心理活动与人清醒时的心理活动相同，都是客观事物在人脑中的映射。人进入睡眠状态后，脑神经细胞抑制状态并不深，还处于"工作"（兴奋）状态。一旦接受到来自体内外的种种刺激，大脑中相应的记忆痕迹就会被激活，于是便产生了丰富多彩的梦境。例如，在睡眠时，如果闻到淡淡的花香，梦者就可能会梦见自己置身于百花争艳、芳香洋溢的花园里；如果将手放在胸口睡觉，可能会梦见自己呼吸困难；有时人常梦见自己腹部被人袭击，后经诊断，是腹部健康出现问题。这都是人的身体接收到体内外的刺激，发出神经冲动，传到大脑皮质相应的神经中枢部位，引起神经细胞兴奋造成的。我们常说的"日有所思夜有所梦"就是这个意思。

　　为什么有的人一睡着就做梦，而有的人却整夜都不做梦呢？人的睡眠分为慢波睡眠和快波睡眠，这两种睡眠形式交替进行，一个人晚

上 8 小时的睡眠时间里，分别有 4 个慢波睡眠和快波睡眠周期。在快波睡眠中被唤醒的人有 80％正在做梦，在慢波睡眠中被唤醒的人有 7％在做梦。一个人每晚做梦的时间在 1.5 小时左右。由于梦相伴睡眠周期循环规律，所以在快波睡眠中醒来的人，感觉梦多，而在慢波睡眠中醒来的人，感觉梦少。此

外，人能记住的梦多在快觉醒时，而刚入睡时的梦早就消逝得无影无踪了。这也是人们感觉梦多或少的原因之一。

　　一般来说，白天情绪不佳，身体不适，或受到声音与物理性刺激，气压与气温明显变化时，都容易做梦。经调查发现，视觉方面的梦最多，其次是：听觉、运动觉、触觉，最少的是味觉。当然，有些梦是重叠的，比如梦中同时有视觉、味觉出现。有人说，梦都是黑白的。其实也有彩色的梦，如绿树、蓝天等，约占视觉梦中的十分之一。

【为什么不见其人，先闻其声】

声音的传播有着它独特的性质：看不见、却听得见。

林黛玉进贾府时首次见到王熙凤的情景便是还没有看见王本人，就已经听到了她的朗朗笑声。这看似普通的一个相见场景，其实也蕴藏着不少的科学知识呢！

为什么会没见到人就先听见声音呢？又为什么会知道这声音就是王熙凤的呢？

声音是一种压力波，当我们拍打桌子、演奏乐器时，它们的振动会引起介质（空气分子）有节奏地振动，使周围的空气产生疏密变化，

形成疏密相间的纵波，这就产生了声波。这种现象会一直延续到振动消失为止。声音传播最关键的因素是要有介质。介质指的是所有固体、液体和气体，这是声音能传播的前提。所以，真空不能传声。声音传播的速度非常快，而且在不同的介质中它传播的速度也不一样，如：

空气（15℃）：340m/s,

空气（25℃）：346m/s,

水（常温）：1500m/s,

海水（25℃）1530m/s,

钢铁：5200m/s,

冰：3160m/s

软木：500m/s,

松木：3320m/s

尼龙：2600m/s

水泥：4800m/s

由此可知，人行走的速度远远低于声音在空气中的传播速度。所以在《红楼梦》中，还没见到王熙凤的人，就已经听到了她的声音。可是，每个人都会发音，是根据什么来判定这个声音就是王熙凤的呢？这就是因为音色不同的原因了。音色又名音品，是指声音的感觉特性。音调的高低决定于发声体振动的频率，响度的大小决定于发声体振动

的振幅，但不同的发声体由于结构和材料的不同，所发出声音的音色也就不尽相同。根据不同的音色，即使在同一音高和同一声音强度的情况下，人们也能分辨出是不同乐器或人发出的。所以，对于大观园里的人来说，即使没有见到凤姐，只要听到她那特有的声音就知道是她来了。

【林黛玉身上的幽香是从哪来的】

人的身上会有独特的气味，并且每个人都有所差别。也正是这些差别，才有了爱与恨的情别离很。

在第十九回中，写贾宝玉和林黛玉共枕闲话时，"宝玉总未听见这些话，只闻得一股幽香，却是从黛玉袖中发出，闻之令人醉魂酥骨。"在《红楼梦》成书的时代，香水还没有发明，那么林黛玉身上的幽香是怎么来的呢？

人的身体能够分泌一种激素，形成自己独特的生理气味，通常我们叫做体香，专业上称做信息素或外激素。林黛玉身上的"幽香"就是体香。我们每个人都有属于自己的体香，体香就像我们的指纹一样，是我们自身的一种独特标志。警犬在追捕犯罪分子时就是根据其体味来找出凶手的。

在美国《国家科学院学报》上，来自瑞典卡罗琳斯卡大学医院的

研究小组通过研究发现：人的体味会对异性产生刺激反应，能散发吸引爱人的魅力。这种从人体释放出来的具有芳香性的气味一般自己都不会闻出来，只有别人才能深切感受，尤其是异性。当这些气味和汗液混在一起分泌出来后，对异性的效果就妙不可言了。科学家研究发现：与异性长期隔离的人群，极易产生焦躁压抑的情绪和氛围，倘若此时只有一丝微弱的异性气味散发其中，就会神奇地化解这些不良情绪，让人心绪宁静。这种情况对男女两性都适用。比如，太空站的宇航员经常莫名头疼并且浑身不适，增加了一名女性宇航员后，这些症状就都自动消失了。

　　每个人对味道的偏爱都有所不同，但相同的是，相爱的男女都对爱人的体香十分入迷，激起自己无限柔情。他们会在众多的气味中轻松地辨出属于自己的、特殊的那一个气味，即使这种气味在旁人闻起来只是一种"汗臭味"。看到这里，我们也就不难理解为什么林黛玉的体味会令贾宝玉神魂颠倒了。

【古代的人们是怎么清洁牙齿的】

如果不刷牙，要保持牙齿洁白是非常困难的。古人是怎么做到牙齿洁白的呢？

牙具对于现代人来说并不陌生。牙膏、牙刷已经成为现代人生活的必需品，刷牙是现代人最为寻常的一种卫生习惯。可是在古时并没有现代的牙具，他们又是怎么清洁牙齿的呢？

中国人很早便有了洁牙护齿的习惯，并且从刷牙的用具和方法来看，无不彰显出古人的聪明与智慧。《红楼梦》中就记载了贾宝玉每天清晨用青盐擦牙的习惯。盐有很好的抑菌效果，而且按照中医的理

论，食盐味咸，入肾，齿为骨之余，肾又主骨，所以食盐对牙齿有保健清洁的作用。

早在先秦时期，人们不仅在早晨漱口，而且已经形成了食后漱口的习惯。随着历史的推进，除了用清水外，隋唐时期的人们还喜欢用浓茶作为漱口水。茶叶中除有维生素外，还含有单宁和少量的氟化合物。单宁具有抗菌、杀菌的作用，氟化合物有防止龋齿的作用。当时还比较流行"杨枝揩齿法"，就是通过咀嚼杨柳来清洁牙齿。人们咀嚼芳香植物的嫩枝，不但能使口腔空气清新，还能利用嫩枝顶端分出的许多纤维来清洁牙齿和牙龈。

李时珍也说，用嫩柳枝"削为牙枝，涤齿甚妙"。此时也出现了用各种具有护齿洁齿效果的中药研磨而成的牙粉，可以说，这就是牙膏的雏形了。

　　牙刷是历史上的一项重要发明，而我国是最早发明牙刷的国家。到了宋代，人们已经懂得利用马尾毛来制作植毛牙刷了，甚至还出现了专门制作和经营牙刷的店铺。"牙刷"一词就是在这个时代出现的。曾被誉为"人类文明的第一把牙刷"的发明者英国人威廉·阿迪斯，他在监狱中制作的骨柄猪毛牙刷脱胎于 1770 年前后，比我国出土的辽代牙刷晚了 800 多年，可见我国口腔护理历史之悠久。令人引以为豪的是，许多古老的洁牙护齿的做法并没有随着历史的演变而消亡，时至今日仍在发挥着它的作用。

【王熙凤银箸试菜毒，能试出来吗】

古代常有银针验毒一说，这是否科学呢？

在《红楼梦》第四十回里，凤姐吃饭时对乡下来的刘姥姥说，"菜里若有毒，这银子下去了就试得出来……"

用银器插入食物或酒中检验是否有毒，这一"银针验毒"的情节不仅出现在《红楼梦》中，还穿插在现代各种关于古代社会生活的小说、戏剧或影视作品的古装片中。银器验毒的方法，大约产生于1000多年前，一直到清朝末期，法医在验尸时都会采用此种方法来验毒。宋代法医学家宋慈所著的《洗冤集录》中，就有用银针验尸的记载。

直到现在，这种验毒方法仍令很多人深信不疑。

　　银针真的能够验毒吗？按照现在的科学分析，银器验毒的方法虽然不能说完全不符合科学，但是局限性却很大。这是因为这种方法只对含有硫化物的毒物才适用。银器与硫化物会发生化学反应生成黑色的硫化银，揩擦不去。假如法医所验的尸体已经高度腐败，那么不管死者生前是否中过毒，尸体都会产生含有硫化氢的气体，如果这个时候再用银器去检验，硫化氢就会使银器变黑。既然"银器验毒"的局限性这么大，为何又会一直流传下去呢？有人分析，古人最常用的毒药主要是砒霜，也就是三氧化二砷。在古时候，由于科技不发达，砒

霜的纯度不高，往往都伴有少量的硫和硫化物等杂质。人们在用银器验毒时，这些杂质也会导致银器变黑，从而提示饭菜中可能含有毒药。到了现代，随着生产技术的发展，人们已经能够提炼出不含硫或者硫化物等杂质的高纯度砒霜，所以用银器不会出现任何反应，这个验毒方法也就失去了应用价值。

由此可见，王熙凤用银簪验毒的方法并不科学。有的物品并不含毒，但却含有许多的硫。比如鸡蛋黄，银针插进去也会变黑。相反，一些不含硫的剧毒物品，比如毒堇、亚硝酸盐、农药、毒鼠药、氰化物等，银针与其接触，也不会出现黑色反应。因此，银针不能鉴别毒物，更不能用来作为验毒的工具。不过，银虽不能验毒，但是能消毒。银在水中能形成正电荷的离子，可吸附水中的细菌。这些银离子会慢慢进入细菌体内，破坏酶系统，使之封闭、失活，最终因失去代谢能力而死亡。每升水中只要含有5000万分之一毫克的银离子，便可使水中大部分细菌致死。

【贾敬是怎么死的】

谁也逃脱不了生老病死的自然规律，所谓长生不老只不过是一个虚幻的梦罢了。

　　贾敬与贾赦、贾政平辈，是宁国府的大家长。将家中事务交给儿子贾珍全盘处理后，他自己则整天沉迷于"烧丹炼汞"。后来，他因为急于做神仙，吞服丹砂后，中毒而死。

　　不仅是《红楼梦》中的贾敬，中国古代因服食丹药而中毒身亡的黄帝也有不少，例如晋哀帝、唐宪宗和唐穆宗等。那么丹砂究竟是什么东西呢？为什么古人会服用它呢？为何它又能毒死人呢？

　　炼丹是古人为达到"长生不老"之目的而炼制丹药的方式。丹就是指的丹砂，是硫与汞（水银）的无机化合物，因呈红色，所以古人

又叫朱砂。丹砂化汞所生成的水银属于金属物质，其形体圆转流动，易于挥发，这令古人感到十分神奇，所以又进一步选择其他矿物材料和液体汞（水银）来混合烧炼，并反复进行还原和氧化反应的实验，以求研制出所谓的"长生不老仙丹"。

古人服用丹砂源自古代神话中长生不老的观念。如传说中的后羿从西王母那里取得了不死之药，嫦娥偷食后便飞奔到月宫，成为月中仙子。贾敬也想成仙，想长生不老，于是便也效仿古人炼丹、服丹。而他所服用的丹砂，就是这种"炼丹术"结晶。据古代炼丹文献统计，炼丹术所用的原料包含无机物和有机物在内，总共约有60种。其常

用的原料朱砂（硫化汞），三氧化二砷、汞、铅等都具有很大的毒性。口服铅及其化合物会导致铅中毒，50克可致死，主要表现为肠绞痛、贫血和肌肉瘫痪等症状，严重时导致脑病而死亡。口服升汞等汞化合物可引起急性汞中毒，表现为急性腐蚀性口腔炎和胃肠炎，严重者会出现周围循环衰竭和胃肠道穿孔、急性肾功能衰竭和肝损害。口服三氧化二砷 $0.01 \sim 0.05g$ 可发生急性中毒，$0.06 \sim 0.6g$ 即可致死，急性中毒致死主要是由于中毒性心肌损害，伴有或不伴有延髓中枢的衰竭。其较常见的表现是"急性胃肠炎型"、腹痛、恶心、剧烈呕吐、腹泻米汤样或血样便。

我们结合文中贾敬中毒十分突然、死亡时间短促等情况，似乎可以判断为三氧化二砷急性中毒。贾敬如此笃信神道专心修炼，企求得道成仙，没想到人未成仙，魂却升天，白白丢了一条性命。由此可见，生老病死是大自然的规律，世界上绝对不存在也炼不出能使人长生不老的"丹药"。

虽然炼丹炼不出长生不老药，但古人却在炼丹的实践中，渐渐发现将硫磺、硝石、木炭三种东西混在一起炼丹时，时常会引起爆炸。这种情况引起了方士的注意，于是就专门进行了实验，后来经过多次改进，发明了黑火药。随后，炼丹家们又在他们长期的炼丹实践中将硝石、硫磺、雄黄和松脂、油脂、木炭等材料不断地混合、煅烧，这

就使火药的发明成为必然。我国古代的炼丹家亲自采集和配制火药，反反复复地做了大量的化学实验，在无数次失败的过程中，这些实验积累了不少有关化学知识和操作经验，有意无意地发展了原始化学事业，可以被视为现代化学的鼻祖。

从现代科学认识的水平来看，古代的炼丹家确实做了不少的蠢事，但在这些蠢事后面又确确实实作出了推动文明进步的好事。所以英国李约瑟博士在《中国科学技术史》中客观地评价道：中国炼丹家乃世界"整个化学最重要的根源之一。"

【烟花爆竹从何而来】

从什么时候开始的呢？是与热闹。燃放爆竹，是旦响起，便代表着喜庆噼里啪啦的声音一

在《红楼梦》中，薛宝钗在描写鸣放爆竹时有"一声震得人间响，回首看时已成灰"的诗句，可见在古时，爆竹就已经存在了。中国民间有"开门爆竹"一说，即在新年到来之际，家家户户开门的第一件事就是燃放爆竹，以劈劈啪啪的爆竹声辞旧迎新。

最初的爆竹并不是用火药做的，而是带节的竹竿。竹子在燃烧时，竹筒内的空气受热膨胀，迫使竹腔爆裂，从而发出噼噼啪啪的声响。因此，古人称它为"爆竹"，唐代人称为"爆竿"。古代人燃放爆竹，

最早是为了吓退猛兽恶鬼。南朝梁宗懔《荆楚岁时记》中记载，古人为了祈望一年的吉利，元旦那天，要"鸡鸣而起，先于庭前爆竹，以避山臊恶鬼"。这也就是我国春节燃放烟花爆竹的由来。

真正的爆竹开始于北宋，那时已发明了火药，即一硝二芒三木炭。火药发明以后，火药爆竹就代替了竹竿。最初，人们将火药放在竹筒中，然后引爆。后来经过改良，开始用纸筒装药，火捻引燃，这使得炮仗的普及和推广迅速发展。据南宋周密《武林旧事》记载，当时临安的"爆仗"花样已经很多，人们用药线编排成楼阁、亭台、人物、花鸟等形象，一点燃便幻光化彩、灿烂辉煌。

明清两代，爆竹烟花极为流行。新年春节，婚丧嫁娶，无论贫富，都要燃放爆竹烟花。明清爆竹烟花的制作技术较之宋代更为精湛，花

色丰富且种类繁多。明代放烟火俗称"放盒子"。因为当时烟火多是把药线烟火编排好后放入盒子里，搭架燃放。

反映明代生活的小说《金瓶梅》中有一幅放烟花的插图，这是我们现在能见到的最早的放烟火图。图中放烟火的木架高高耸立着，上面挂满了各式各样的烟火爆竹，正在燃放、变幻着各种各样的颜色和图案，周围的观众仰首观看，这是明代烟花发展水平的真实写照。

【鸳鸯真是爱情的象征吗】

鸳鸯是一种动物，在中国却也是爱情、伴侣的象征，这是为什么呢？

在《红楼梦》的第一回，甄士隐对《好了歌》做解注时，其中有一句"昨日黄土陇头埋白骨，今宵红绡帐底卧鸳鸯"。这里将恩爱的夫妻比作是鸳鸯。在生活中，人们也常把鸳鸯比作是"痴情"的象征。唐代诗人卢照邻《长安古意》有"愿做鸳鸯不羡仙"一句，讴歌了忠贞不渝的爱情。

鸳鸯实际上是一种小型野鸭，但它又是属于树鸭类，所以常常栖

息在树上。鸳鸯素以"世界上最美丽的水禽"著称于世，鸳为雄，鸯为雌。鸳的头上有红色和蓝绿色的羽冠，面部有白色眉纹，喉部是金黄色，颈部和胸部都是紫蓝色，两侧黑白交错，嘴鲜红，脚鲜黄，可称得上是集美丽于一身。在上百种鸭类中，它是最好看的一个。不过，游在鸳旁边的鸯，就不是那么令人赏心悦目了。雌鸳鸯除了一身深褐色的羽毛就再没有别的颜色了，这让人感觉好比是一位朴素的村姑跟在一位花花公子后面。其实，雄鸳鸯色彩鲜艳，是为了更有利于吸引雌鸳鸯，而雌鸳鸯朴实无华，则有利于传种生育。

在传说中，一对鸳鸯总是相守终生，永不分离，如果其中一只不幸死亡，另一只将终生为其"守节"，甚至抑郁而死。所以，人们常常用鸳鸯鸟的"双栖双飞"来形容恋人间的形影不离，忠贞厮守。实

际上，很少有人知道 "鸳鸯"这种动物的爱情观并不 "坚贞"。一只鸳一生有多个伴侣，一个伴侣往往只维持一季，它们只在配偶时期才表现出那种形影不离的亲密姿态。在繁殖的过程中，雄鸟并不过问，抚育幼雏的任务完全由雌鸟独自完成。即使有一方死亡，另一方也不会 "守节"，而是会另寻新欢。

第四章 《红楼梦》中的医学知识

《红楼梦》中描写了各种病症及一些医药知识，林黛玉究竟得的是什么病？用现代医学科技，该怎么治疗呢？

薛宝钗能够嫁给贾宝玉吗

近亲结婚危害多，以现代观点来说，宝玉和宝钗或黛玉可以结婚吗？

贾宝玉和林黛玉是天造地设的一对儿，后来，宝玉阴差阳错地娶了宝钗为妻，林黛玉则在宝玉结婚的当晚泪尽而逝。倘若宝玉生活在现代，即使没有他人的干涉，他也很难和林黛玉或薛宝钗结婚。这是为什么呢？原来，在《红楼梦》里，黛玉的母亲是宝玉的姑妈，宝钗的母亲是宝玉的姨妈，也就是说宝玉黛玉是姑表亲兄妹，宝玉宝钗是姨表亲姐弟。所以，宝玉不管是选择林黛玉或是薛宝钗作为妻子，

都是属于近亲结婚，从科学角度来讲，这十分不利于优生优育，因为近亲结婚所生的孩子患遗传性疾病的风险比非近亲结婚者高很多。因此，我国的《婚姻法》里规定：直系血亲和三代以内的旁系血亲是禁止结婚的。

　　人类中亲缘相近的男女之间通婚叫做近亲结婚。所谓亲缘相近是指男女双方有两个或一个辈（代）数间隔不远的共同祖先，我国普遍以男女双方是有共同的曾祖作为判断近亲的标准。在遗传学研究中，通常将有共同祖先的一个家族的所有成员绘制成系谱图。在系谱图上，父母与子女，祖父母与孙子女，曾祖父母与曾孙子女，以及更远的直接长辈与晚辈，呈连续世代的直线排列，所以称之为直系血亲；而同胞兄弟姐妹、表（堂）兄弟姐妹、叔侄女、舅外甥女等家族成员，呈水平分布在同一代或呈倾斜分布于上下两代，故称为旁系血亲。

　　近亲结婚为什么会使后代的遗传性疾病发病率增高呢？　这因为生物的遗传是通过基因传递信息来完成的。基因是遗传的物质基础，通过生殖细胞传给后代，从而使父母的性状特点在子代得以表达。每个子女与父母之间的基因有一半可能相同；所有同胞兄弟姐妹之间也有一半的基因可能相同；爷孙、叔侄、舅甥等之间有 1/4 可能相同；而表姐妹、堂兄妹等之间则有 1/8 可能相同。每个人都携带有 5～6 个不同的隐性致病基因，在随机结婚的情况下，夫妻双方携带相同致病基因的机会较少，所以后代不容易发病。但如果是近亲结婚，双方很可能都是同一种致病基因的携带者，这样，他们所生的子女患智力低下、先天性畸形和遗传性疾病的发生率也就大大增加，往往要比非近亲结婚者要高出几倍、几十倍、甚至上百倍。因此，我国法律禁止近亲结婚，这是预防遗传性疾病发生的最简单且有效的方法。

【林黛玉中暑是何因】

中暑是一种常见病，古今有之，在《红楼梦》中人们中暑后会怎么办呢？

中暑是人在烈日下或高温环境里，体内热量不能及时散发，引起机体体温调节发生障碍的一种急性疾病。盛夏酷暑在高温和热辐射的环境中长时间工作、行走或站立，或在锅炉和高温环境下长时间工作，再加上疲劳、空气流通不畅、饮水不足、 饥饿、失眠等原因，都容易发生中暑。中暑往往病发突然，让人措手不及，其致死率也很高。有千古一帝之称的秦始皇，躲过了荆轲的匕首，躲过了张良的铁锥，躲过了高渐离乐器的袭击，但却没能躲中暑的侵袭，在寻找长生不老

的妙方途中中暑而亡。

在《红楼梦》第二十九回中，写到贾母、凤姐、宝钗、宝玉、黛玉等一干人去清虚观打醮，当时是农历五月初一，天气却已经炎热起来了。贾蓉在钟楼里贪图凉快，父亲贾珍将他叫出，喝命家人啐他："爷还不怕热，哥儿怎么先凉快去了？"那贾芸、贾萍、贾芹等听见了，一个一个都从墙根儿底下慢慢地遛出来了。这说明当时的天气确实很热，而且古代既没有空调也没有电扇，何况那个时代的女性还不能穿短袖短裙，必须衣衫整齐，一丝不苟地"捂"起来。这样一来，在酷暑之下，人体的热量就很难散发出去，这就是中暑的外因；加之林黛玉先天体弱，又患有慢性病，对外界恶劣气候的耐受力难免更差，这

又是中暑的内因。在外因与内因的共同作用下，黛玉中暑就在所难免了。

中暑按病情的轻重可分为先兆中暑、轻症中暑、重症中暑。重症中暑又分为中暑衰竭、中暑痉挛、日射病、中暑高热等。若体温在

38℃以上，有面色潮红、皮肤灼热等现象；或者面色苍白、皮肤湿冷等现象，则已经进入轻症中暑。此时应及时转移到阴凉处休息，并多饮用一些含盐分的清凉饮料。如果中暑者出现昏迷可能是重症中暑，应立即用冷水反复擦拭皮肤，并马上送至医院进行治疗，千万不要认为是普通中暑而小视。严重中暑后，最好卧床休息数日，以恢复体力。

【林黛玉到底得的是什么病】

林黛玉身体有恙，众多医者都无法医治。她到底得的是什么病呢？

林黛玉初到贾府，曹公就为她的疾病埋下了伏笔，"身体面貌虽弱不胜衣，却有一股风流态度"，众人"便知她有不足之症"；经常懒洋洋的，香腮带赤；在第三十四回中，黛玉在宝玉送来的绢子上题诗，"觉得浑身火热，面上作烧；走至镜台，揭起锦袱一照，只见腮上通红，真合压倒桃花，却不知病由此起"；"每岁至春分秋分后，必犯旧疾；今秋又遇着贾母高兴，多游玩了两次，未免过劳了神，近日又复嗽起

来"；"常常失眠"、"容易疲倦"。从这些症状描述，我们可以很清楚地知道，林黛玉罹患的是肺结核，也就是俗称的"肺痨"。

肺结核病是由结核分枝杆菌引起的慢性传染病，病菌可侵及许多脏器，其中以肺部结核感染最为常见。

有较密切的结核病接触史者是肺结核的高发人群，起病可急可缓，症状多为低热（午后尤重）、盗汗、身体消瘦、消化吸收差等；呼吸道症状有咳嗽、咳痰、咯血、胸痛、不同程度的胸闷或呼吸困难等。在第八十二回中，我们看到病情继续恶化，黛玉一日从梦中醒来，"喉间扰是哽咽，心上还是乱跳，枕头上已经湿透，肩背身心，但觉冰冷。……只是满盒子痰、痰中好些血腥。"后来日渐严重，"脸上一点血色也没有，摸了摸，身上只剩了一把骨头"，"哇的一声，一

口血直吐出来"、"喘了好一会儿"、"气接不上来"、"又咳嗽数声，吐出好些血来"，这些都是肺痨出现的夜间盗汗、咳嗽、咯血的症状。

　　生活中，人们听到周围有人得了肺结核时难免会很紧张，但并不是所有结核病人都具有传染性。现代研究证明，在结核病人中，只有显微镜检查发现痰液中有结核菌的肺结核病人才有传染性。这类病人，医学上称为排菌病人，他们是结核病的传染源。结核菌一般是通过呼吸道传播的。当肺结核病人咳嗽、打喷嚏、说话时，大量含有结核杆菌的小飞沫就会飞到空气中，很容易和空气中的小颗粒结合在一起。人一旦吸入这种含结核杆菌的微小颗粒，就有可能被传染。因此，我们要养成不随地吐痰的良好卫生习惯。如果发现有低热、盗汗、干咳嗽、痰中带血、乏力、食欲减退等症状要及时到医院进行诊察。

《红楼梦》中的芳香疗法

香气有益，所以我们常在房间里喷空气清新剂。这同熏香方法是一样的，都是为了改善室内空气，达到有益人体的目的。

芳香疗法是时下一种非常流行的医疗方式，是利用植物天然的芬芳来舒缓精神压力与增进身体健康的一种自然疗法。其实，古人也丝毫不落后，他们在很早以前就懂得"芳香疗法"了。焚香是古代人去除异味、抑制霉菌的一种卫生保健的习俗，其与道教、佛教结缘，世人常用"香火因缘"来说明彼此投机的宿世缘分。从中医药的角度来说，焚香当属外治法中的"气味疗法"。这是因为制香所用的原料多数是

木本或草本类的芳香药物，通过燃烧、熏蒸等发出的气味，可起到杀菌消毒、醒神益智、养生保健的作用。在《红楼梦》中，我们就可以详细地了解到古代使用香药香疗法的情形。在第九十七回，宝玉在婚礼上发现所娶之人非林黛玉时，顿时旧病复发，昏晕起来。家人连忙"满屋里点起安息香来，定住他的魂魄"。安息香在唐代的《新修本草》中有所记载，是安息香科植物青山安息或白叶安息香的树干受伤后分泌的树脂，具有开窍辟秽、行气活血的功效，临床多用于猝然昏迷、心腹疼痛、产后血晕等病症。又如书中提到薛宝钗服用的"冷香丸"，便是一个名贵的香疗方，还有食用的玫瑰清露、木清露；又如日用的香囊、香串、香瓶、香珠、香枕、香鼎、熏炉等香疗制品和用具，这些可以说都是古代运用香疗法的生动写照。

近年来，经科学家研究发现，气味分子通过呼吸道进入人体后，能促进人体内免疫球蛋白的产生，提高人体的抵抗力；气味分子能通过嗅觉细胞来刺激大脑的兴奋抑制活动、调节全身新陈代谢、平衡人体神经功能，从而达到平衡气血、和调五脏、振奋精神的目的。

不同花卉的香味对不同的疾病有辅助治疗的功效。例如，菊花含有龙脑、菊花环酮等芳香物质，被人体吸入后，能改善头痛、感冒和视力模糊等症状；茉莉花香味可以减轻头痛、鼻塞、头晕等症状；百合花香味能使人兴奋，还能净化环境；玫瑰花、栀子花香味有助于治

疗咽喉痛和扁桃体炎等。《红楼梦》书中记载了 20 余种香：秦可卿的卧室里洋溢的是一股"甜香"，令宝玉酣然入睡，神游了一回太虚幻境；黛玉的窗前飘出的是一缕"幽香"，使人感到神清气爽；宝钗的衣袖中散发出一丝丝的"冷香"，令人啧啧称奇；而倒霉的妙玉则被一阵"闷香"所熏而昏厥，最后被歹徒劫持。

【为什么贾府的人都爱喝茶】

茶是古人最重要的一种饮料，贩夫走卒、文人大夫都爱喝茶。

在《红楼梦》中，我们可以看到贾府上下都有一个生活习惯：喝茶。芳茶飘香在字里行间，把中国古老的茶文化充分地展示出来。同时，也道出了茶在养生保健中的重要作用。从现代科学的角度来看，饮茶究竟有什么好处呢？

降低心血管疾病发病率

茶多酚对人体脂肪代谢有着重要作用。荷兰一项为期15年的研究发现，常喝茶可降低中风危险。美国研究发现，茶多酚可使坏胆固醇降低，进而降低中风和心脏病风险。茶多酚还具有改善血管功能的作用。

延缓衰老

茶叶中的茶多酚具有很强的抗氧化性和生理活性，是人体自由基的清除剂。据日本奥田拓勇试验证实，茶多酚的抗衰老效果要比维生素 E 强 18 倍。

促进消化功能

喝茶有助于刺激肠道蠕动、促进食物消化，还可以阻止 30% 的脂肪吸收，具有减肥功效。另外，薄荷茶可促进消化；姜茶可治反胃；茴香茶可防止便秘、胃肠胀气和腹绞痛。

茶多酚及其氧化产物具有吸收放射性物质锶 90 和钴 60 毒害的能力，可预防和治疗辐射伤害。据有关医疗部门临床试验证实，对肿瘤患者在放射治疗过程中引起的轻度放射病，用茶叶提取物进行治疗，有效率可达 90% 以上；对血细胞减少症，茶叶提取物

治疗的有效率达 81.7%；对因放射辐射而引起的白血球减少症治疗效果更好。

保护牙齿

茶多酚可抗菌防止牙结石，防止牙病和龋齿。在贾府中，人们在饭后以茶漱口，既去烦腻，又不损脾胃，并具有清洁口腔、健齿的功效。

虽然饮茶有如此多的好处，但也并不是没有禁忌。泡茶时不宜用高温沸水，茶中的某些成分遇高温后极易破坏，更不能煎煮，一般用 80℃～90℃的开水为宜。忌饭前饮，茶水会冲淡胃酸；忌饭后马上饮茶，茶中的鞣酸会影响消化；忌用茶水服药，茶中鞣酸会影响药效；忌酒后饮茶，酒后饮茶伤肾。老年人和青少年饮茶不宜太浓、大多，要适量，否则会对健康不利。茶水搁置过久，容易被微生物污染，因此最好不要喝隔夜茶。服用药物时，最好不要以茶水吞服，因茶叶中有些成分能与重金属和生物碱结合沉淀，使药物失去原来的疗效。

【大观园里的养生菜谱】

食疗，是现代常提的一种保持健康的保健方式。《红楼梦》中就有养生菜谱。

红楼梦中提到了很多养生菜谱，这些菜谱都有什么功效呢？

燕窝粥

在第四十五回里写到，林黛玉每年至春分、秋分之后，必犯嗽疾。这天她抱病在床，薛宝钗前往探视。薛宝钗看了黛玉的药方，便对黛玉说："我看你那药方上，人参肉桂觉得太多了。虽说益气补神，也不宜太热。依我说，先以平肝健胃为要。肝火一平，不能克土，胃气无病，饮食就可以养人了。每日早起，拿上等燕窝一两、冰糖五钱，用银吊子熬出粥来，若吃惯了，比药还强，最是滋阴补气的。"这段

规劝，表明薛宝钗深谙养生之道，对人参、肉桂等补药的利弊、黛玉体质的特点、食疗的对策等，均十分清楚，所以，才提出让林黛玉平日多食"燕窝粥"，以便"养人"、"滋阴补气"的食疗方法来。

鸭子肉粥

元宵之夜，贾府里大家一起赏灯吃酒、看戏放炮，好不热闹。四更天之后，贾母突然觉得腹中饥饿，于是王熙凤赶紧上前说道"有预备好的鸭子肉粥"。鸭子肉粥是一个古方，鸭肉有一个非常突出的特点，就是凉补，能够补益身体、利水消肿。老年人的体质往往虚不受补，吃了补品很容易上火，这道凉补的鸭子肉粥非常适合老年人。

炒枸杞芽儿

第六十一回，写三姑娘探春和宝钗偶然来了兴致，要吃个"油盐炒枸杞芽儿"。枸杞芽儿，又名枸杞尖儿，它有明目、清热、解毒、益肾之功效。民间常用它来做食疗的菜肴。科学研究发现，枸杞多糖具有促进免疫、抗衰老、抗肿瘤、清除自由基、抗疲劳、抗辐射、保肝、保护和改善生殖功能等作用。

合欢酒

第三十八回中，黛玉因吃了一点螃蟹，便觉得心口微微作痛，需要热热地喝口烧酒。宝玉听了忙道："有烧酒。"便令下人将那合欢花浸的酒烫一壶来。合欢花，又名"马缨花"，其色淡红呈绒花状，每逢夏季，盛开于合欢树上，其树叶每至夜间，则成对相合，故有此美名。其花浸酒，有安神、解郁、活血、补气、去烦之疗效。黛玉积食伤胃，隐隐作痛，宝玉用此酒热烫后请她饮用，可见是"对症下药（酒）"的。

【林黛玉原来患有抑郁症】

精神疾病有时比身体疾病更难根治，林黛玉是否患有精神疾病呢？

多愁善感是林黛玉性格的主要特点，她对事物的阴暗面和消极面十分敏感，常一个人对空叹息、临窗流泪，若遇不遂心事，就更容易抑郁不乐，甚至终日以泪洗面。有人从心理学的角度分析认为，林黛玉可能是患上了"抑郁症"。花开花落本是自然规律，黛玉葬花却哭诵："侬今葬花人笑痴，他年葬侬知是谁？"正是如花的年纪就想到死和身后事，正是抑郁的表现之一。

抑郁症是一种常见的精神疾病，其主要表现为显著而持久的情感

低落、悲观抑郁。轻者整天闷闷不乐、无愉快感、兴趣减退、睡眠障碍、乏力、食欲减退等，严重的患者常常感觉痛不欲生，度日如年，甚至伴有消极自杀的观念或行为。抑郁症是精神科自杀率最高的疾病。

抑郁症的发病原因至今还不是很明确，但可能与遗传、内分泌有关。从社会心理因素来分析，如人际关系紧张、爱情失败、家庭不和睦、升学就业不顺利、受人讽刺打击、捉弄刁难及亲人死亡、难以防范的天灾人祸等，都是发病的诱因。个性缺陷，如情绪消沉、多愁善感、不开朗等内向性格，则是发病的基础。

林黛玉虽然从小体质羸弱，却不是得了不治之症。《红楼梦》第三回中说，她的病要想好，"除非从此以后总不许见哭声，除父母之外，凡有外亲，一概不见，方可平安了此一生。"由此看来，林黛玉的病情主要在心理方面。可命运并不偏爱这位体弱多病的女子，让她不得不寄人篱下，不见父母，却要天天面对外亲，而她多愁善感的性格又免不了要"见哭声"，这对她的病情显然是

十分不利的。因为寄居在贾府，她在心理上非常敏感，为人处事十分谨慎小心，精神经常处于紧绷的状态，"步步留心，处处在意，不要多说一句话，不可多行一步路"。在如此苦闷的情境下，她又为情所困，心理上不断遭受伤害。终于，身心交瘁的林妹妹精神崩溃了，她不断咳嗽、咯血、气喘、气急，中医诊脉后说是"郁气伤肝，肝不藏血，所以神气不定。"可见，在那时医生已经能够认出黛玉的病是出自心理问题。但是，在医学不发达的古代，人们无从知道"心理医学"为何物，林黛玉的心理疾病自然无法得到科学的治疗。最终，她带着无尽的悲伤和忧愁离开了人世。

第五章 《红楼梦》中的休闲娱乐方式

任何时代，人们在闲暇之余都有自己的娱乐方式。在《红楼梦》中，都有哪些当时流行的娱乐方式呢？

《红楼梦》里过元宵

元宵节，是中国重要的传统节日，吃元宵、猜灯谜。《红楼梦》里的人们是如何过元宵节的呢？

大观园里的节庆活动几乎涉猎了中华民族所有重要的节日，但曹雪芹却浓墨重彩地描写了正月十五的元宵节。吃元宵、猜灯谜、听戏、联诗、讲笑话，雅俗共赏。小说的第一回"甄士隐梦幻识通灵，贾雨村风尘怀闺秀"的一章中，就两次写到元宵节。第一处："士隐见女儿越发生得粉妆玉琢，乖觉可喜，便伸手接来抱在怀中，斗她玩耍一回，又带至街前，看过会的热闹。"文中的"过会"，即是元宵节的活动之一。开篇有首诗句："好防佳节元宵后，便是烟消火灭时"，可见元宵节成了书中一个重要的提示。

元宵节因为是新年的第一个月圆夜，所以也叫上元节、元夕、元

夜。元宵节的形成经历了漫长的过程，据一般的资料与民俗传说，正月十五在西汉已经受到重视。不过，元宵节的正式形成是在汉魏之后。

元宵节里最重要的一个习俗就是吃元宵。元宵由糯米制成，或实心，或带馅。馅有豆沙、白糖、山楂、各类果料等，食用时煮、煎、蒸、炸等方式都可以。关于元宵节吃元宵的最早记载见于宋代。当时称元宵为"浮圆子"、"圆子"、"乳糖元子"和"糖元"。从《平园续稿》、《岁时广记》、《大明一统赋》等史料的记载看，元宵作为欢度元宵节的应时食品是从宋朝开始的。因元宵节必食"圆子"，所以人们使用元宵命名之，后来又叫"汤团"或"汤圆"。这些名称与"团圆"字音相近，取团圆之意，象征全家人团团圆圆，和睦幸福。

关于吃元宵的习俗，民间还流传着不少传说。春秋末期，楚昭王复国归途中经过长江，看见有东西漂浮在江面上，颜色白而微黄，内中有红如胭脂的瓤，味道甜美。众人无人识得此物，昭王便派人去问孔子。孔子道："此浮萍果也，得之者主复兴之兆。"因为这一天正是正月十五日，此后每逢这一天，昭王就下令命人用面仿制此果，并用山楂做成红色的馅，做成之后煮而食之。

到了现代亦有与元宵节有关的故事。袁世凯在做了大总统之后心犹未甘，还想当皇帝，因愿望不能实现，终日懊恼。有天他的姨太太说要吃元宵，话刚一出口，袁世凯就勃然大怒，原来"元宵"与"袁消"谐音。从那以后，袁世凯就命令部下以后不准再说"元宵"，而只能说"汤圆"。后来有人就此事写了一首打油诗："诗吟圆子溯前朝，蒸化煮时水上漂。洪宪当年传禁令，沿街不许喊元宵。"

【灯谜——智力游戏】

灯谜是一种传统的智力游戏，灯谜的知识性、趣味性、娱乐性使灯谜之成为古代最流行的游戏。

灯谜，又名文虎、打虎、弹壁灯、商灯等，即写在彩灯上面的谜语，谜语来源于民间口谜，后经文人加工成为谜。

每逢元宵佳节，人们赏明月、放烟花、观灯展、猜灯谜，各种娱乐项目令人眼花缭乱。其中，尤数猜灯谜是最为有趣的。猜灯谜最早出现在春秋战国时期，那时还叫做"隐语"，是达官贵人宴席间的游戏项目。到了秦汉唐宋时期，文人墨客对灯谜的喜爱使得这项活动风行起来。至明清时代，猜灯谜已经开始大范围流行，上至宫廷，下至民间，都以猜谜为乐。

其实，制作灯谜和猜灯谜并不简单。灯谜一般由三部分组成，即谜面、谜目和谜底。制作灯谜的主要规则：

1. 谜底不能"露面"，即谜面中已经有的字不能在谜底中出现。

2. 谜底和谜面不能"倒吊"。

3. 谜底与谜面之间不是本义直解，必须有别解。

4. 谜底不能以谐音扣合谜面（标格的除外）。

灯谜的制作和猜灯谜的方法各有不同。其中的谜面包罗万象、内容诙谐，涉及天文地理、经史辞赋，且押韵上口，不但可以锻炼思维，还可以舒畅情怀。

《红楼梦》第二十二回"制灯谜贾政悲谶语"，贾府欢庆元宵节，做了不少新春灯谜。大观园里的女孩个个蕙质兰心，才情不俗，编写

出来的灯谜自然不是简单的文字谜，最为奥妙之处就是每个人所作的灯谜谜底都隐喻着自己未来的命运，这在中国的文学史上是绝无仅有的。

"能使妖魔胆尽摧，身如束帛气如雷。一声振得人方恐，回首相看已化灰。"这是贾元春出的灯谜，谜底是爆竹。曹公用爆竹暗示元春的富贵

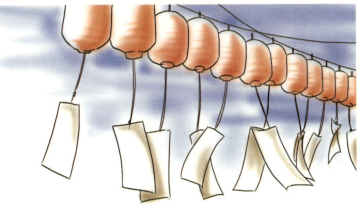

只是如爆竹般昙花一现。

薛宝钗的灯谜："有眼无珠腹内空，荷花出水喜相逢。梧桐叶落分离别，恩爱夫妻不到冬。"此灯谜的谜底是竹夫人，暗喻着她与宝玉的婚姻短暂，无法白头偕老。

迎春灯谜："天运人功理不穷，有功无运也难逢。因何镇日乱纷纷，只为阴阳数不同"——谜底"算盘"。贾政觉得"迎春所作算盘，是打动乱如麻"的"不祥之物"，暗示了迎春夫妻生活的不安宁。

探春所作灯谜为："阶下儿童仰面时，清明装点最堪宜。游丝一断浑无力，莫向东风愿离别。"此谜底是风筝，象征着探春后来远嫁他乡，如断了线的风筝随风而去。

惜春一心向佛，因此才会做出"前身色相总无成，不听菱歌听佛

经。莫道此身沉黑海，性中自有大光明"的灯谜来。谜底"佛前灯"正暗示着她日后将会削发为尼，佛前诵经。

　　而最让人叹息的便是黛玉的灯谜了："朝罢谁携两袖烟？琴边衾里两无缘。晓筹不用鸡人报，五夜无烦侍女添。焦首朝朝还幕幕，煎心日日复年年。光阴荏苒须当惜，风雨阴晴任变迁。"这个谜语的迷底是更香，也就是人们烧香时用的香。而林黛玉的一生正如更香一样生命短促，最终化为一缕虚无飘渺的香烟，随风而去。

【忙趁东风放纸鸢】

风筝，古自有之，也是当今孩子们最喜欢的一项活动。从古到今，它带给了孩子们无数的欢声笑语。

纸鸢，就是风筝，南方人称"鹞子"，北方人则称"风筝"。早古时，人们放风筝不单单是为了取乐，还有一个主要目的，叫"放晦气"。《红楼梦》中就有这样一段的描写：林黛玉不妨将制作精巧的风筝放掉。"放风筝图的就是这一乐，所以叫放晦气，你该多放些，把病根儿带去就好了。"林黛玉多愁多病，众人都劝她借助放风筝把晦气放了，将病根儿带走，病就好了。

当紫鹃要去拾断了线的无主风筝时，探春又劝阻："拾人走了的，也不嫌个忌讳？"可见古时放风筝是人们消灾祛难的一种手段，在风筝上写上自己的名字，然后放上天去，又故意剪断牵线，让风筝飞走，

读名著 学知识·《红楼梦》

认为这样就可以放走"晦气"，交上好运。当然，这只是一种迷信的想法。

风筝在中国已有2000多年的历史。著名的英国科技史家李约瑟在其著作《中国科技史》一书中，明确地把中国风筝列为中国人向欧洲传播的重大科技发明之一。在美国的宇航博物馆中有一块牌子上写道："风筝和火箭是人类发明最早的飞行器。"正是由于受到风筝起飞原理的启发，美国的莱特兄弟制造出了世界上第一架飞机，并进行了多次飞行的试验。古时风筝的名称很多，全都采用了飞禽的名称，有"纸鸢、风鸢、风鹞、鹞子、纸鹞、纸鸦、纸鸥"七种。由此可见，当时制作风筝的灵感肯定是来自鸟类的启发。

在古代，风筝还是人们在战争中使用的武器。楚汉相争时，汉将

韩信曾围楚军于垓下，他找人制作了一架很大的风筝，让一个体型瘦小的士兵坐在上面，并唱着凄凉的楚歌，飞向了楚营的上空。这哀怨的歌声让楚军大发思乡之情，导致军心涣散，最终溃不成军，一败涂地。唐朝末年，临安守将张伾被围

困后，也曾利用风筝带出密信，搬来了救兵。1970 年，国际天文组织将月球上的五座环形山分别以中国古代天文学家郭守敬、石申、张衡、祖冲之和万户的名字命名，使他们以其在天文学上为人类所做的巨大贡献而"同登月球"。其中的万户就是受风筝的启发，发明了可操纵的火箭推进装置，被英国人瑟姆称颂为"世界上第一个试图利用火箭作飞行的人"。

读名著 学知识·《红楼梦》

【芒种祭花神，芒种是何日】

芒种是我国传统节气中的一个，但是为什么要在这一天里祭饯花神呢？

农历二月二花朝节上迎花神。芒种已近五月间，百花开始凋残、零落，民间多在芒种日举行祭祀花神仪式，饯送花神归位，同时表达对花神的感激之情，盼望来年再次相会。《红楼梦》第二十七回——《滴翠亭杨妃戏彩蝶　埋香冢飞燕泣残红》，里面写道："尚古风俗：凡交芒种节的这日，都要设摆各色礼物，祭饯花神，言芒种一过，便

是夏日了，从花皆卸，花神退位，须要饯行。"芒种节这天，大观园里的女孩子都齐集饯行花神，充满了浪漫与欢喜，到处可闻听到女孩子们的欢声笑语，所以这一天也称"女儿节"。

在芒种这个时节，民间除了举行祭祀花神仪式，还会有"煮梅"的风俗。在南方，每年的五、六月是梅子成熟的季节。新鲜的青梅含有多种天然优质有机酸和丰富的矿物质，具有净血、降血脂、增强人体免疫力等独特的营养保健功能，但是味道酸涩，难以直接入口，于是便有了"煮梅"这样的风俗。三国时就有"青梅煮酒论英雄"的典故。

芒种是二十四节气中的第九个节气，每年在 6 月 6 日或 7 日前后太阳到达黄经 75°时开始，此时我国长江中下游地区将进入多雨的梅雨时节。芒种是反映物候的节令。"芒"就是指一些有芒作物，如大麦、小麦开始成熟，可以收割，"种"就是种子的意思，是说谷类作物可

以播种。所以，有人也把"芒种"叫做"忙种"或"忙着种"，因为一到这个时节，正是"春争日，夏争时"之"争时"，它的到来预示着农民开始了忙碌的田间生活。芒种一到，夏熟作物要收获、夏播秋收作物要播种、春种的作物要管理，因此在"三夏"这一大忙季节，夏收、夏种和夏管都会使农民忙得不亦乐乎。不过，生活在城市的人们却感受不到田野里的忙碌景象。所以，在这个时候不妨去郊外走一走，看一看秧苗碧绿，一派生机，自然就能体会到"东风染尽三千顷，折鹭飞来无处停"的田野乡村的秀丽景色。

公元前 104 年，由邓平等制定的《太初历》，正式把二十四节气订于历法，明确了二十四节气的天文位置。太阳从黄经零度起，沿黄经每运行 15 度所经历的时日称为"一个节气"。每年运行 360 度，共经历 24 个节气，每月 2 个。二十四节气反映了太阳的周年视运动，所以节气在现行的公历中日期基本固定，为了便于记忆，人们编出了二十四节气歌诀：

春雨惊春清谷天，

夏满芒夏暑相连。

秋处露秋寒霜降，

冬雪雪冬小大寒。

上半年是六廿一，

下半年是八廿三。

每月两节日期定，

最多只差一两天。

立春：立是开始的意思，立春就是春季的开始。

雨水：降雨开始，雨量渐增。

惊蛰：蛰是藏的意思。惊蛰是指春雷乍动，惊醒了蛰伏在土中冬眠的动物。

春分：分是平分的意思。春分表示昼夜平分。

清明：天气晴朗，草木繁茂。

谷雨：雨生百谷。雨量充足而及时，谷类作物能茁壮成长。

立夏：夏季到来。

小满：麦类等夏熟作物籽粒开始饱满。

芒种：有芒作物开始成熟。

夏至：炎热的夏天来临。

小暑：暑是炎热的意思。小暑就是气候开始炎热。

大暑：一年中最热的时候。

立秋：秋季的开始。

处暑：处是终止、躲藏的意思。处暑是表示炎热的暑天结束。

白露：天气转凉，露凝而白。

秋分：昼夜平分。

寒露：露水以寒，将要结冰。

霜降：天气渐冷，开始有霜。

立冬：冬季的开始。

小雪：开始下雪。

大雪：降雪量增多，地面可能积雪。

冬至：寒冷的冬天来临。

小寒：气候开始寒冷。

大寒：一年中最冷的时候。

《红楼梦》中的『斗草簪花』

斗草作为一种娱乐方式，在古代更是随处可见、拈手即来。因其方便而为当时的人们所流行。

《红楼梦》第二十三回写道：且说宝玉自进园来，心满意足，再无别项可生贪求之心。每日只和姊妹丫头们一处，或读书，或写字，或弹琴下棋，作画吟诗，以至描鸾刺凤，斗草簪花，低吟悄唱，拆字猜枚，无所不至，倒也十分快乐。

这里的"斗草簪花"是什么游戏呢？

先说"斗草"，这是古时候人们在花草茂盛的春夏季节玩的一种游戏，又称"斗百草"。斗草有"武斗"和"文斗"之分。武斗就是比赛双方各自采摘具有一定韧性的草，然后相互交叉成"十"字状并各自用力拉扯，先断者为输。所谓"文斗"，就是对花草名，参赛者

采来百草，以对仗的形式互报草名，谁采的草种多，对仗的水平高，坚持到最后，谁便是赢家。可以说，想要玩"文斗"，还必须有点文学修养才行。

"簪花"也是斗草的一种形式。"簪"即是戴或插之意。五代王仁裕《开元天宝遗事》中曾描述过这种游戏："春时斗花，戴插以奇花多者为胜，皆用千金市名花植于庭苑中，以备春时之斗也。"意思是说，在春天斗花，谁戴的花多谁就是赢家，所以人们不惜花费重金买名花种植在庭院中，以备斗花之用。

《红楼梦》第六十二回详细地描写了小丫头和小戏子们在一起玩"斗草"游戏的情景：

大家采了些花草来兜着，坐在花草堆中斗草。这一个说："我有观音柳。"那一个说："我有罗汉松。"那一个又说："我有君子竹。"

这一个又说："我有美人蕉。"这个又说："我有星星翠。"那个又说："我有月月红。"这个又说："我有《牡丹亭》上的牡丹花。"那个又说："我有《琵琶记》里的枇杷果。"豆官便说："我有姊妹花。"众人没了，香菱便说："我有夫妻蕙。"……

从这段描写中可知"斗草"和"斗花"同属一种游戏，花草不分，胜败在于谁能采得多而对上名字来。香菱说出"夫妻蕙"，豆官就说没听说过。于是香菱作了解释："一箭一花为兰，一箭数花为蕙。凡蕙有两枝，上下结花者为兄弟蕙，有并头结花者为夫妻蕙。"这说明香菱对花草植物的见识比豆官等人要多出一些。后来宝玉以"并蒂莲"对仗"夫妻蕙"，则更胜一筹。这种"斗花"就是从"簪花"演变而来的，但却比"簪花"复杂多。"簪花"仅是戴插在头上，像刘姥姥那样插了满头花，以多为胜，就简单得多了。

【牙牌令】

宴席就是要热闹，喝酒不能闷头喝，所以，宴会中会有很多酒令，使宴会热闹非凡。

牙牌令是第四十回"史太君两宴大观园，金鸳鸯三宣牙牌令"中，贾母两宴大观园席上行的酒令。"牙牌令"是饮酒、赌博、文字游戏三者的结合，是古代贵族豪门消遣作乐的方式之一。

牙牌（又称骨牌、牌九）是旧时游戏用具，也有用来做赌具的。相传于宋代宣和二年设计制造，用象牙制成，所以叫牙牌。后来也用兽骨制造，于是也叫骨牌。至明代又用硬纸制造，便叫纸牌。这种耍牌长二寸许，宽约半寸，长方形状。一面刻印着以不同方式排列的不同颜色的点数，一般从一到六，上下两重，每张牌上分别有二到十二个点子，分红绿或红白两种颜色。每副牌三十二张，每张都根据牌上的点数叫有名称。上下两重都是一点、二点、三点、四点、五点和六

点的牌，分别叫做长幺、长二、长三、长四、长五和长六，统称为长牌。其中"长幺"牌也叫"地牌"，"长四"牌也叫"人牌"，长六"牌也叫"天牌"。其他牌都分别按点数有名称，诸如幺六、五六、二五、五点、花九、杂七等不尽列之。如果三张牌点色成套就成"一副"，一般一副有着固定的名称。行令的时候，宣令的人问一句，受领酒令的人回答一句，说完三张，合起来便是一套（一副）。而且合起来成一套的时候，必须要比上一句，而且要押韵。

《红楼梦》牙牌令的规则是由行令者鸳鸯宣布的："如今我说骨牌副儿，从老太太起，顺领说下去，至刘姥姥止。比如我说一副儿，将这三张牌拆开，先说头一张，次说第二张，再说第三张，说完了，

合成这一副儿的名字。无论诗词歌赋，成语俗话，比上一句，都要叶韵。错了的罚一杯。"因此，书里行令时一、三、五、七单句都是由宣令者鸳鸯来说。

在行令中，贾母、薛姨妈说的令语多来自生活中，不拘出处，小姐们则喜欢引用诗词曲子原句，出处各有不同，这都十分切合她们的身份。林黛玉席上"怕罚"冲口说出的，一出于《牡丹亭》，一出于《西厢记》，这两部在当时都列为禁书，可见这些不满传统礼教的作品对她思想影响之深。宝钗回头盯看她，也从反面说明了问题。刘姥姥满口萝卜、蒜头、倭瓜、毛毛虫……土话俚语，机智诙谐，则完美体现了一个深通世情、生活经验丰富而又勤俭的村妇本色。

【摇抽令签】

摇抽令签是一种非常别致有趣的酒令花样。行令时不仅令花签，还有规矩都很有讲究。

摇抽令签也是古代非常流行的一种酒令花样。大概是用兽骨、象牙，或者是竹片、木头凳专门制作的一种行令用的签子，叫作令签，并配有专门的签筒，行令时在座宾客依次轮流摇抽一支令签，按签上缩写的饮酒方式、方法、人数、杯数及要求所说令词等，组织说令行酒。在古代，令签多是当时多才多艺之人制作，多有设计精巧别致、耐人寻味者。

《红楼梦》第六十三回姑娘们行令，用的那副"象牙花名签子"就很是别出心裁。这副签子的每支令签上都画有一种花，题着签子名称，还刻有一句唐诗，并注明了饮酒方式、人员、杯数和所说令词等。其中薛宝钗最先抽出签字上画有牡丹花，题着"艳冠群芳"四字，所

刻的唐诗是："任是无情也动人。"又注明："在席共贺一杯，此为群芳之冠，随意命人，不拘诗词雅谑，道一则以侑酒。"于是，大家共贺了一杯酒。随后，宝钗叫芳官唱曲，芳官唱了一曲《赏花时》。

最有趣的一签是探春所抽的那支，上面画有一枝杏花，写着"瑶池仙品"四字，诗云："日边红杏倚云栽。"注云："得此签者，必得贵婿，大家恭贺一杯，共同饮一杯。"所以，当探春看到这些内容时，就羞红了脸。袭人最后抽的那支签是最热闹的，画着一枝桃花，题着"武陵别景"四字，诗云："桃红又是一年春。"注云："杏花陪一盏，坐中同庚者陪一盏，同辰者陪一盏，同姓者陪一盏。"在座有香菱、晴雯、宝钗三人与她同庚，黛玉与她同辰，芳官与她同姓，杏花是探春，所以，六七人共饮一杯。

在 20 世纪 80 年代，我国江苏

省丹徒县出土了一副唐代涂金银质酒令签子，这副签子也颇为文雅别致。这套酒签包括令签五十支，令旗一面，龟负签筒一个，签筒上刻有"力士"字样。据专家考证，这套令具可能是当时地方官吏准备赠送太监高力士的礼物，或者是高力士订做的。筒身正面镌有双勾"论语玉烛"四字，大概是这套令具的题名。五十支令签每支上都刻有不同的令辞，如"食不厌精，劝主人五分"、"己所不欲，勿施于人。"等，言明了饮与不饮、饮多少、谁来饮等情况。 这些令词都出自《论语》，这也无怪乎这副酒令签题名为"论语玉烛"了。

【射覆】

射覆是最早的酒令游戏。一人为覆者,另一人为射者,两个人就可以行酒令。

《红楼梦》第六十二回写宝玉、平儿等过生日,宴席上玩酒令游戏,平儿拈了个"射覆",宝钗说:"把个酒令的祖宗拈出来。射覆从古有的,如今失了传,这是后人纂的,比一切的令都难。"射覆是最早的酒令游戏,射覆,射者,猜度也;覆者,遮盖隐藏也,就是在瓯、盆、碗等器具下覆盖隐藏某一个物件,让人猜测里面是什么东西。早在汉代时期,皇宫中就已经开始流行射覆游戏,所以宝钗说它是"酒令的祖宗"也不为过。射覆所藏之物多是一些普通的生活用品,如扇子、

手绢、笔墨等。后来，在这种玩法的基础上又演变出了一种间接曲折的语言文字形式的射覆游戏，其法是用相连字句隐寓事物，令人猜度，若射者猜不出或猜错以及覆者误判射者的猜度时，都要罚酒。

《红楼梦》第六十二回中描写的射覆酒令就是这种形式，覆者先用诗文、成语和典故隐寓某一事物，射者猜度时则用隐寓该事物的另一诗文、成语和典故等揭谜底。比如，宝钗和探春掷骰对了点子后，探春便覆了个"人"字，宝钗说"人"字太泛，探春又覆了一个"窗"字，两覆一射。宝钗见席上有鸡，便射着探春用的是"鸡窗"、"鸡人"二典，即覆的"鸡"字，因而射了一个"埘"字。探春一听，知他射着，用了"鸡栖于埘"的典，二人对视一笑，相互会意，各饮了一杯酒。

再如，李纨和岫烟对了点后，李纨便覆了一个"瓢"字，概用了"瓢樽空挂壁"的典，即覆的"樽"字，岫烟射着，说了一个"绿"字，概用了诗句"愁向绿樽生"的典。二人才会意，各饮一口。

【击鼓传花】

在古代的宴席上，击鼓传花可是一种很有趣的游戏。其场面总是热闹非凡。

　　击鼓传花也称"传彩球"，是我国的一种民间游戏，流行于中国各地。据文献记载，击鼓传花是我国古代酒宴上的助兴游戏，也属于酒令的一种，又称"击鼓催花"，在唐代时就已出现。唐代《羯鼓录》一书中提到李隆基善击鼓，一次他击鼓一曲后，起初未发芽的柳枝吐出了绿色来。此典故称为"击鼓催花"，后来被人们用作酒令，改作"击鼓传花"。

　　根据史料所记载的击鼓传花酒令游戏，是先准备一个击鼓，一枝花。人们在酒席上随着鼓声的节奏和速度，轮流传递这枝花。等鼓声戛然而止，花枝停留在谁手中，便罚谁喝酒一杯，有时还会要求说些令语。

　　在古时的大户人家里，还专门设有击鼓之人，一般是用盲艺人和

仆人，击鼓时藏于门外或者屏风背后。《红楼梦》第七十五回写到的击鼓传桂行令，就是"命一媳妇（仆人）在屏后击鼓"。如果击鼓之人就在席前，则要用布条把眼蒙住。总之，击鼓的人不能看见花枝的传送情况，鼓声的快慢、何时停止都是由他自己随意掌控，住鼓罚酒一般说来是偶然的。行此令所用的鼓，在古代也多是特制的。在《红楼梦》第五十四回中击鼓传梅行令用的就是"一面黑漆铜钉花腔令鼓"。

击鼓传花酒令的特点是场面大、声响大，比较适合人多的场合。由于随机性强，无法预知住鼓的时间，所以让人提心吊胆，人人都急于将手中花传递给他人，场面十分紧张。试想，鼓声连响，花枝频传，语笑喧哗，杯盏交错，这场面是何等壮观有趣。

曹公在《红楼梦》中花了不少笔墨描写击鼓传花行令的情形。在第五十四回写道："凤姐儿因见贾母十分高兴，便笑道：'趁着女先儿们在这里，不如叫他们击鼓，咱们传梅，行一个春喜上眉梢的令如何？'贾母笑道：'这是个好令，正对时对景'。"梅与眉谐音，凤姐将"传

梅"说成"春喜上眉（梅）梢"是讨吉利的口彩，也算作是击鼓传梅的雅称。写到击鼓时："那女先儿们皆是惯的，或紧或慢，或如残漏之滴，或如迸豆之疾，或如惊马之乱驰，或如疾电之光而忽暗。其鼓声慢，传梅亦慢，鼓声疾，传梅亦疾。恰恰至贾母手中，鼓声忽住。"曹公绘声绘色的描述，使人如临其境，击鼓传花之法大势已见。

另有一种类似击鼓传花的助兴游戏，叫做流觞。人们在岸边依次席地而坐，在水上游放置一只酒杯，任其飘流曲转而下，酒杯停在谁的面前，谁就要饮酒作诗。

【骰子令】

骰子是一种从古至今常见的游戏工具，也被应用在酒令游戏中。

骰子令即利用骰子所行的酒令。骰子是一种民间游戏用具，一般为立体方块形状，大小和杏核差不多。一般是用玉石制作，所以叫做琼。传说是三国时期曹植所造。本只有二，用于游戏投掷，故又名为投子；至唐朝时增加到了六个，改用骨头制作，骰子这个名字就是由此而来。其六面分别刻着一、二、三、四、五、六点，点着有色，故也称色子。其点色一般有红绿、红黑或白黑两种，各个面点色交错变化，掷之以决胜负。

骰子在古代主要用于赌博，又因其上刻有点子，所以古人又称其为博齿。古代掷骰行令的方式有很多。在《红楼梦》第六十三回"寿怡红群芳开夜宴"，宝玉要行令，麝月笑道："拿骰子咱们抢红罢。"

读名著 学知识·《红楼梦》

这里的抢红，即是投骰子游戏，以投到的红点多者为赢家，输者罚饮酒，所以叫作"抢红"。

《红楼梦》第一百零八回描写的掷骰行令，是用四个骰子掷，按掷出的点色有固定的名称，并确定喝酒人数、杯数，还要根据骰子点色说个曲牌名，下家再接一句《千家诗》。比如，薛姨妈掷了四个幺，鸳鸯道："这是有名的，叫做'商山四皓'。有年纪的喝一杯。""商山四皓"大概指的是骰子的四个幺点。于是贾母、王夫人等年纪大的人各饮了一杯酒，薛姨妈说了个"临老入花丛"，下家是贾母，接了一句："将谓偷闲学少年"。又如，每人用六个骰子依次掷三次，第

一掷无幺，第二掷无二，第三掷无三，那么大家就都要被罚酒。再如只用一个骰子掷下，是几点，则按点数从下家开始数起，数到谁那里，谁就喝罚酒。

骰子在古代行令中，还有很多辅助的用处。比如，射覆行令时，依次掷骰，对了点的二人交手射覆。再如，摇抽签筹行令时，轮流掷骰，按点数数至谁则谁摇抽签筹，另外，还用掷骰子确定由谁起令、谁作令官等诸多用处。

【解九连环】

解九连环，顾名思义就是要把九枚环相扣的圆环解下来，是一种需要动脑筋的益智游戏哦。

《红楼梦》第七回"送宫花周瑞叹英莲"中有云："谁知此时黛玉不在自己房中，却在宝玉房中，大家解九连环作战。"纵观《红楼梦》全书一百二十回中，贾府内的娱乐活动可算得上是种类繁多，除了行酒令、摸骨牌、掷骰子、下围棋、打双陆之外，还有此处的解九连环。"九连环"又是什么东西？为什么能当作游戏玩具，而且是"解九连环"，似乎是要把一件凌乱无章的东西归类整齐，这一点充满了趣味，否则又如何能吸引"大家"都聚在一起玩呢？

九连环是一种流传于山西民间的智力玩具，其形式多种多样，规则不易。通常是用金属丝制成九枚小圆环，九环相连套在条形横板或

各式框架上，其框柄有剑形、如意形、蝴蝶形、梅花形等，各环均以铜杆与之相接。

九连环应该是中国最杰出的益智游戏。依据拓扑学原理设计的九连环，和华荣道、孔明锁一样，都是在简单之中包含着大智慧。九连环历史非常悠久，《战国策》中记载为"玉连环"。宋朝以后，九连环开始广为流传。在明清时期，上至达官贵人，下至贩夫走卒，都对九连环情有独钟。在数学还不发达的当时，古人就能够创造出今天的数学家才能分析解答的难题，这不能不说是个奇迹。

九连环的玩法是要将这九个环从柄上解下来。其解法多样，可分可合，变化多端。九连环环环相扣，互相制约，只有第一环能够自由上下，在任何正常状态下，都只有两条路可走：上某环和下某环，别的环无法移动。其最关键的秘诀是：上中有下，下中有上。国外的数学家格罗斯在深入研究了九连环之后，用二进制数给了它一种解开的方案，他通过数学方法证明，解九连环共需要三百四十一步。据说这已经是目前所知最简便的方法了。并且整个解环过程需要按照一定的顺序，

因此需要相当一段时间，这可以锻炼人们的耐心。这个过程似乎蕴藏一种发人深思的哲理，或许这正是九连环经久不衰的原因吧，它除了能供人消遣娱乐、益智健身外，还可以发人深省，即从中醒悟出看待事物的方法和解决问题的技巧。

　　虽然九连环的历史十分悠久，但如今玩这个游戏的人却并不太多，特别是在儿童中间，已经很难看见九连环的踪迹了。

第六章 《红楼梦》中的器物

一些现代常见的器物，在《红楼梦》里我们是否能看到它们的影子呢？它们是如何制作而成的？又是用来做什么的呢？

【贾政猜灯谜——算盘的前世今生】

算盘是我国古代重要的一项发明，是我国劳动人民智慧的结晶。

《红楼梦》第二十二回"听曲文宝玉悟禅机，制灯谜贾政悲谶语"中，迎春出的谜语是："天运人功理不穷，有功无运也难逢。因何镇日纷纷乱？因为阴阳数不通。——打一物。"贾政很快便猜出来是算盘。

算盘，又作祘盘，是我国劳动人民发明创造的一种简便的计算工具。由于算盘运算方便、快速，几千年来一直是我国劳动人民普遍使用的计算工具，即使现代最先进的电子计算器也无法完全取代算盘的作用。因此，人们往往把算盘的发明与中国古代四大发明相提并论，

将其誉为中国的第五大发明，北宋名画《清明上河图》中赵太丞家药铺柜就画有一架算盘。2013 年，联合国教科文组织正式将中国珠算项目列入人类非物质文化遗产名录，这也是我国第三十项被列为非遗的项目。

在算盘发明之前，古代的人们是用"算筹"来进行计算的，算筹其实就是小木棍。后来，随着生产的发展，用小木棍"算筹"受到了限制，于是，人们就发明了算盘这种更为先进的计算工具。到了明代，珠算不但能进行加减乘除的运算，还能计算土地面积和各种形状东西的大小。

算盘为长方形，四周由木条为框，内有轴心，俗称"档"，档的上端中间用一根略粗的横梁隔开，上端有两个珠子，每个珠子当五，下端有五个珠子，每个珠子代表一。运算时定位后拨珠子运算，谓之珠算。珠算配有口诀，便于记忆，运算简便。

在计算机未发明之前，算盘在人们的生活中占有举足轻重的位置。打的一手好盘算曾是一些生意人的立业之本。不仅商家必备，普通家庭也几乎都有一个，用它来算账理财，计算数字有关的事情。也正是因为算盘总是用来算钱，所以人们还将其寓意招财进宝。比如说，我们时常会听"金算盘"、"铁算盘"之类的比喻，意思就是"算进不算出"的精明。古代中国小孩挂在脖子上驱凶避邪的百眼筛上，除了有剪刀、发簪、镜子之外，其中的算盘也是一种象征富贵的吉祥物。

从风月宝鉴谈镜子的发明

《风月宝鉴》是《红楼梦》一书的别名，在书中也实有风月宝鉴一物。风月宝鉴究竟是什么呢？

我们知道在《红楼梦》中，有一面不同寻常的镜子——风月宝鉴，曹雪芹通过各种与这面镜子有关的情节巧妙地暗示出了大观园里的"盛衰荣辱"。

在书中，详细描写风月宝鉴的情节有两次，一次是在《红楼梦》第十二回，跛道持风月宝鉴引贾瑞入梦；另一次则在第一百十六回，癞僧持风月宝鉴救宝玉出梦。

在当代生活中，镜子可以说是我们的老朋友了。可是，你知道这

位老朋友的"履历"吗？原来，镜子也有一段非常有趣的历史呢。

在漫长的远古时代，人类没有镜子。人们的"镜子"就是水面，即在平静而清澈的水面上观看自己的倒影，所以，我们自古就有"水平如镜"这一成语。后来，原始人类在打制石器工具时，发现了"黑曜岩"，这是一种可以磨平后照人的石头，即所谓的"石镜"。到了殷商时代，用青铜铸造而成的铜镜出现了。这种镜子，一面磨光发亮，一面铸刻花纹。因为铜镜主要用于照出自己的仪容，所以叫"鉴"或者"镜鉴"。中国古代的青铜镜是十分著名的，不仅在国内盛行，而且还传播到了日本、朝鲜等国。唐太宗李世民有句名言："人以铜为镜，可以正衣冠；以古为镜，可以见兴替；以人为镜，可以知得失。"这里所说的"以铜为镜"，便是指的青铜镜。虽然后来还出现过铁镜及

读名著 学知识·《红楼梦》

其他金属镜，但由于易氧化等原因，而没有在人类历史上占一席之地，青铜镜从青铜器时代开始一直到欧洲的文艺复兴为止，至少陪伴了人类三四千年。

然而，青铜镜毕竟太晦暗，而且需要经常打磨，所以它的身影慢慢地退出了历史舞台，玻璃镜子开始取而代之。现在，人们用来整理仪容的镜子是平面镜，它们都是轻薄清晰又便宜的玻璃镜子。

世界上第一面玻璃镜是在"玻璃王国"威尼斯诞生的。最初，威尼斯人是用水银来制造玻璃镜子的。这种方法很麻烦，需要在玻璃上紧贴一张锡箔，然后再倒上水银。水银与锡会发生化学反应，生成一种黏稠的银白色液体——"锡汞齐"。这种物质能够紧紧地贴服在玻璃上，从而使玻璃具备反射功能，成为一面镜子。然而，这种工艺的难度太高了，制造一面镜子往往需要一个多月的时间。而且，水银具有毒性，制作出来的镜面也不算十分平整。

在一百多年前，科学家利比喜发明了镀银的玻璃镜，这就是现在我们所用的镜子。你知道吗？镜子后面的银层并不是涂上去，而是利用"银镜反应"镀上去的，这是一种十分有趣的化学反应。它是在硝酸银溶液里加入氢氧化铵和氢氧化钠，再加入葡萄糖溶液。由于葡萄糖具有"还原"的本领，能够把硝酸银中的银离子还原成金属银微粒，这些银微粒沉积在玻璃上就制成了银镜。为了防止银层脱落，人们通

常还在银层上面涂刷上一层红色的保护漆。

　　镜子的发展经历了水面到青铜镜再到玻璃镜，是不是已经算是登峰造极、十全十美了呢？不！最近，科学家们正在研制一种镀铝的玻璃镜，这样的镜子会比镀银的镜子更明亮更耐用。相信在不久的将来，我们就会看到它的身影。

【贾母戴的是什么眼镜】

现在，近视的人戴近视镜，老年人戴的是老花镜。贾母戴的也是老花镜吗？

眼镜是现代人生活中十分常见的物品，太阳镜、近视镜、老花镜，甚至是隐形眼镜等大行其道。然而，将时间向前推三四百年，这可是个稀有物品。眼镜是舶来品，据考证最早的眼镜出现在意大利，在明中期从西方传入我国。《红楼梦》中使用眼镜的，只有贾母一人。第六十九回，王熙凤带尤二姐去见贾母，贾母"忙觑着眼看"，然后"又戴了眼镜"，命贴身丫鬟将尤二姐拉到身前来，细瞧一遍，才摘下眼镜。贾母戴的是什么眼镜呢？这副眼镜具有什么样的功能呢？

　　眼镜常用的主要有近视眼镜和老花镜两种。近视镜是凹透镜。凹透镜所成的像总是小于物体的、直立的虚像，凹透镜主要用于矫正近视眼。近视眼主要是由于晶状体的变形，导致光线过早地集合在了视网膜的前面。凹透镜则起到了发散光线的作用，凹透镜成一个正立、缩小的虚像，使像距变长，恰好落在视网膜上了。

　　老花镜，又称老视镜，是供眼睛老花的人所用的眼镜，由两面凸出来的凸透镜组成。我们常见的放大镜就是凸透镜，它可以将较小的物体放大以便人们看得更清楚。

随着年龄的增长，40岁以后随着人眼的晶状体逐渐纤维硬化，睫状肌逐渐麻痹，使人眼无法有效调节眼球的形状（轴向变化），只能通过调节眼睛与所视物体的距离看物体，看

近处的物体时必须移远才能看清楚，这时的眼睛状态就称为老花眼。而贾母戴的就是老花镜，老花眼要想在原来习惯的距离上使用视力就必须配戴老花镜进行视力补充，才能重新视近清晰，毫不夸张地讲，老花镜是每个人步入中年后的第二双眼睛。老花镜的使用，提高了人们的生活质量。

《红楼梦》

作者：（清）曹雪芹

回数：红楼梦共一百二十回

介绍：《红楼梦》是一部具有高度思想性和高度艺术性的伟大作品，代表古典小说艺术的最高成就之一。在中国古代民俗、封建制度、社会图景、建筑金石等各领域皆有不可替代的研究价值，达到中国古典小说的高峰。被誉为"中国封建社会的百科全书"。

《西游记》

作者：（明）吴承恩

回数：共一百回

介绍：西游记前七回叙述孙悟空出世，有大闹天宫等故事。此后写孙悟空随唐僧西天取经，沿途除妖降魔、战胜困难的故事。书中唐僧、孙悟空、猪八戒、沙僧等形象刻画生动，场景规模宏大，故事结构完整，是中国古典小说中伟大的浪漫主义文学作品。

《水浒传》

作者：（元末明初）施耐庵

回数：一百二十回

介绍：全书以描写农民战争为主要题材，塑造了宋江、吴用、李逵、武松、林冲、鲁智深等梁山英雄群体，揭示了当时的社会矛盾。故事曲折、语言生动、人物性格鲜明，具有很高的艺术成就。

《三国演义》

别名：《三国志通俗演义》

作者：（元末明初）罗贯中

回数：共一百二十回

介绍：《三国演义》故事开始于刘备、关羽、张飞桃园三结义，结束于王浚平吴。描写了东汉末年和三国时代魏、蜀、吴三国之间的军事、政治斗争。文字浅显、人物形象刻画深刻、情节曲折、结构宏大。

读名著 学知识 2

《西游记》塑造了一个光怪陆离、神奇瑰丽的神话世界……

马向于 编著

奇思妙想

——《西游记》中的奇法异术

河南人民出版社

图书在版编目（CIP）数据

奇思妙想 ：《西游记》中的奇法异术 / 马向于编著
. -- 郑州 ：河南人民出版社， 2016.3
　（读名著，学知识）
ISBN 978-7-215-10006-0

Ⅰ．①奇… Ⅱ．①马… Ⅲ．①《西游记》－古典小说
评论②科学知识－青少年读物 Ⅳ．① I207.419
② Z228.2

中国版本图书馆 CIP 数据核字（2016）第 071023 号

目录

第一章 《西游记》中的趣味知识

《西游记》中很多有趣的故事，天马行空的想象，在吸引我们目光的同时，我们也想知道那些事情真的存在吗？石头真的能蹦出猴子吗？女儿国真的存在吗？各种疑问萦绕心间……

【石头中能蹦出猴子吗】

孙悟空是从石头里蹦出来的，石头真的能孕育生命吗？

在神魔小说《西游记》中，主人公孙悟空是从石头里蹦出来的。那块石头吸日月之精华，采天地之灵气，"内育仙胞，一日迸裂，产一石卵，似圆球样大"（《西游记》第一回），石猴孙悟空就这样出生了。其实，猴子是一种哺乳类胎生的灵长类动物，而岩石作为一种没有代谢功能的矿物质，是不可能繁衍出生命体的。

猴子是一种杂食性动物，以食用植物为主，每年可以繁殖1到2次，每胎可产1到3仔，带着他们活动。猴子大多善于攀援，身手敏捷，其种类也很多，全世界大约有200多种。猴子是一种俗称，很多灵长

类动物都被我们称为猴子，包括了猩猩、狒狒等灵长类动物。下面我们介绍几种常见的猴子。

金丝猴：属于疣猴亚科，仰鼻猴属，同我国的大熊猫一样，是国家一级保护动物。金丝猴如其名，毛色金黄鲜艳，而且性情温和，非常讨人喜欢。我国的金丝猴分为川、滇、黔三种，数量千余，结群而居，生活在深山老林之中。

猕猴：在《西游记》里，有一个冒充孙悟空的六耳猕猴，"六耳猕猴"这个名字当然不是指它有六只耳朵。猕猴在我国也是一种常见猴类，属于猕猴种，个体瘦小，面目尖削，大部分是灰黄灰褐色，多在山石、沟谷、树林中过群居生活，广泛分布于我国华北、华南、华东、西南、西北地区。猕猴又有"猢狲"的别称，在《西游记》里，是猪八戒或妖魔对孙悟空的蔑称。

食蟹猴：又叫爪哇猴，个头比猕猴小，冠毛后披，面带须毛，眼睑上侧有白色三角区，生活在有红树林生长的沼泽地，因为

喜欢在海边觅食螃蟹和贝类，
所以称作食蟹猴。食蟹猴一般
分布在东南亚的热带和亚热带
国家，我国南部亚热带地区海
滨也有食蟹猴生活，是我国的
二级重点保护动物。

　　侏儒绒猴：被称为世界上最小的猴子。绒猴又叫拇指猴，生活
在南美洲亚马逊河流域的森林中，成猴只有 10 ～ 12 厘米高，体重约
80 ～ 100 克，刚出生的幼仔只有蚕豆大小。绒猴袖珍可爱，可以放在
手中把玩，是当地土著居民经常饲养的一种宠物。

【花果山在哪里】

《西游记》中的花果山，山清水秀、景色秀美，养育了数十万猴儿们，它的原型是哪里呢？

花果山是《西游记》中孙悟空的老家，小说中写道，"东胜神洲，海外有一国土，名曰傲来国。国近大海，海中有一座山，唤为花果山。此山乃十洲之祖脉，三岛之来龙，自开清浊而立，鸿蒙判后而成。"（《西游记》第一回）由于《西游记》作者吴承恩是江苏人，根据小说中对

于花果山的描写，现在基本认定江苏连云港市区东南的花果山风景区便是小说中描写的花果山原型。

花果山风景区是国家 AAAA 重点风景名胜区，位于连云港市南部云台山中麓，规划面积 110 平方公里，有篆摩崖、阿育王塔、十八盘、九龙桥、三元宫、水帘洞、女娲遗石、毛公碑、七十二洞、玉女峰等知名景点，主要以"孙悟空老家"而闻名海内外，有"东海第一胜境"的美誉。

花果山有唐、宋、元、明、清各个朝代的庙塔建筑，是著名的佛教圣地，海内四大灵山之一。在玉女峰上，有康熙皇帝题写的"遥镇洪流"四字镌刻，源于《西游记》中对花果山的描写，"势镇汪洋，威宁瑶海"。毛泽东很喜欢《西游记》，曾有著名的诗句"金猴奋起千钧棒，玉宇澄清万里埃"流传，花果山上毛泽东的"孙猴子的老家在新海连市"

石刻被称为"毛公碑"。

　　花果山不仅有深厚的历史文化底蕴，四季自然风光也美不胜收。其山嵯峨险峻，其水飞流幽转，阳春时候早莺争鸣，百花齐放，盛夏时节猛流急湍，雾海云山，秋天里山明水净，深红浅黄，冬日里飞雪纷纷，银装素裹。登山远望，"潮涌银山鱼入穴，波翻雪浪蜃离渊"，片帆烟迹，沧海茫茫，加之多姿多彩的神话故事传说，让人如痴如醉，仿佛置身于冯虚御风、羽化登仙的神仙境界。

读名著 学知识·《西游记》

【女儿国存在吗】

女儿国没有一个男子，巡逻、工匠均为女子，真的有这样的地方吗？

在《西游记》第五十三、五十四、五十五回中，描写了一个没有男子的西梁女国，又叫女儿国。这个国家都是女子，繁衍后代，只需要成年女子饮用国中的子母河水，便可受孕怀胎，而且生下来的也是女孩。当然，这是小说中虚构的情节，仅用饮用河水来产育后代，是不符合人类两性繁殖的科学规律的。但是，吴承恩所描写的女儿国，还是有历史原型的。

《山海经》记载了一个女儿国，是一个海岛国，女子在黄池中沐浴就可怀孕生子，若生女孩，便能健康成长，若生男孩，活不到三岁

就会夭折。在《旧唐书》中记载了一个东女国，又叫西羌，以女子为国王，女王住在九层碉楼上，其他人住在四五层的碉楼上。女王穿绸缎做的长裙，裙摆装饰金花。国家虽然也有男人，但男人只在外服兵役，官吏和家庭主事都以女人为主。唐朝玄奘所著的《大唐西域记》也记载，拂惊国（东罗马帝国）西南部有女国，国家富庶，没有男子，繁衍后代时，会让本国女子与邻国男子配偶，生下女孩留在国中，生下男孩由父亲带走。

在我国西南部的摩梭族，素有"女儿国"之称。摩梭族仍然保留着母系社会的生活风貌，男不娶，女不嫁，实行走婚制。青年男女如

果情投意合，男子到女子家中与其相处，白天离开，各自生活。在摩梭族的母系家庭文化中，以母为尊，以女为贵，家族里也以生女孩为荣。在家庭关系中，只有母系成员被视为亲人，包括母亲、女儿、儿子、舅舅，父亲和妻子都属于外人。

【动物也会做梦】

梦是非常奇妙的事情，很难说得清楚。人人都会做梦，好梦、噩梦、白日梦，动物是不是也会做梦呢？

孙悟空从东海龙宫取得金箍棒和披挂，回到花果山和众猴饮酒作乐，喝醉酒睡觉时，梦见地府的勾魂使者将自己的魂魄勾了去，说是自己阳寿尽了。悟空大怒，大闹地府，销了所有猴类的生死簿。回到阳间，对众猴说是自己做了一个梦。孙悟空在小说中，不光是动物，也是人、神、妖的结合体，所以也就具备人、神、妖的特质，会做梦也不稀奇。那么在现实生活中，动物跟人类一样，也会做梦吗？

人类在做梦时，呼吸和心跳加快，血压上升，脸部肌肉和四肢会轻微抽搐，眼球快速转动，在睡梦实验中，眼球快速转动和脑电图快

波可作为做梦的标志。现在，经过对一些动物测试，发现很多动物也会做梦。鸟类一般都会做梦，但是梦境短暂。灵长类和哺乳类动物会做梦，比如猴子、猫、狗、马、老鼠、大象、刺猬、蝙蝠，等等。其中，猫、狗、猴子的梦境较长。爬行类动物、两栖动物、无脊椎动物和鱼类不会做梦。

　　做梦是人类在睡眠过程中产生的一种正常心理现象，在睡眠中，人类大脑神经细胞处于抑制状态，但是大脑皮层还是会有少数区域的细胞处于兴奋状态，从而使人们脑中出现梦境。在这种状态下，这些兴奋的细胞控制

失调，记忆中枢中的很多片段开始活跃，出现千奇百怪的梦像。同理，大脑发育相对完善的动物，其神经系统在睡眠中出现与人类类似的细胞活跃状况，会做梦也就很好解释了。

　　动物们在睡梦中会梦到什么呢？人们很想探知这个问题。然而"禽有禽言，兽有兽语"，动物不会说人类语言来表达，我们也就无法知道，在动物们的梦境中，是怎样一个多姿多彩的世界。

【蟠桃真那么好吃吗】

仙果数蟠桃为首，为什么蟠桃会成为仙果呢？为什么不选择西瓜或苹果呢？蟠桃真的存在吗？

　　孙悟空第二次被招安上天庭，终于做了齐天大圣，因为总是四处闲逛，被玉帝派去管理蟠桃园。蟠桃园里有三千六百株桃树，前面一千二百株，三千年一成熟，人吃了成仙得道；中间一千二百株，六千年一成熟，人吃了长生不老；后面一千二百株，人吃了与天地同寿，日月同庚。孙悟空听说蟠桃这般珍贵，便趁其他人不在的时候，把园子里成熟的桃子吃了个干干净净。

　　关于蟠桃的记载，并不只出现在《西游记》里。在《山海经》、《太平广记》里都记载过蟠桃，在神话传说中，西王母管理凡人只有周穆

读名著 学知识·《西游记》

王和汉武帝食用过蟠桃。《汉武帝内传》载，汉武帝热衷于寻仙访道，感动上天，西王母来到长安，送给汉武帝一个仙桃，汉武帝吃了之后，通体舒泰，口齿留香，想把蟠桃的桃核留下，在皇宫花园里种下，西王母说："中夏地薄，蟠桃种之不生。"后来，汉武帝还派东方朔前往昆仑山偷取蟠桃，都没有结果。

那么，世上有没有蟠桃这种水果呢，它真的那么好吃吗？不错，蟠桃这种水果确实存在。与普通的桃子不同的是，蟠桃形状扁圆，顶部凹陷形成一个小窝，其果皮呈深黄色，顶部有一片红晕，蟠桃有形美、色艳、味佳、肉细、皮韧易剥、汁多甘厚、味浓香溢、入口即化等特点。而且蟠桃色、香、味俱佳，含有一定的蛋白质、脂肪、维生素及多种矿物质，有养阴生津，润肠止渴之功效。对于久病初愈，气血亏虚，身体羸弱，心悸气短的患者，蟠桃是很好的辅助食物。

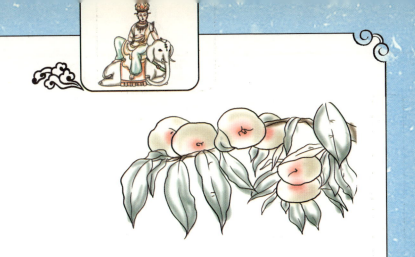

　　在我国，新疆是蟠桃的原产地，广泛分布于新疆、甘肃、河北、山西、陕西等地。其中新疆石河子的蟠桃，无论从外型上到口感上，以及营养价值上都是最优的。

【历史上真实的唐僧】

唐僧前往西天拜佛求经，历经艰险，终成正果，为中国佛教的发展做了巨大贡献，他真的存在吗？

《西游记》中的唐僧受了唐太宗李世民的皇命，前往灵山如来佛祖那里求取大乘佛经。那么历史上真有唐僧西天取经的事情吗？在唐朝，的确有一位玄奘法师，前往印度天竺国求取佛经，他就是《西游记》里唐僧的人物原型。

玄奘（600～664年），俗姓陈，名祎，唐代洛阳人，出生于官宦之家，其父亲、祖父都是隋唐两代的名臣。12岁时，在洛阳净土寺出家，后来游历长安、成都等地，拜访名师，讲经说法。根据多年来的经历见闻，玄奘深感各处关于佛理的领悟众说纷纭，为了正本求

源，他决定前往佛教的发源地——天竺印度，求解答案。在贞观元年（627 年），玄奘向唐太宗陈表，请求前往天竺西行求法，但是没有得到批准。但是玄奘抱了西行的决心，在没有得到官方允可的情况下，他"冒越宪章，私往天竺"，跋山涉水，行程五万余里，到达印度的那烂陀寺，贞观十九年（645 年）回到长安。玄奘回到长安时受到了隆重的欢迎，此次西行，共带回舍利子 150 颗，佛像 7 尊，经书 657

部。回到大唐后，玄奘在长安的大慈恩寺设立译经场，与门人弟子翻译带来的梵文佛经。经过几年的努力，一共翻译了佛经典籍 75 部，1355 卷。但玄奘最为著名的著作是十二卷《大唐西域记》，书中详细介绍了西行途中所经历的 110 个国家的风土人情、山川地貌，成为后世研究西域历史的珍贵史料。同时，我们现在耳熟能详的经典名著《西游记》也是以《大唐西域记》为蓝本创作的。除此之外，玄奘还首次将我国的道家经典《老子》翻译成梵语，介绍到国外，促进了中外文化交流。

唐德元年（664 年）玄奘逝世于玉华宫，而不是像小说中描述的那样，在取经完成后和三个徒弟一起成佛成仙。虽然小说《西游记》中的唐僧与历史上真实的玄奘法师有很大差别，但是他们求知探索、弘扬佛法的坚定信念和不懈努力，却都是我们中华民族传统精神的共同体现。

【《西游记》源自《大唐西域记》】

《西游记》为我国四大名著之一，它的诞生不是天上掉下来的，深究下去会发现它的来源。

玄奘的《大唐西域记》记录了他西行路上众多国家的山川地理、人情风貌，其中不乏各种奇异的传说和惊险的经历，在后世的流传中，它们渐渐演变出各种神奇的故事，使玄奘的西行充满了神秘新奇感。到了明代，吴承恩以《大唐西域记》为蓝本，结合历代玄奘西行的神话传说，借鉴相关的元杂剧，综合自己在各个方面的文化知识积累，创作了这部闻名当世的经典著作《西游记》。

《大唐西域记》是由唐太宗下令编写，玄奘口述，其弟子辩机撰

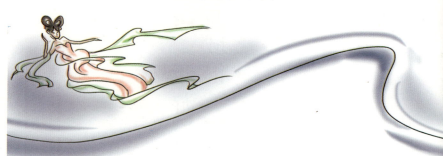

写的，在贞观二十二年（648年）完成。《大唐西域记》在现代被列为地理史籍，书中记述了玄奘西行种种见闻经历，包括各个国家、城邦、地区的疆域、政治、经济、山川、气候、风土人情、语言宗教，以及大量的历史故事和神话传说，有利于我们现代研究中古时期的中亚、南亚各个国家和地区，包括现代的中国新疆维吾尔自治区、阿富汗、伊朗、巴基斯坦、印度、尼泊尔、孟加拉国、斯里兰卡等地的历史、地理、交通、文化、宗教，同时，也是研究佛教文化发展传播的重要历史文献。

吴承恩在创作《西游记》的时候，不仅在故事情节上借鉴了《大唐西域记》，在故事结构和叙事手法上也进行了一定程度的模仿。《大唐西域记》记录了玄奘西行的风土见闻，《西游记》虽然将孙悟空上升为第一主角，但在拜唐僧为师后，一直到取经完成，其西行主线是不变的，只不过路途上多出了很多阻拦西行的妖魔鬼怪。《大唐西域记》

是平衡叙事，以每个国家和地区作为叙事单位，而《西游记》有九九八十一难，也是以各个国家（乌鸡国、车迟国等）或地区（妖精的山岭、洞府、水邸）为叙事点，两者在这方面也是相吻合的。

【取经全程有多远】

在交通不便的古代，到遥远的国度去取经是一件非常艰难的事情。没有非凡的毅力，是不可能克服无数困难取得真经的。

观音奉旨到长安寻找取经人，见到唐三藏和唐太宗说："礼上大唐君，西方有妙文。程途十万八千里，大乘献殷勤。"观音在来长安的路上，暗暗计算灵山与大唐之间的行程，说是有十万八千里路，那么真实的玄奘西行是多少路程呢？我们根据玄奘所著的《大唐西域记》，可以算出玄奘的西行大约为五万余里，而不是《西游记》中记载的十万八千里。吴承恩将西行路程改为十万八千里，意在突出西天取经的路途遥远，任务艰巨，更能体现唐三藏为国为民、弘扬佛法的

宏大志愿。

　　"十万八千里"是我们现在常用的一个成语，用来比喻两者相差很大。宋代释道原《景德传灯录》卷十三："问：'如何是西来意？'师曰：'十万八千里。'"孙悟空一个筋斗也能翻出十万八千里。其实，在我国古代各个时期，关于里数的换算是不一样的。到了唐代，1里=360步，1步=5尺，1尺=30.7厘米，这样换算开来，十万八千里约为59691千米，比绕地球一圈还长些。

【人类能长生不老吗】

万事万物有生则有死，这是自然界的规律、宇宙的法则。

　　在《西游记》里，天上的神仙以及佛祖、菩萨都是长生不死的。在神话故事里，长生不老的方式有很多种：凡人需要专心修炼，能够吃到蟠桃、人参果、太上老君的金丹可以长生不老，而作为没有机会吃到蟠桃、仙丹，又不肯用心修炼的妖精只能靠吃唐僧肉来长生不老。孙悟空刚开始也是妖精，为了寻仙访道长生不老，他拜菩提祖师为师父，学习高强的本领，但还是不能长生。后来他在地府强销死籍，大闹天宫时偷蟠桃、盗御酒、窃仙丹，才得以长生不老。古代的帝王，拥有了至高无上的权力、财富，又不满足于有限的生命，如秦始皇、

汉武帝、嘉靖皇帝等就又开始追求避死延生、长生久视之法。《西游记》中的车迟国国王就是讽刺吴承恩时代热衷于炼丹修道的嘉靖皇帝。

近几年，社会上又掀起一股养生热潮，那么我们人类真的可以长生不老吗？从科学角度的理论上来讲，长生不老具有一定的可能性。我们首先来看一下人类身体细胞的新陈代谢：我们人类的身体每隔几天就会把肠内壁的细胞完全更新，每隔两个月，膀胱内壁的细胞也会完全更新，红血球每120天更新一次。从这个角度来讲，如果人类身体能够一直不断更新，就可以保持身体年轻健康的生理机能，从而"长生不老"。但这仅仅是理论上的可行，其实细胞在分裂更新时，会产生复制和递减，DNA末端的端粒长度逐渐缩短，就会出现身体老化。

细胞老化的过程不可逆转，所以在实际操作中不可能通过补充 DNA 末端端粒来延缓衰老。而且，如果长生不老真的实现了，就会带来一系列家庭、文化、伦理、环保、资源配置等问题，给社会造成沉重的负担。

其实，生命正因为它的有限性才显得弥足珍贵，一个人就算拥有长久的生命却庸碌无为，那么他的一生也没有多少意义。我们要在有限的生命中，把握光阴，努力拼搏，让我们的人生绽放美丽的光彩。

【海龟能活多长时间】

龟自古以来就是吉祥长寿的象征，且有"灵龟镇宅"之说！

唐僧师徒四人在通天河受阻，观音降服灵感大王后，通天河的老龟感激他们，送他们过河，临别时，老龟说自己已经修炼了一千三百余年，想让唐僧问问西天佛祖，自己再过多少年才能修成正果。待到师徒四人取经归来，路过通天河，老龟在送他们过河时，问起先前托付的事，唐僧却给忘记了，老龟一怒之下将唐僧等人翻到河水中去。小说中的老龟活了一千三百多年。在古代很多的神话故事中，海龟都被塑造成万年长寿的灵物，古代以麟（麒麟）、凤（凤凰）、龟、龙为"四灵"，当初共工怒触不周山，导致天塌地陷，女娲炼石补天斩

读名著 学知识·《西游记》

下一只巨型海龟的四肢，充当支撑天地的天柱。那么，真实的海龟能活那么长时间吗？

海龟在2亿年前就已经出现在地球上了，《世界吉尼斯纪录》中寿命最长的海龟是152年。海龟广泛分布于太平洋、大西洋、印度洋中，体长1米多，四肢如桨叶，利于水中游泳，前肢有爪，但四肢和头颈不能缩入甲壳内。海龟一般生活在浅海地带，以鱼类、甲壳类、海藻等为食，虽然有牙齿，但海龟的喙非常锐利，可以磨碎较为坚硬的食物。海龟在海水中吞食大量水草，身体摄取了大量盐分，上岸之后，泪腺旁边的腺体会排出这些盐分，才出现"流泪"的现象。到了繁殖季节，雌海龟会来到陆地上，在沙滩上挖开洞穴，将龟卵产在洞里并掩埋。

雌海龟在产卵时会分泌大量黏液，在龟卵表面形成保护层，减少水分蒸发。小海龟在 40～70 天后破壳而出，在夜晚成群结队地爬向大海。但是由于小海龟没有父母的庇护，只能依靠自己的适应能力生存，所以面对天敌以及各种自然环境的考验，小海龟的成活率很低，只有千分之一。海龟的种类有很多，世界上已发现的海龟总共有八种：棱皮龟、橄榄绿鳞龟、绿海龟、丽龟、平背海龟、蠵龟和玳瑁。海龟被列为国家二级重点保护动物，是我们人类的朋友。

第二章 《西游记》中的自然知识

　　《西游记》中有对自然现象的畅想，对风雨雷电、日食等自然现象的神话奇想，这些奇妙的想法总能吸引读者的目光，让读者领略大自然的无穷魅力。

【火眼金睛】

实，穿过虚幻、看到真金睛的作用。借我一双慧眼吧，把这纷扰的世界看得清清楚楚、明明白白、真真切切。金睛的作用。

孙悟空大闹天宫被二郎神擒拿住，在天庭刀劈斧削，雷打电击，皆不能伤他分毫。太上老君向玉帝说，孙悟空吃了蟠桃仙丹，已经成了金刚不坏之身，不如把他放进八卦炉中，煅烧七七四十九天，就可以把他烧成灰烬。等把悟空放进八卦炉，却不能将悟空烧死，于是，太上老君运起三昧真火来烧悟空，火带着风，熏到了悟空的眼睛，意外地将悟空的眼睛炼成了火眼金睛。悟空的火眼金睛在保护唐僧西天取经的途中发挥了很大作用：它能够目射千里，辨识真假，一眼就能看穿妖精的变化。现在，火眼金睛已经演变成一个常用成语，用来比喻人的眼光犀利，能够辨识真伪。

  虽然人的眼睛不能变成孙悟空那样的"火眼金睛",但是现代,人们借助高科技手段,已经能够达到"火眼金睛"的透视效果。在科幻电影中,我们会看到某些仪器可以对人体进行扫描,车站、飞机场过安检也会对人体进行扫描,判断人身是否带有武器,等等。其实人体扫描技术在现实中已经存在,这种技术又叫三维人体测量系统,用光线或射线扫描人体,可以形成人体的三维图像,可以精确到人体的各个部位,深度扫描更可以识别人体内部是否植入金属、晶片,甚至各个内部器官的运行状况。目前,人体扫描技术已经被广泛地运用到服装设计、动画制作、人机工程、医学等领域。比如,利用人脸扫描数据,可以识别是否本人,真是名副其实的"火眼金睛";在拍摄电

安全检查

影时，扫描录入演员的三维数据，可以用来制作动画特技镜头；在医学上，扫描成像可以帮助医生更加准确地观察人体内部器官的健康状况，等等。

【九重天有多高】

天有多高？当我们躺在草坪上仰望蓝天的时候，总会想起这个问题。蔚蓝色的天空之外有着我们无尽的疑问与好奇。

读名著 学知识·《西游记》

在古代神话故事中，人们形容天高，往往说是九重天，比如《西游记》里的太上老君，他住的兜率宫就在三十三重天离恨天上。其实，我国的古汉语中，诸如"三""五""九"这些数字，在成语和文章中多用来表示约数，而非确指。比如三年两载、五光十色、九洲、九霄云外、"大军治六合，猛将清九垓""疑是银河落九天"，等等。"九"在这些语句中用来表示极限之意，说明是天的最高层。关于九重天每一重天的名称，历来说法不一，佛教、道教以及一些文学作品中各有不同的描绘。此外，九重天还用来代指朝廷。唐代诗人韩愈的《左迁

至蓝关示侄孙湘》："一封朝奏九重天，夕贬潮阳路八千。"元代吴昌龄《张天师》第一折："稳请受着九重天雨露恩和宠。"

九重天是古代人对于自然界的一种幻想，从某种程度上也表现了人们对于大自然造化的崇敬。其实，作为空气组成的天空是一个空间概念，上方是没有仙人居住的。从空间学上来讲，"天"和"空"是两个概念，"空"是指从地表往上110千米范围之内的空间，大气构成主要为各种气体和细小微粒，包括洁净的空气（氮气、氧气、二氧化碳、臭氧等）、水蒸气和尘埃。"天"是指地表以上110千米以上的空间，这个高度的分界同时也是人造卫星等航天器的最低飞行高度。联系我们常说的"航空""航天"可以理解这个概念，飞机可以说成是"航空"，神舟系列的发射便是"航天"。在高度60千米以下，大

气的气体构成大多是中性分子；在 60 千米往上，白天的时候，大气在太阳辐射作用下发生电离；90 千米以上，气体成分大多处于电离状态，高层甚至分解为原子状态。而到达太空之后，空间处于真空状态，是没有空气的。

【葫芦里的乾坤】

日食是一种自然现象，在古代，无法获得科学的解释，只有通过想象来说明这个自然现象。这样，就产生了各种有趣的神话故事。

在平顶山莲花洞，唐僧师徒遇上了金角大王、银角大王两个妖怪。他们本是太上老君座下的金银二童子，下界为妖时，带来了老君的紫金红葫芦、羊脂玉净瓶。这紫金红葫芦把人收进去后，一时三刻，人就会化为脓水。悟空从山神那里听到这些，便变成一个老道士，又用一根毫毛变成一个大葫芦，和拿着紫金红葫芦的小妖比谁的葫芦更厉害。悟空说，自己的葫芦不仅可以装人，还可以装天。接着，他请哪吒等神仙帮助，让他们用乌云遮住太阳和天空，世界暗无天日，造成"装天"的假象，成功骗取了妖精的宝贝。

悟空所用的办法，是制造假象。其实，我们在现实生活中也有机

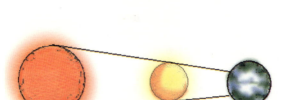

太阳　　　　　月亮　　　　　地球

会遇到这种"天被装走"的情况，那便是我们所说的日食（日蚀）。日食在民间又叫"天狗食日"，是月球运行到太阳与地球之间发生的光影现象。月球和地球有各自的运行轨道，当月球运行到太阳和地球中间时，三者呈一条直线，相对于地球上的一部分地区来说，太阳的部分光线或全部光线被遮挡，我们在地球上看太阳时，就好像太阳消失了一样，现在虽然是白天，世界也变得漆黑一片，仿佛瞬间进入了黑夜，抬头可见天空中最亮的恒星和行星。等过了几分钟，月球的黑影边缘渐渐露出阳光，日食慢慢退去。如果月球把太阳全部遮住就叫做日全食，只遮住一部分叫日偏食，只遮住中央部分叫作日环食。发生日全食的时间一般不超过7分31秒。日食一般发生在农历初一（朔日），我国在1000多年以前就记载过日食的现象，这也是世界上最早的日食记录。

　　观看日食要佩戴具有防护作用的观测眼镜，不可用眼睛直接观测，否则会灼伤眼睛，严重时会导致失明。由于月球的体积相对较小，所

以日食发生时，地球上只有很小一部分地区能够观看到。但是，现在的科学技术已经能为我们预测各种日食、月食、流星雨的发生日期，并提供确切的观赏地点，为广大天文爱好者提供便利。

【五行与元素周期表】

五行是中国古代的一种本源论（本体论）的形而上学。它认为，宇宙万物，都由木火土金水五种基本特性的运行（运动）和变化所构成。

在《西游记》里，经常会出现关于五行的论说。比如《西游记》第四十一回"心猿遭火败，木母被魔擒"，第八十六回"木母助威征怪物，金公施法灭妖邪"，金公指悟空，木母指八戒。在《西游记》中，孙悟空属金，猪八戒属木，沙和尚属土，唐三藏属火，白龙马属水，孙悟空大闹天宫时被如来佛祖压在五行山下，等等，很多地方都包含着五行学说。

五行学说是我国古代的一种物质观，现在广泛应用于我国的哲学、

中医药学和占卜等领域。五行是指金、木、水、火、土，古代人认为五行是构成大自然的基本元素，它们相生相克，从而促进大自然的生生衍化。金，是指金属类的元素，包括金、银、铜、铁等矿物质；木，是指草木等具有生长、生发的元素；水，是指广泛存在于自然界的水分；火，是指具有光明和温热特质的事物或现象，由于代表着一种上升的能量，所以它不是一种物质；土，是指土地，引申为各种具有承载、生化能力的载体，有"土为万物之母"的说法。

其实，自然界并非由这五种元素构成，而是存在着一百多种基本的金属和非金属物质，它们本来由一种原子构成，每一个原子中的核子具有相同数量的质子，它们是构成世界物质的基本元素。1869年，俄国科学家门捷列夫发明了元素周期表，后来又经过许多科学家的补充修订，才有了现在相对完备的元素周期表。在元素周期表中，共列举了118种元素，按照元素的原子序数来编号，并进行递增排序，电子层数相同的元素排在同一行，最外层电子数相同的元素排在同一列。元素在周期表中的位置不仅反映了元素的原子结构，也

显示了元素的递变规律和内在联系。元素周期表的发明意义重大，为后来的科学寻找新型元素和化合物树立了正确导向。截止到 2007 年，人们已经发现 118 种元素，其中 94 种元素存在于地球中。

【星座的由来】

漫天繁星很难辨认，而将一片空域中数颗具有特征的星星构成一个星座，这样就容易辨认了。

在《西游记》里，有很多星辰神仙出现，他们或者在孙悟空大闹天宫时出力征讨，或者在唐僧师徒西行时暗中保护，助力降妖，这包括二十八星宿、九曜星官（北斗七星和其辅佐二星）、太阳神、太阴星君，等等。直到现在，我们还会根据某人的生日来确定他是什么星座。那么，星座是怎么产生的呢？

在我国，星座是道家占星学上，将一群一群的恒星进行组合，依据各个星群的形状来命名的星群体。道家占星术士为了方便研究天上星辰，确定地表区域，将天上的星辰分成若干区域，每个区域的星群便是一个星座。在古代，星座知识被广泛应用于航海，用来确定航向，

所以星座的名字极有可能来自于航海的水手。我国古代的《周礼》记载了二十八星宿，确立了北极天空紫微垣、太微垣、天市垣的三垣区域，赤道旁一周分四象，每一象七个区域，合称二十八宿。不光是我国有星座文化，在西方国家，很早也出现了星座的起源。西方很早出现了关于大熊星座、猎户座、人马座、天蝎座、长蛇座的记载，古巴比伦也用楔形文字记载了黄道十二星座，印度有二十七宿，阿拉伯国家有《恒星书》。

传统的常用的是黄道十二星座，包括白羊座（3月21日 至4月20日），代表自由和勇猛；金牛座（4月21日至5月21日），代表驯良和欲望；双子座（5月22日至6月21日），代表着多元性；巨蟹座（6月22日至7月22日），代表隐藏的特质；狮子座（7月23

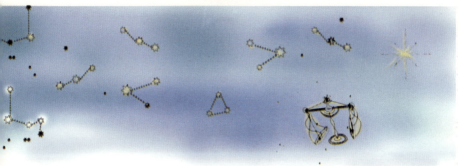

日至8月23日），代表热情和希望；处女座（8月24日至9月22日），

代表谨慎和安静；天秤座（9月23日至10月23日），代表公正或犹

豫；天蝎座（10月24日至1月22日），代表欲望和妒忌；射手座（11

月23日至12月21日），代表理想和智慧；摩羯座（12月22日至1

月20日），代表忧伤和恐惧；水瓶座（1月21日至2月19日），代

表思考和个人主义；双鱼座（2月20日至3月20日），代表逃避和

复杂。

【星象不能占卜吉凶】

流星坠落是一种自然现象，不是吉凶的征兆。

我们常说"医卜星象"，代指一些算命先生通晓天地，算命先生也常用星象来为人算命，占卜吉凶。在《西游记》里，泾河龙王得知长安的袁守诚神机妙算，就来和他赌赛，袁守诚算了一卦，说第二天长安有雨，并且把雨的点数也都算了出来。泾河龙王当然不信，谁知片刻之后，天庭就下旨让他第二日长安降雨，雨的点数与袁守诚算出来的分厘不差。泾河龙王气不过，降雨的时候偷偷改了点数，并去质问袁守诚，说他算卦不准。袁守诚说，我认得你，你是泾河的龙王，

你私自改动降雨点数，违抗圣旨，那剐龙台上难免一刀。泾河龙王最后被宰相魏征在梦中斩了。

在影视小说等作品中，那些算命先生都被描绘得神乎其技，包括《三国演义》的诸葛亮，也善于利用夜观天象来趋利避害，然而，星象真的能占卜吉凶吗，星象占卜究竟是科学还是迷信？

星象占卜并非只有中国盛行，在很多有星座观测历史的国家都广泛存在。我们已经知道，黄道有十二星座，黄道是太阳运行的轨道，将黄道均分为十二个区，每个区的太阳星座就是十二星座之一。以每年的3月20日（春分）依次排序，便是白羊座、金牛座、双子座、巨蟹座、狮子座、处女座、天秤座、天蝎座、射手座、摩蝎座、水瓶座、双鱼座。根据日期划分，来确定每个人属于什么星座，每个星座里的人都会有相似的个性、意志、情感特征。除了太阳星座，人们还用月亮星座和上

升星座来补充星座的运势。月亮影响地球潮汐的变化，同时也会影响人类的情绪体验；上升星座代表着一个让人人生浮沉的运势，出现在人本命宫中的星宿不同，所带来的运势影响也不同。

其实每个人都有不同的个性心理特点，依靠星座占卜人的人格品质及命运没有太多的科学依据。与其把自身的希望放在对于命运的探索和改动上，不如抓住今天，努力奋斗拼搏，这样才能拥有有意义的人生，到达成功的彼岸。

【火焰山真的那么热】

《西游记》中的火焰山是否存在呢？它的原型就在新疆，虽然没有火焰，但山体由红色花岗岩组成，远远望去，就像一团团火焰。这就是火焰山名称的由来。

唐僧师徒来到火焰山，这里酷暑难当，田地颗粒无收，百姓生活贫苦，孙悟空前往铁扇公主那里求借芭蕉扇灭火，结果铁扇公主和牛魔王夫妇记着红孩儿之仇，与悟空、八戒展开了一场大战。最终，在托塔天王父子、四大金刚的帮助下，悟空终于降服了牛魔王，借到芭蕉扇，扇灭了火焰山之火，师徒顺利过山，百姓们也风调雨顺，恢复了正常生活。

火焰山是否真的存在，它真的那么酷热无比吗？在我国，的确有

这么一座火焰山，它位于新疆吐鲁番盆地边缘，山体长达100多千米，宽处可达10千米，海拔约500米，是当地著名的旅游景点。当地人称火焰山为"克孜勒塔格"，意为"红山"，主要是因为山体表面的红色花岗岩反射阳光，形成一片火红色，远望好像燃烧的火焰一般。

每到夏天，火焰山附近温度攀升，气温最高达到49.6℃，地表温度可达70℃以上，四处寸草不生，沙窝里的温度可以将鸡蛋烤熟。放眼望去，整个山头岩石在烈日下一片红褐色，热气流翻滚不定，好像无数的火舌舔舐天空，火焰山之称真是名符其实。在《西游记》里，火焰山土地神告诉孙悟空，这火焰山是他当年大闹天宫时推翻了太上老君的八卦炉，炉中的火砖掉下界来，在这里燃烧，形成了火焰山。

当然，这是神话故事，火焰山的形成，是由于吐鲁番盆地地势过低，山地与盆地之间相差5600米的高度，这里又地处戈壁沙漠，白天日照时间长，地表增温迅速，热空气不容易散发，太阳直射下气流下沉形成

焚风效应，使得地面更加干燥炎热。唐代著名边塞诗人岑参路过火焰山，就曾作诗说："火山今始见，突兀蒲昌东。赤焰烧虏云，炎氛蒸塞空。不知阴阳炭，何独燃此中。我来严冬时，山下多炎风。人马尽汗流，孰知造化功。"

火焰山虽然炎热，但并不影响它成为人们趋之若鹜的旅游景点。由于这里有远古断层，形成了许多沟谷，这些沟谷里日照较少，绿荫清凉，水草丰茂，行人在这里停驻休憩，品尝吐鲁番的葡萄、哈密瓜，饮用清凉的河水，别有一番滋味。

【深海之下有龙宫吗】

深海之下压力非常大，一般海底生物难以生存，龙宫自然也不会有。但随着科技的发展，目前已经有了浅海的人造『龙宫』。

在《西游记》的故事中，海底有龙王、虾兵蟹将，还有他们居住的龙宫。实际上在海底，当然是没有龙王，也没有龙王的宫殿的。目前我们人类还没有完全探测到深海的海底世界，但已有的很多发现，足以让我们惊叹海洋的神奇。

首先我们来看一下深海生存环境。深海包括水深 200 米以下的海底水域，下面终年黑暗，阳光不能投入，且盐度高，压力大，水温低，水生植物不能生长，动物种类贫乏。在深海，水深每增加 10 米，约

增加一个大气压。海底的水流非常缓慢，深海平均水温为 1～3℃，最低可达到 -1.8℃，海底的沉积物多为软泥和黏土。在这种恶劣的环境下，依然生存着各种罕见的深海生物。按照其生活方式，深海生物可以分为浮游类、游泳类和底栖类三种。

浮游类生物：初期生活在浅海或表面，个体生长变大时就转移到深水生活。比如甲壳类的哲水蚤、海羽水蚤、磷虾等。其中还有腔肠类的水母，主要是钵水母和管水母，它们个体较

大，直径可达25厘米，颜色为栗色或紫色，在没有阳光的海底可以发光。

游泳类生物：主要为鱼类，如哈氏囊咽鱼、宽咽鱼等体型较长的鳗鱼，还有体型短小的圆罩鱼等。它们也是在体型较小时生活在浅水，长大了回到深水。深海安康鱼的头部背后有一块凸起，可以发光，既可以照明，又可以用来做诱饵捕食，它又被称为灯笼鱼。深海的格陵兰鲨体长7米，在200～2200米的深海环境中生存。此外还有乌贼、章鱼、虾类。

底栖类生物：不仅在3000米、6000米的海底生存，即使是万米深渊，也有它们的踪迹。目前已经发现的种类有：海葵、有孔虫、多毛类、端足类、瓣鳃类、海参类等。

大多数的深海生物因为适应了海底的高压生活，一旦被带出海面就会迫于大气压强而立即死亡。许多深海鱼类口大身小，甚至能够吞食比自己体积大的食物。很多深海生物，比如海星、海参、海笔、海葵，还有一些鱼类，身体的某些部位可以发光。对于深海海底，还有很多未知的生物等我们去发现。

【弼马温是最低官职吗】

天庭仙人众多，谁才是最低的官职？有府邸、有侍从的官应该小不到哪里去。

孙悟空学艺归来，玉皇大帝派太白金星将他招安，上天做官。武曲星君说，天庭没有官职空缺，只有御马监少了一个正堂管事弼马温，于是就让孙悟空上任。上任了一段时间，孙悟空才得知"弼马温"是一个养马的小官，根本没有品级，于是他一怒之下，弃官回到下界。以至于后来在取经路上，八戒和妖怪都以弼马温的称呼来取笑他。弼马温这个官职在历史上真的存在吗？它是不是作者吴承恩虚构出来的呢？

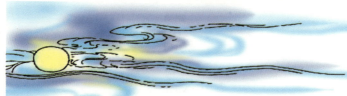

弼马温是"避马瘟"的谐音，弼是辅助之意，旧时会称朝中大臣为亮辅良弼，同时弼又是避的谐音，温是瘟的谐音。避马瘟的说法来源于民间传说：养马的地方，要养一只母猴子，将母猴的尿液与马料混合，可以防止马生瘟疫。我国北魏农学家贾思勰在《齐民要术》中说："常系猕猴于马坊，令马不畏，辟恶，消百病也。"明代医学家李时珍在《本草纲目》中也载："马厩畜母猴辟马瘟疫。"都说明了民间有畜猴于马厩用来避马瘟疫的习惯。现代医学专家们经研究认为：母猴排泄的尿液散发出的气味，对马的瘟疫确有预防、抑制作用。

这是民间的说法，那么正统的官吏制度有没有弼马温呢？吴承恩生活在明代晚期，《西游记》中很多国家甚至天庭都参照明朝的官吏制度，我们不难发现，虽然没有弼马温这个官职，但它还是有原型的。在朱元璋时期，就设立了御马司，正五品，掌管照料皇帝的御马，但这一官职只由太监担任，官职也不算太小，并非《西游记》中所说"没有品级，不入流"。明朝管理御马的部门叫太仆寺，正职叫太仆寺卿，副职叫少卿。由此看来，孙悟空担任的官职应该叫"孙太仆"才对。《西

游记》里，在天庭上，猪八戒是天蓬元帅，沙和尚是卷帘大将，而悟空有通天彻地的本领，却被玉帝派去养马。同样，吴承恩满腹才学，直到四十多岁才考得岁贡生，六十多岁才做了长兴县丞，这段描写也是作者对于统治者埋没人才的讽刺吧。

第三章 《西游记》中的民间传说

　　《西游记》中记载有古人的传说，从一个侧面反映了古人对世界的探索和设想。那个时候，古人认为天圆地方，地理知识相当匮乏。这些传说往往能为人们对无法理解的现象提供了一种解释方式。

【东西南北四洲】

古人对地球的认识很浅显，只有根据传说来幻想大地的分布。

　　四大部洲的说法起源于佛教典籍，比如《长阿含经》《楼炭经》《立世论》《俱舍论》《造天地经》等，都有所提及。在《西游记》第一回中说，"世界之间，遂分为四大部洲：东胜神洲，西牛贺洲，南赡部洲，北俱芦洲。"这四大部洲，在佛教认为是中央须弥山周围咸海中的四大洲。在《西游记》里，吴承恩将四大洲设置成玉皇大帝管辖的地界，如来佛祖住在西牛贺洲的灵山上，唐僧所在的大唐王朝，是与西天相对应的南赡部洲，南赡部洲东边是东胜神洲。东胜神州有吴承恩虚构出来的一个国家傲来国，傲来国临海的花果山便是孙悟空的家乡。四大部洲是古人在地理知识相对贫乏的年代对于世界结构的

一种设想。我们知道，世界是由七大洲四大洋组成的，七大洲包括欧洲、非洲、亚洲、北美洲、南美洲、大洋洲、南极洲，四大洋包括太平洋、大西洋、印度洋、北冰洋。那么陆地和海洋是怎样形成的呢？

阿尔弗雷德·魏格纳（1880～1930）在1912年的一篇论文中提出了大陆漂移说。大陆漂移说是解释地壳运动和海陆分布演变的学说，它认为在中生时代，地球上所有的大陆是连接在一起的巨大陆块，大陆分裂漂移的运动动力来源于地球自转的两种分力，一种是向西漂移的潮汐力，一种是指向赤道的离极力。支持大陆漂移说的科学家也发现和提出了很多有力的证据：

海岸线：七大洲的凹凸海岸线大致上是相吻合的。比如巴西东部的直角与非洲西海岸的凹陷几内亚湾。

海岸构造：北美洲和非洲、欧洲在地层、岩石的构造上十分相似，山脉的岩石层序和化石也相一致。

海岸古生物群：尤其是大西洋两岸的古生物群。一些爬行类动物、羊齿植物的化石都在石炭二叠系的地层中。

现代测量：随着技术条件的发展，各种精确的地理测量数据证明了大陆的持续水平运动。

关于大陆漂移说的争论现在还没有停止，人们将利用高科技技术继续探索世界形成的秘密。

【三十六天罡与七十二地煞】

《西游记》将道教东方的仙道和西天的佛遥相呼应，成就了一个奇异的世界。

孙悟空拜菩提祖师为师，祖师有心传给悟空天大的神通，便约他到半夜见面。祖师问他，我有天罡之数和地煞之数的变化，你要学哪一种？悟空说，弟子愿学多的。便开始学习七十二般变化。在《西游记》里，七十二般变化又叫八九玄功，并非只有孙悟空一人有这神通，二郎神和牛魔王也会七十二般变化。那么天罡和地煞之数来源于哪里呢？

天璇　　　　天玑

天枢　　　　天权
　　　　　玉衡　开阳
　　　　　　　　　　摇光

　　天罡是指北斗七星的斗柄，道教说北斗的丛星里有三十六个天罡星和七十二个地煞星，每一个星各有一神。在《水浒传》里，作者将天罡地煞星附会到梁山泊一百零八位好汉身上。在星象学上，地煞星主凶杀，七十二表示数量多，也是一个约数，在文艺作品里泛指凶神恶煞的恶势力。在《西游记》里，猪八戒会三十六天罡的变化，道教称天罡变化包括移星换斗、呼风唤雨、纵地金光、奇门遁甲、降龙伏虎、撒豆成兵等三十六种法术；孙悟空会七十二地煞变化，道教称地煞变化包括幽通、驱神、担山、御风、摄魂、辟谷、符水、尸解、医药等七十二种法术。

　　在我国古代，数字具有特殊的文化意义。俗语中有"三十六计，走为上策"，"三百六十行，行行出状元"，孔子有弟子三千，其中贤者七十二人，道教有"三十六洞天，七十二福地"的说法。《周易》每卦有六爻，音声有六律，家庭有六亲，古代士大夫有六卿。《水浒

传》中说："六六雁行连八九。"我们常说六六大顺，六六相乘得三十六，是一个古今人们都非常喜爱的吉利数字。八和九也是人们崇尚的吉利数字。在五行学说中，七十二是三百六十天的五等分数，一年被分为三百六十候，一候五天，是古代历法的基本计算数，与古代劳动人民的生产、生活息息相关。

民间四大菩萨的信仰

我国信仰菩萨的信徒众多，佛教在我国发展了千百年，四大菩萨几经变化，至明清基本定型……

《西游记》里多次写到四大菩萨出场，他们或聆听佛祖讲经，或帮助悟空降妖。那么四大菩萨指的是哪四位呢？按照流传最广的说法，四大菩萨一般是指观音菩萨、文殊菩萨、普贤菩萨、地藏菩萨。自从佛教传入我国，四大菩萨在民间具有很高的知名度，也成为上至帝王将相，下至黎民百姓所信仰的神佛。其中以观音菩萨、文殊菩萨的信仰最多，影响最广泛。

观音菩萨：又称观自在菩萨，观世音菩萨，代表大慈大悲。在《西

游记》里，说她是扫三灾救八难南海普陀珞珈山紫竹林潮音洞大慈大悲灵感观世音菩萨。她以慈悲怜悯显现金身，以拔除世间一切苦难为本愿，循声救苦，天灵感应。是西方极乐世界的上首菩萨，坐骑为金毛吼，道场在浙江普陀山。有趣的是，观音菩萨本为男相，至今在龙门石窟中，观音菩萨的雕像还带着两撇胡子。到了宋代，为了扩大佛教的影响，观音菩萨的供奉图像和雕像逐渐变成女子。因为佛教的信徒多为女性，而将观音菩萨改为女性形象，更符合其大慈大悲救苦救难的形象。经过历代不断改造，观音有三十三相，如著名的千手观音、杨枝观音、白衣观音、鱼篮观音、洒水观音、水月观音，等等，成为

历代画家、雕塑家创作的题材。

文殊菩萨：又叫文殊师利，是妙义吉祥的意思，代表无上智慧，与普贤菩萨同为如来的左右胁侍。其人物形象为一手执宝剑，意为斩断烦恼，一手持宝卷，代表智慧，坐骑为青毛狮子，道场在山西省五

台山清凉寺。

普贤菩萨：代表无量行愿。任何一个众生，只要实践菩萨行圆满，便是普贤菩萨。坐骑是白色大象，道场在四川峨眉山。

地藏菩萨：又称地藏王菩萨，代表发大愿。曾说"地狱不空，誓不成佛"，所以《西游记》把他安排在地府里，掌管地狱。坐骑是谛听，道场在安徽九华山。

【西域的由来】

古人知道西方有异族居住，不同的衣着、不同的语言，不同的文明，但却不知道西方到底有多大，何处是尽头。一个西域便涵盖了西方诸国。

《西游记》里唐僧前往的是西牛贺洲，在真实历史上，玄奘去天竺，经过的地方是西域。对于西域，我们在众多文艺作品中，总会看到它被蒙上一层神秘的面纱，让人们禁不住去探索它的秘密。从历史过往到现在，对于西域的地理定义有广义、狭义之分，狭义的西域是指玉门关、阳关以西，葱岭即今帕米尔高原以东，巴尔喀什湖东、南及新疆广大地区。而广义的西域则是指凡是通过狭义西域所能到达的地区，包括亚洲中、西部地区，覆盖范围更广。

新疆地区在古代被称为"西域"，在汉宣帝时（公元前59年）设立西域都护府，作为管理西部边疆的最高军政机构，西域的名称便开始流传开来，自此，西域也被纳入中国版图。后来各代政府对西域管理机构的名称都有所改动，到了唐朝，西域的军事、行政设置名称都有了很大变化，"西域"一词只在史籍中偶尔出现，而大量的被安西、北庭、镇西等名称所代替。

除了唐代的玄奘法师西行取经经过西域，写下《大唐西域记》记录见闻外，历史上还有著名的张骞出使西域的历史事件。汉武帝建元三年（公元前138年），张骞奉命出使西域。当时的西域范围是现在的新疆境内，经考证包括三十六个小国家。当时张骞出使西域主要是为了联合大月氏抗击匈奴，但此次出使的重要意义还在于对中原和西域诸国的沟通和联系上。张骞出使西域，带回了胡桃、葡萄、石榴、蚕豆、苜蓿、胡萝卜、菠菜、黄瓜等十几种植物，现在这些植物已经在我国内地广泛栽植；带回了龟兹的胡琴、箜篌等西域乐器和乐曲，

丰富了汉族人民的文化生活。后来的使臣逐渐也将冶铁术、川井术和蚕丝传入西域。在后来中原和西域的不断交流交往过程中，西域文化渐渐成为中国文化中不可或缺的一个组成部分，它像一颗耀眼的明珠，永远散发着迷人的魅力。

【西域歌舞】

当你看到以前从未看到的新鲜事物时，往往好奇而惊讶。西域舞往往以其独特的舞姿征服了未曾见过的人们。

隋唐时期，除了玄奘西行，我国中原人民与西域地区的联系逐渐加强，西域的宗教、服饰、饮食、绘画、歌舞、音乐等都陆续传入内地。宗教有拜火教、景教、袄教，服饰方面，汉人贵族以穿着胡服为时尚（胡服翻领窄袖），饮食上传入了胡饼、烧饼等小吃。其中，音乐歌舞方面的文化对隋唐人民的艺术生活影响很大。

唐朝的舞蹈主要分为健舞、软舞两种，前者主要体现人体的矫健之美，后者则主要展现人体的柔和之美。西域传入中土的舞蹈，以胡旋舞最为出名。胡旋舞姿态轻盈，节奏鲜明。旋转迅速，并因为在跳舞时快速不停地旋转而得名。其伴奏音乐以打击乐为主，与其快速旋

转的节奏，刚劲迅速的风格相得益彰。白居易的《新乐府·胡旋女》说："胡旋女，胡旋女，心应弦，手应鼓。弦鼓一声双袖举，回雪飘飘转蓬舞。左旋右转不知疲，千匝万周无已时。人间物类无可比，奔车轮缓旋风迟。"又有诗句说"西域歌舞名胡旋，传入宫掖靡长安。吹奏何必琼林宴，市间到处闻管弦。"足见胡旋舞在市井之间流行的程度。在我国近代出土的文物唐三彩中，也有身穿胡人舞服的舞伎俑；唐代的壁画中也有舞女张开双臂，旋转身体跳舞的形象。

胡旋舞源自西域的康居国，经现代学者考证，应该是哈萨克族。

《新唐书·西域传》说康居国人"嗜酒，好歌舞于道"。看来，无论是古代还是现代，我国的少数民族都是能歌善舞、热情奔放的民族。

【十八罗汉有哪些】

罗汉在民间传说中，都有降龙伏虎的本领，他们个个本领高强、好打抱不平。十八罗汉究竟是哪些罗汉呢？

孙悟空师徒在金兜洞遇上了太上老君座下的青牛精，这个青牛精神通广大，有一个金刚圈，可以套走任何人的兵器，不仅是金箍棒、混天绫、乾坤圈、风火轮、刀枪剑戟，就连火德星君、水伯的水火也能套走。悟空去找如来佛祖求救，如来让十八罗汉拿了金刚砂去降服妖怪。当然，金刚砂还是被套走了，最后，悟空在如来的指引下找到太上老君才收服妖怪。

十八罗汉是我国民间众所周知的神仙，本来只有十六位罗汉，后来加入降龙、伏虎两位尊者，到了唐宋时期，就流行十八罗汉的说法了。为什么会演变成十八罗汉呢？这也许跟我国传统的数字文化有

关。这数字，同三、六、九、三十六、七十二、八十一一样，是一个吉利的数字，我国常见的关于十八的词语有十八般武艺、十八相送、十万八千里、十八层地狱、十八学士，等等。那么十八罗汉具体指哪些人呢？

欢喜罗汉：妖魔除尽，玉宇澄清，其形象为扬手欢庆。

坐鹿罗汉：形象为坐在鹿身上，神态安详，若有所思。

举钵罗汉：是一位化缘的和尚，他高举一只铁钵向人乞食，成道后，人们称他为举钵罗汉。

托塔罗汉：面相威而不怒，手中托着七层宝塔。他是佛祖的最后一名弟子，为了纪念师父，他就把宝塔带在身边，表示佛祖常在之意。

静坐罗汉：安详瑞庆，清净自在，神态自若。原来是一位战士，后来师父教他静坐修行。

过江罗汉：身背经卷，过江传经，跋山涉水，普度众生。

骑象罗汉：原来是一位驯象师，成道后称作骑象罗汉。

笑狮罗汉：经常将小狮子带在身边，体型健壮，仪容庄严。

开心罗汉：开心见佛，心中有佛。

探手罗汉：打哈欠，伸懒腰，悠闲自得。

沉思罗汉：善于低头冥想，获取智慧。

挖耳罗汉：用挖耳的动作表示耳根清净。

布袋罗汉：原来是一个捉蛇人，背一个乾坤宝袋，欢喜如意。

芭蕉罗汉：喜欢在芭蕉下修行。

长眉罗汉：两道长眉的慈祥老者。

看门罗汉：手持锡杖，杖环叮咚脆响。

降龙罗汉：曾降服龙王，取回佛经。后来转世为济公。

伏虎罗汉：因为分食给老虎，和老虎结成朋友。

【嫦娥与玉兔的传说】

晚上，仰望银月，会产生无限遐思。美好的愿望插上无穷的想象的翅膀，就产生了魅力无尽的神话故事。

在天竺国，玉兔精变成假公主，用抛绣球之计要招唐僧为驸马。悟空识破了玉兔的诡计，和八戒前来打斗，玉兔逃回巢穴，在太阴星君和众位嫦娥的帮助下，捉回了玉兔。在《西游记》里，我们可以看出它与其他神话故事不同的几点说明：第一，月亮上的神仙主管是太阴星君，不是嫦娥；第二，嫦娥不是指一个人，而是指广寒宫中的众多仙女。除了《西游记》，我国自古就有关于嫦娥和玉兔的传说，这与小说中的版本是截然不同的。与嫦娥、月亮相关的故事总共有四个，分别是：

后羿射日：相传古代天上有十个太阳，大地炙热，人们苦不堪言。夏羿力大无穷，他张弓搭箭，一连射掉九个太阳，第十个太阳吓得躲起来，整个世界开始漆黑一片，农作物不能生长，人们生活没有了光明和温暖。后来金鸡啼叫，叫出了太阳，它与夏羿达成协议，继续为人们贡献光和热。

嫦娥奔月：嫦娥，又叫姮娥，她本是夏羿的妻子，夏羿向西王母求得长生不老的不死之药，夏羿的徒弟蓬蒙趁夏羿不在家去偷不死药，他威逼嫦娥交出来，嫦娥迫于无奈吃下不死药，飞到了月亮上。李商隐《嫦娥》："云母屏风烛影深，长河渐落晓星沉。嫦娥应悔偷灵药，碧海青天夜夜心。"

吴刚伐桂：相传月亮上有一棵高达五百丈的月桂树，汉朝时有个

人叫吴刚，醉心于仙道，荒废了学业，于是天帝将他流放在月宫，让他砍伐桂树，并说，只要吴刚将桂树砍尽，就可以获得自由，位列仙班。可是吴刚每砍一斧子，树的伤口马上就愈合了，砍掉的桂树枝也会再长出来，于是他就一直这样砍下去，永远陷入这种无止无休的轮回中。

　　玉兔捣药：道教神话故事。月亮里有一只兔子，全身洁白如玉，叫作玉兔。玉兔拿着药杵，跪在地上捣药，做成蛤蟆丸，人吃了这种药丸可以长生不老，升天成仙。久而久之，玉兔用来代指月亮。

第四章 《西游记》中的传统文化

《西游记》中描写的故事是以唐朝为背景，作者为明朝的吴承恩。书中虽然讲述的是神怪故事，但从侧面反映了当时社会的民俗、文化等情况。

【书法的由来】

中国的书法源远流长，历史悠久，在世界艺术之林中独树一帜。

从20世纪80年代开始，《西游记》就被改编成电视剧。一直到现在，根据西游记题材改成的影视剧作品不胜枚举，其中以中央电视台投资拍摄的老版《西游记》最为大家所熟知和喜爱。在这一版《西游记》中，我们不难发现，只要出现与神仙有关的牌匾和文字，都使用了小篆字体，比如"凌霄宝殿""水晶宫""通天河"，甚至连孙悟空金箍棒上的"如意金箍棒"几个字也是篆体。那么，导演为什么热衷于使用篆体字呢？这里讲到了中国的书法。

书法，是我国汉文化特有的一种艺术形式，多用毛笔来书写汉字。中国书法历史悠久，从甲骨文、金文演变而为大篆、小篆、隶书，至

东汉、魏、晋的草书、楷书、行书诸体，在各个朝代都表现出不同的风格特点。篆书这种字体，保留了古代象形文字的显著特点，与上古文字十分接近。电视剧里使用篆书，想来是为了更加贴近《西游记》的神话意境。《历代名画记》中谈论古文字、图画的起源时说："是时也，书、画同体而未分，象制肇创而犹略，无以传其意，故有书；无以见其形，故有画。"书画虽然同源，但书法的发展还是有其独立性的。从汉字的发明开始，汉字的书写逐渐进入一个审美阶段，即汉字的书写融入了作者的观念、思想、精神、审美情趣，如此，每个时期、每个人的书写风格都是不尽相同的，这

样，也就产生了众多具有很高艺术成就的书法家。如秦朝的书法家李斯，他在秦始皇统一六国之后，主张全国统一文字，采用小篆，《泰山石刻》《琅琊石刻》皆出于李斯之手。东晋的王羲之，博采众长，自成一家，他师卫夫人学行书，师张芝习草书，仿钟繇学正书，同时又精通楷书。他最为著名的《兰亭序》，遒媚劲健，端秀清新，纯正自然，被称为天下第一行书。唐代

的欧阳询、颜真卿、柳公权、褚遂良、虞世南，宋代的黄庭坚、王安石、苏轼、赵孟頫、米芾、蔡襄、唐寅，清代的邓石如、吴昌硕、李叔同都是历史上闻名中外的书法家。

【西游记中的乐器】

琵琶是中国传统乐器，在古典音乐中具有独特的地位。时至今日，它依然是传统音乐的演奏主角。

在孙悟空大闹天宫时，四大天王来捉拿他。四大天王是增长天王魔礼青，手持青锋宝剑；多闻天王魔礼红，手持混元珠伞；广目天王魔礼寿，用两根鞭，囊里有一物，形如白鼠，名曰"紫金花狐貂"；持国天王魔礼海，背上一面碧玉琵琶，上有四条弦，按'地、水、火、风'，拨动弦声，风火齐至。在影视剧里，我们看到广目天王弹奏琵琶，可以让对方心智大乱，束手就擒；毒敌山琵琶洞的蝎子精弹琵琶，勾魂摄魄，迷人本性。

琵琶是一种弹拨乐器，在我国秦朝时就已出现，汉朝时发展成熟。杜甫《咏怀古迹其三》说："千载琵琶作胡语，分明怨恨曲中论。"到唐朝时基本定型，与现代的琵琶基本一致。琵琶是拨弦类弦鸣乐器，木制，音箱呈半梨形，上有四根弦，原来是用丝线，现代多用钢丝、尼龙。演奏时竖抱，左手按弦，右手五指弹奏，是我国一种重要的传统民族乐器。

琵琶的声音饱满热情，音色高亢清亮，在演奏表演中富有表现性和感染力。唐朝是琵琶音乐发展的高峰时期，上至宫廷乐队，下至勾栏酒肆，都少不了琵琶的演奏。唐杜佑《通典》："坐部伎即燕乐，以琵琶为主，故谓之琵琶曲。"说明琵琶为主流乐器。白居易的《琵琶行》说："大弦嘈嘈如急雨，小弦切切如私语。嘈嘈切切错杂弹，大珠小珠落玉盘。"说明了琵琶女演奏技艺的高超。同时，随着琵琶演奏技巧的发展，也出现很多琵琶名曲。《琵琶行》："轻拢慢捻抹复挑，初为《霓裳》后《六幺》。"到公元十五世纪，已经出现了《十面埋伏》《霸王卸甲》等武曲，偏重右手技法和写实性，还有《月儿高》

《昭君怨》等文曲，注重左手技法和抒情性。现代琵琶演奏中，还有《阳春白雪》、《海青拿鹤》《汉宫秋月》《大浪淘沙》《草原小姐妹》《寒鸦戏水》《春江花月夜》《昭君出塞》《将军令》等乐曲。随着现代流行音乐的发展，琵琶将继续展现它多姿多彩的艺术魅力。

【下棋的历史】

棋，不仅可以增添生活乐趣，开启智力，还可增强提高注意力，观察力，开发思维能力。

《西游记》三十四回《魔王巧算困心猿 大圣腾那骗宝贝》："他两个在半空中，这场好杀。棋逢对手，将遇良才。棋逢对手难藏兴，将遇良才可用功。"这里，作者讲到了围棋，围棋是我国一种很古老的博弈游戏，是琴棋书画四艺之一。

在春秋战国时期，已经有了关于围棋的记载，在隋唐时传入朝鲜和日本，后流传到欧美各国。围棋的棋盘为方格形状，方格由纵横 19 条直线将棋盘分为 361 个交叉点，每个交叉点就是落棋点。棋盘上标有 9 个小圆点，叫作星位，中央星位叫作天元，下让子棋时要把棋子落在星位上。双方落子后不能移动，以围地多者为胜。围棋的棋子一

般都是黑白两种，多为扁圆形，一面平，一面凸，方便落子，黑子181个、白子180个最宜。中国古代的围棋要求黑白双方在对角星处摆放两子，呈对角布局，白子先走。现代的围棋规则从日本发展而来，黑子先落，白子后走，围棋的变化也更加复杂。下围棋对人脑的智力开发有很大帮助，在游戏过程中，可以锻炼一个人的计算能力、记忆力、注意力、判断力、创造力，还可以提高人的思维深度。

我国在唐、宋、元、明、清、民国都有关于围棋的论著，如《棋经十三篇》《弈旨》《围棋入门》等。在中、日、韩以及国际上，都有关于围棋的不同级别的比赛。围棋手的水平从初段到九段依次排列，比赛冠军的称呼各国也不尽相同。现代比较知名的围棋手有中国的聂卫平、俞斌、常昊、王煜辉等，日本有小林光一、坂田荣男、武宫正树、小林觉等，韩国有刘昌赫、李昌镐、姜东润、韩尚勋等。不同国家的围棋下法大同小异，一般规则为：

1. 黑白双方由黑子先走，交替落子，每次下一子；

2. 棋子下在棋盘的交叉点上；

3. 棋子落子后，不能再向其他位置移动，成语有"落棋无悔"的说法；

4. 虽然双方轮流落子，但是允许任何一方放弃下子权。

【山水绘画起源】

山川秀丽，为无数文人墨客所喜爱。《西游记》中众多的异域山川景色，无疑也吸引了读者的目光。

在《西游记》里，吴承恩大展手笔，不仅创作出一个个引人入胜的神奇故事，还发挥自己的文学水平，描绘了西天路上一幅幅美丽壮观的山水景象。我国的山水画是传统国画的重要组成部分，以山川自然景观为主要绘画对象。山水画形成于魏晋南北朝时期，隋唐时从人物画中独立出来，五代北宋时趋于成熟，明清到现代形成了十

分完备的发展体系。按照传统的画法，可以分为青绿山水、金碧山水、水墨山水、浅绛山水、没骨山水等，山水画的绘画内容包括山、水、石、树、房屋、楼台、舟车、桥梁，气象上有阴、晴、雨、雪、风、云、雾，季节上有春、夏、秋、冬。

中国山水画代表了古代文人一种特殊的文化积淀。在魏晋南北朝时期，随着谢灵运和陶渊明山水田园诗的兴起，绘画题材也相应受到影响。"仁者乐山，智者乐水"，古代文人寄情于山水，在游山玩水中更能体悟超然物外、天人合一的理想境界，然而此时，山水还只是作为人物画的背景来创作，并没有独立出来，一直到隋唐才自

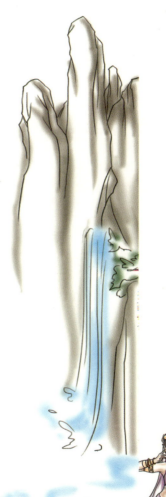

成一家。东晋顾恺之的《洛神赋图》、《女史箴图》已经出现了山、石、水、树、云的复杂表现。隋代展子虔的《游春图》被称为中国最早的山水画。宋徽宗开设画院，培养了郭熙、范宽、李唐、马远、王希孟、仇英等山水画家。明清两代的山水画家更是人才辈出。著名的山水画作品有五代董源的《潇湘图》，五代关仝的《关山行旅图》，北宋范宽的《山水图》，北宋王希孟的《千里江山图》，南宋马远的《寒江独钓图》，元代黄公望的《富春山居图》，明代戴进的《风雨归舟图》，清代石涛的《山水清音图》，等等。

　　《富春山居图》是我国最具代表性的山水画，另有改编的同名电影。《富春山居图》以浙江富春江为创作背景，全图用墨淡雅，山水布局疏密有致，是我国十大传世名画之一，乾隆皇帝对此画爱不释手。此画几经波折，已经分为两段，前段称《剩山图》，现藏于浙江省博物馆，后段称《无用师卷》，现藏于台北故宫博物院。另有明代画家张宏临摹的《仿黄公望富春山居图》，现藏于北京故宫博物院。

【佛教如何传入中国】

道教是中国土生土长的宗教，佛教是从印度传入中国的。

　　唐三藏为了弘扬佛法，帮助唐太宗江山永驻，不远万里前往灵山求取真经。那么，佛教是什么时候传入中国并发展开来的呢？

　　公元前623年，释迦牟尼在尼泊尔出生，他在35岁上创立佛教，目的是为了引导众生理解宇宙万物和人生真谛，带给人类和平、幸福和智慧。汉哀帝时，佛教开始传入中国。到了汉明帝时，传说汉明帝夜晚梦见一个金光闪闪的金人在殿前飞行，众人认为是西方的佛，于是他派人出使西域，带回了《四十二章经》等经书，并在洛阳建立了

白马寺，这也是中国第一座寺庙的由来。经过数百年的传播和发展，逐渐与中国文化相结合，形成了具有汉文化民族特色的中国佛教。佛教在中国南北朝时得到弘扬，唐朝时达到鼎盛。印度佛教于公元13世纪初消亡，只有中国的大乘佛法保留下来，继续发展。

汉朝佛教传入之后，我国一些佛教人士开始担起翻译佛经的任务，起初传入的是大乘佛教的典籍，而并非是《西游记》中观音所说，中土只有小乘佛法，没有大乘佛法。到了两晋南北朝，

各国皇帝大多崇信佛教。梁武帝笃信佛教，甚至舍身出家，后被重金赎回。北魏孝文帝开始修建龙门石窟，中国的信佛人士开始向西方印度游学。隋唐时，佛教达到鼎盛，各种佛寺、佛塔纷纷建立，佛教经藏数以万计。佛教文化更与中国的绘画、雕塑、音乐等艺术相结合，成为中国传统文化中不可或缺的一部分。同时，佛教在中国本土也产生了禅宗、华严宗、净土宗、密宗等不同流派，融入中国的文学、哲学、政治等领域。小说《西游记》的创作正是佛教与儒家、道教相融合的体现。由于佛教传入我国各地的时间、方式和各地区民族历史文化背景的不同，中国佛教又分成三大派系，汉语系（汉地佛教）佛教、藏语系（藏传佛教）佛教和云南的巴利语系佛教。

【禅宗的兴起】

禅重在「悟」，以求心静气平、无欲无求。以淡然、超脱看世间纷扰，平淡无奇得境界。

自从佛教传入中国，与中国特有的本地文化相结合，便产生了各种不同的流派。其中禅宗是影响最大的一个流派，也是汉地佛教的主导宗派。禅宗始于菩提达摩，盛于六祖慧能。禅宗主张修习禅定，让修禅者以参究思考的方法，明彻心性，主张顿悟，提倡心性本净，见性成佛。关于禅宗，有一个著名的典故：五祖弘忍要选传宗弟子，命

众弟子做偈。神秀说："身是菩提树，心如明镜台。时时勤拂拭，勿使惹尘埃。"弘忍认为未见本性。惠能说："菩提本无树，明镜亦非台。本来无一物，何处惹尘埃。"弘忍认可，便传惠能衣钵，即是后来的六祖。惠能的弟子将其言行整理为《六祖坛经》，和《金刚经》《楞伽经》同为禅宗所依据的佛家经典。

禅宗对中国各个领域的文化都产生了很大影响。哲学上，使中国哲学史从本体论开始向心性论转化。文化艺术创作上，强调了空灵、幽远的意境追求，主张禅机、禅味、禅悟。白居易、王维、苏轼等唐宋名家的诗文书画，都深受禅宗的影响。

与其他派别相比，禅宗在我国流传时间最长，影响范围最广。

禅宗注重开发自性和即心即佛的思想对宋明儒家理学有很大的启发作用。宋代理学名家如周敦颐从禅宗思想中发展儒家学说，开创了宋明理学，朱熹也学习禅宗，发扬儒家理学。明代的王守仁，精通儒释道三家学说，在禅宗"明心见性"的基础上创立了心学，小说《西游记》中处处体现了吴承恩对于《心经》、心学的见解和宣扬。近代的资产阶级思想家谭嗣同、章太炎等也推崇禅宗思想。除了中国，在8世纪，禅宗传入新罗（朝鲜）；12世纪末，日本僧人荣西来到宋朝，此后将禅宗传入日本，又称千光派。其后几个世纪，中日佛教多有往来，大大发展了禅宗的影响。

《西游记》中的诗词

诗词具有独特的传神作用，它所表现的意境非一般语言所能描述。

在《西游记》里，吴承恩根据话本小说的创作形式，加入了很多诗词歌赋，这些诗词虽然不属于任何故事情节，但是却为《西游记》增添了不少文学色彩和趣味性。西游记中的诗词主要分为三类：

写景诗词：写景的诗词在《西游记》中所占篇幅最多。吴承恩妙笔生花，语言清丽优美，将西天取经沿途所经过的奇峰峻岭、河海川流、地府仙境、村舍墟落描写得亦真亦幻，引人遐想。如水帘洞，诗云："一派白虹起，千寻雪浪飞。海风吹不断，江月照还依。冷气分

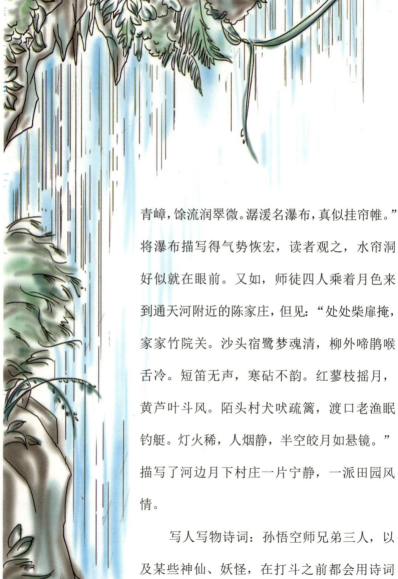

青嶂，馀流润翠微。潺湲名瀑布，真似挂帘帷。"将瀑布描写得气势恢宏，读者观之，水帘洞好似就在眼前。又如，师徒四人乘着月色来到通天河附近的陈家庄，但见："处处柴扉掩，家家竹院关。沙头宿鹭梦魂清，柳外啼鹃喉舌冷。短笛无声，寒砧不韵。红蓼枝摇月，黄芦叶斗风。陌头村犬吠疏篱，渡口老渔眠钓艇。灯火稀，人烟静，半空皎月如悬镜。"描写了河边月下村庄一片宁静，一派田园风情。

写人写物诗词：孙悟空师兄弟三人，以及某些神仙、妖怪，在打斗之前都会用诗词

来自报家门，叙说自己的生平。比如在高老庄收服猪八戒，猪八戒自报家门说："自小生来心性拙，贪闲爱懒无休歇……我因有罪错投胎，俗名唤作猪刚鬣。"

叙战诗词：作者对于小说里的打斗，不像武侠小说里那样，一招一式打得分明，而是用诗词代替，将打斗场面抽象化、艺术化、娱乐化，读者欣赏时朗朗上口，随着韵味十足的诗词想象惊险刺激的打斗场面。比如真假孙悟空的打斗："两条棒，二猴精，这场相敌实非轻。都要护持唐御弟，各施功绩立英名。真猴实受沙门教，假怪虚称佛子情。盖为神通多变化，无真无假两相平。一个是混元一气齐天圣，一个是久炼千灵缩地精。"

从这些诗词中我们可以看出吴承恩是一个满腹才华，幽默风趣的作家，也正是这些诗词的描写，使得西行的路上充满了惊险和瑰丽，使每一次的战斗变得妙趣横生，激发了读者无尽的幻想。

【道教的由来与兴衰】

自老子创建道教之后千百年，对中国的哲学观、世界观产生了巨大的影响。中华民族屹立千年，道教或许发挥了特有的作用。

在《西游记》里，我们知道有以如来、观音为代表的佛教神仙，还有以玉帝、太上老君为代表的道教神仙。道教以太上老君为道祖、教主，然而在《西游记》的故事框架中，太上老君还是玉帝的臣子。佛教是由如来佛祖创立的，那么道教是怎么产生的呢？

道教是中国本土的固有宗教，它的产生有三个基本源头：鬼神崇拜、方仙信仰、黄老道家。在上古时期，人们敬畏大自然，将日月星辰、山川河岳当作神明来崇拜。道教不仅承袭了这种鬼神崇拜，而且

将这些神明纳入后来的道教神仙体系。到了战国时期，逐渐出现了神仙方术，他们炼丹求仙，后来逐渐演变为道士。道家哲学是道教思想的重要来源，"道"这个概念的提出也来源于老子的《道德经》。同时，道教还吸取了部分儒家、墨家、易学、阴阳五行学的思想和学说。

除去神话创教的故事传说，道教发源于民间组织。东汉张道陵在蜀地鹤鸣山修行悟道，创立五斗米道（天师道），奉老子和《道德经》。传到张鲁这一代，在汉中建立政权，后来归降曹操。东汉灵帝时，张角创立太平道，反对剥削聚敛，主张救济百姓，后来发起黄巾起义，最后以失败告终。魏晋南北朝时期，道家开始发展，隋唐五代北宋时开始兴盛，南宋金元时期开始分化，王重阳创立了全真道，主张拔苦济世。到了明清，道教开始走向民间，向世俗化发展。全真派的张三丰创立了武当派，创造了性命双修的太极拳、形意拳、八卦掌等。到了清朝，统治者开始抑制道教，一直到民国，道教开始衰落。新中国

成立后，成立了中国道教协会，摒弃了教派中封建迷信的思想，继续发扬其优秀的传统教义内容和思想。除了中国大陆本土，还有港、澳、台地区，日韩、东南亚、欧美的道教，可见道教对世界文化的影响范围之广。

【朴素辩证思想——阴阳与五行】

事物具有正反两面性，阴阳学说是古人智慧的结晶，是古人研究万物的演变、自然发展规律的重要方法。

吴承恩博学多才，精通儒、释、道三家经典，在他的小说《西游记》中，随处可见其关于阴阳五行学说的词句。阴阳五行学说是我国古代朴素的唯物论和辩证法思想，朴素辩证法来源于《老子》："有无相生，难易相成，长短相形，高下相倾，音声相和，前后相随。"而金、木、水、火、土五行是构成物质世界的基本元素，阴阳之间，五行之间，都相生相克，处于不断的运动变化之中。从古至今，阴阳五行学说被广泛运用到我国的中医领域，揭示人体生命本源，身体器官机能原理，病理的各种变化，等等。

阴阳五行学说现在主要应用于我国的中医治疗，中医典籍《黄帝内经》将阴阳与五行相结合，从大自然的规律中探讨人体的奥秘，形成了一套较为完整的中医五行理论，并以此来指导医学实践和疾病的预防与治疗。比如，中医把人的体质分为九种，其中有阴虚型和阳虚型两种，具体到脏腑，又有诸如心阴心火、肝阳肝阴、肾阴肾阳等阴阳对立的分类。中医还根据五行相生相克的道理，把人的五脏分属五行，来治疗脏腑和脏腑引起的各种疾病。中医认为：

心：属火，主血脉，是五脏六腑的大主，生命的主宰。心脏运送血液营养全身，心主神明、情志。心血不足就会出现心悸、心痛、失眠等症状。

肝：属木，主筋。胆、眼睛、筋、指甲等属于肝系统，肝主疏泄，也是人体的排毒器官。一个人肝火过旺，就会脾气暴躁，如果肝阴不足，眼睛就会经常干涩。熬夜、酗酒最伤肝。

脾：属土，主肌肉。土有生发之意，所以脾脏在人体内的主要作

用是运化水谷精微，促进身体的营养吸收。如果一个人身体羸弱，多半是脾胃失调、吸收功能不良的缘故。

肺：属金，主皮毛。皮肤上有千万个毛孔，所以肺主呼吸。肺脏喜欢滋润，如果干燥之气侵入人体，耗伤肺阴，人就会干咳，皮肤干燥。

肾：属水，主骨。是人体脏腑阴阳之根本，具有储藏精气的作用。肾的精气促进人体的生长发育，参与血液的生成。

第五章 《西游记》中的地理知识

人对陌生的地方总是充满好奇，对异域的风土人情，《西游记》中有引人入胜的描述，来看看这些异域的魅力究竟在哪里。

【唐朝的疆域】

大唐在中国古代历史上占据重要位置，它的疆域对后世也影响重大。影响深远，其疆域对后世也影响重大。

唐僧离开长安不久，就到了五行山。刘伯钦告诉他说："此山唤作两界山，东半边属我大唐所管，西半边乃是鞑靼的地界。那厢狼虎，不伏我降，我却也不能过界，你自去吧。"接下来，唐僧救出孙悟空，这一路上的灾难历程都发生在西牛贺洲地界了。那么，真实的唐朝疆域有多大呢？

随着隋朝的覆灭，国家的周边疆土被东突厥占领，长安岌岌可危，这时候，新建立的大唐王朝开始为恢复和拓展疆域而展开战斗。贞观四年（630年），李靖消灭了东突厥，唐朝实际控制了贝加尔湖以北地区，行政区域到达阴山以北六百里。贞观十四年，灭了高昌，在新疆地区设置伊州（哈密地区）、西州（吐鲁番一带）、庭州（乌鲁木齐）三

个行政区，并在交河城（吐鲁番西北）设置安西都护府。唐高宗时，对朝鲜半岛的百济、高句丽开战，取胜后在平壤设置安东都护府。除了安西、安东两个都护府，唐王朝还在其他边疆设立了都护府。从这些都府的设置，我们可以看出唐朝辽阔的疆域：

单于都护府：管辖范围相当于内蒙古阴山、河套地区。

安北都护府：管辖范围相当于现在的蒙古国和俄罗斯西伯利亚南部。

安西都护府：阿尔泰山到咸海之间的游牧部族，葱岭东西以及阿姆河两岸的小国家。

北庭都护府：天山以北，东起阿尔泰山、巴里坤湖，西至咸海西部的西突厥各部族。

安东都护府：西起辽河，南至今朝鲜北部，东部、北部到海边。

安南都护府：管辖范围有云南红河、文山两个自治州，南边到越南河静，东到广西边缘一带。

唐朝疆域最北时到达西伯利亚，最南至北纬18°，最东到库页岛，最西到达咸海，这在历史上是空前的。但是，后来随着朝局的动荡，唐朝的疆域开始变化、缩小，各个都护府的权力也逐渐丧失。

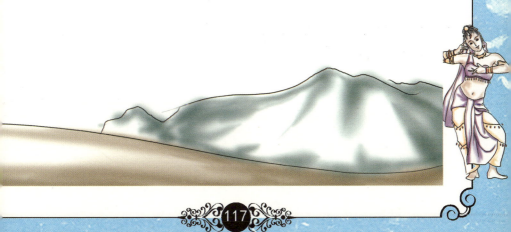

【春风不度玉门关】

玉门关以西，多是苦寒、荒漠之地，行人难度、飞鸟难越。西行取经不仅要数年的艰辛，甚至要以生命为代价。

玉门关是玄奘西域之行的必经之地，是汉武帝时开通西域道路，设置河西四郡时设立的关卡，因为这条道路常有西域运来的玉石经过，所以叫作玉门关。玉门关是汉朝出使西域的门户，与阳关同为屯兵要地，现在在甘肃省敦煌西北的小方盘城。对于玉门关，我们最先想到

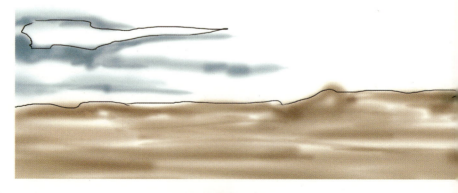

的就是唐朝诗人王之涣的《凉州词》："黄河远上白云间，一片孤城万仞山。羌笛何须怨杨柳，春风不度玉门关。"它向我们描绘了边塞苍凉壮丽的风景。

玉门关和阳关是丝绸之路上的驿站和重要军事重地，离开两关后，就进入了茫茫的戈壁沙漠。玉门关的遗迹位于敦煌西北 90 千米的戈壁滩中，关卡的城墙为正方形，东西长 24 米，南北宽 26 米，面积约 633 平方米，西北向各开一门。

1907 年，国外冒险家斯坦因在关城北部的废墟中挖到许多汉代的木简，从里面的文字内容可以判断小方盘城为玉门关所在。但是小方盘城只有 600 平方米，汉朝的玉门关不可能这么小，所以将现今保

存完好的小方盘城遗址暂定为玉门关，是国家重点文物保护单位。

玉门关和附近地区现在成了旅游景点，在敦煌乘车到达玉门关，附近有雅丹国家地质公园，沿途还可欣赏玉门关的长城。游客来到玉门关前，遥想千年之前，丝绸之路上，商队缓缓，驼铃悠悠，一片繁荣景象。四处茫茫一片，沼泽遍布，沟壑纵横，胡杨树沧桑美丽，长城蜿蜒，烽火台犹在，让人百感交集，怀古之情，油然而生。

【流沙河在哪里】

流沙河是沙僧的老家，水深难渡。现实中真的有流沙河吗？

在《西游记》里，流沙河是沙和尚归顺唐僧之前居住的河流，这条河"八百流沙界，三千弱水深。鹅毛飘不起，芦花定底沉。"寻常人根本无法渡过。那么，我国境内到底有没有吴承恩所描写的流沙河呢？在我国，共有三处河流叫作流沙河，一个是四川省汉源县流沙河，一个是西双版纳傣族自治州西部的流沙河，还有一个是位于新疆的开都河，它是一条著名的内陆河，其焉耆县南岸部分的河段被称作流沙河。由于开都河处于新疆，所以最符合原著所写的地理位置。

所谓流沙河，其奇异之处在于水中有沙，沙随水动，水流中又有

沙流，属于一种水力侵蚀的水土流失现象。流沙河所在的新疆地区，植被稀少，开都河流域的地形西北高，东南低，由西北向东南倾斜，上游湍急，激流险滩，泥沙俱下，到了下游，河流出了大山口，水流变缓，经过焉耆平原，注入博斯腾湖。流沙河段水沙参半，所以才有了这些奇异之处。正是因为流沙河的这些特点，也形成了它独特的景观。游人坐在船上，行驶在流沙河中，低头可见河水中浮沙流动，水流湍急时，水和沙混合成波涛，好似滚滚浓烟，让人情不自禁地想起《西游记》中的神话世界。

目前，国家除了利用开都河来进行水力发电，还对开都河流域、流沙河段的生态环境进行了保护，不仅保存了现有的生态植被，更大力发展林业，提高了附近荒漠的植被覆盖面积及森林资源的综合利用率，野生动植物群开始逐年增加。相信在不远的将来，流沙河将不再有流沙，而变得清澈见底；河水两岸不再荒芜，会变得郁郁葱葱，形成与原来不同的美丽景观。

【为什么叫平顶山】

中国境内有好几个平顶山，《西游记》中平顶山的原型是哪里呢？

读名著 学知识·《西游记》

孙悟空在平顶山莲花洞与金角、银角大王争斗，最后由太上老君出面，收服了两个妖精。这里，吴承恩写到了平顶山，那么现实中有没有这座平顶山呢？它又为什么叫作平顶山呢？

在我国，共有三个平顶山，一个是内蒙古自治区中部卓资县平顶山，山体造型奇特，平地凸起，山高480米，东西长10千米，如同一个倒扣的元宝横卧东西，顶部望去一马平川，所以叫作平顶山，这里土地肥沃，草木茂盛，生态环境良好，是一个很好的旅游景点；另一个是辽宁本溪平顶山，海拔657米，占地17平方千米，是一座美

124

丽的城中之山，平顶山位于本溪市区南部，山势巍峨，顶部平坦，一览无余，也是基于顶部平坦开阔的原因，叫作平顶山。

第三个是河南省平顶山市，位于河南省中部，是河南省辖下的一个地级市。在商周时，平顶山市属于应国，北魏时设高阳县，唐代时属襄城郡。一直到新中国成立，成立了平顶山煤矿筹备处，1957年，经国务院批准，设立平顶山市。市名因中心市区在"山顶平坦如削"的平顶山下而得名。西部以山为主，最高峰是鲁山县的尧山，海拔2153米，东部以平原为主。平顶山以煤矿资源丰富而闻名，除了煤矿资源，其他还有盐、铁、铝、石膏、耐火黏土、石灰岩等57种资源。平顶山煤田面积1044平方千米，原煤总储量103亿吨，占全省总储量的51%，素有"中原煤仓"之称。各种丰富的矿产资源为省内外的能源开发、冶金、建材、化工等工业发展提供了充足的原材料。平顶

山著名的旅游景点有尧山风景名胜区、画眉谷生态游览区、好运谷景区、龙潭峡景区、昭平湖风景名胜区、二郎山景区、三苏坟、香山寺、妙水寺，等等。

《西游记》中的道教名山

山灵之地，是大地精华之所在，古人常认为为高山峻岭、人稀罕至之处有神仙存在。

　　唐僧师徒误入小雷音寺，被妖精捉住，悟空与黄眉大王展开了战斗，先后请了二十八星宿、小张太子、龟蛇二将等人。其中龟蛇二将是真武大帝座下的护法，真武大帝是道教神仙体系中的玉京尊神，猪八戒所说的九天荡魔祖师，也是指他。真武大帝的道场在武当山，在佛教、道教的神话故事中，很多著名的神仙都居住在名山胜水之间修

炼，这些道场和神话故事交相呼应，赋予山川特殊的文化意义，从而产生了很多道教、佛教的名山。我们已经知道四大菩萨分属的四大佛教名山，那么道教名山有哪些呢？

武当山：位于湖北省西部丹江口市境内，东临襄阳，西接十堰，背靠神农架林区，面临丹江口水库，是国家 5A 级风景名胜区。北宋书画家米芾称赞武当山为"天下第一山"。汉代的阴长生、唐代的吕洞宾、明代的张三丰都在武当山修炼过，张三丰更是在此创立了太极拳等武术，使得武当山成为道家武术的发源地。

龙虎山：位于江西省鹰潭市，传说是正一道创始人张道陵修仙得道的地方，历代都得到帝王的封赏敕建，现今有道观 80 余座，道院 36 座，是名副其实的"道都"。2010 年，龙虎山被列入世界遗产名录，成为我国第八处世界自然遗产。

青城山：位于四川省都江堰市西南，是中国著名的道教名山，中国道教的发源地之一。传说天师张道陵在青城山传道，这里便成为天师道的祖山。常言道："华山天下险，峨眉天下秀，黄山天下奇，青城天下幽"，青城山草木繁茂幽深，四季常青，宛若绿色城郭，所以被叫作青城山。

齐云山：又叫白岳，位于安徽省黄山市休宁县西15千米处，海拔1000多米，面积60平方千米，历史上有"黄山白岳甲江南"的说法，是正一派道教名山。因其道教文化名胜和丹霞地貌特色，1994年被国务院公布为国家重点风景名胜区。

【楼兰的兴衰】

楼兰古国在历史中如昙花一现，只短暂绽放便消失于历史长河中。它的消亡是一个谜。

在《大唐西域记》里，玄奘介绍了西域很多具有异域风情的小国家，其中最有名的要数楼兰古国。楼兰的名称最早见于司马迁《史记》，是古代丝绸之路的必经之地，现在只剩下很小的遗迹，在新疆巴音郭楞蒙古自治州若羌县北部，孔雀河南岸 7 公里处。汉朝时，楼兰经常充当匈奴耳目，并劫掠汉朝商旅使者，其后，汉朝与楼兰开战，大获全胜。后来楼兰成了中原对于西北侵略少数民族的代称，如王昌龄《从军行》："黄沙百战穿金甲，不破楼兰终不还。"楼兰最大的神秘之处在于现在考古学家对于其消失的不同说法。有的认为楼兰遭到强国

侵略而灭国，有的认为楼兰衰败于生态环境恶化，有的认为楼兰人民死于瘟疫，还有的认为是生存环境的恶化导致举国人民的迁徙。

从1900年瑞典探险家斯文·赫定发现了楼兰的城墙废墟、大量文物开始，关于楼兰的探索一直都没有停歇。1980年考古学家在孔雀河下游发现一片墓地，出土了一个中年女性的干尸，尸体的皮肤、指甲保存完好，她高鼻深目，褐色头发，身上裹着羊皮毛毯，被称为"楼兰美女"。经鉴定，这是一具距今约4000年的古尸。从楼兰女尸的陪葬品来看；楼兰人民的生活并不富裕，从她的身形样貌来看，属于欧罗巴人种，与我国现在的塔吉克族十分相似。那么楼兰人会不会是塔吉克族的祖先呢？经过现代的颅骨复原技术，科学家复原了楼兰美

女的真实相貌，准确率高达 90%。从复原图可以看出，"楼兰美女"是一个 35 岁上下，相貌俊美，气质忧郁的中年女人。楼兰古国还有众多未解之谜，人们还将继续探索。

【王舍城旧址】

灵山是西天如来佛祖修行的地方，灵山到底是怎么样的？

　　唐僧师徒四人的目的地是天竺灵山，那么，真有灵山吗？灵山并非吴承恩的虚构。"灵山"一词来源于佛经，是古印度的都城。《大唐西域记》记载的王舍城便是古印度摩羯陀国的都城，王舍城中的竹林精舍是佛祖释迦牟尼曾经修行的地方，四周由岩石围绕而成，被称为"灵山"。城墙的墙壁由大石堆砌而成，厚约5米，总长40千米，也是印度现存的最古老的石造城壁。

　　王舍城是佛教圣地，旧城为苏瓦王所建，后来被大火焚毁，新城由未生怨王所建，距离旧城4千米，因为新城有很多装饰华丽的宫殿，所以意译为王舍城。到了阿育王时期，迁都到波吒厘城，王舍城布施给婆罗门居住。5世纪时，中国的法显来到这里，城池已废，7世

纪玄奘来到，说："外郭已坏，无复遗堵。内城虽毁，基址尤峻，周二十余里，面有一门。"传说佛祖在世时，常在此居住，他第一次来王舍城时，国王对他礼敬有加，愿意将国土分给他。佛祖在此传教时，富有的商人为他建造了竹林精舍。佛祖圆寂后，佛教信徒们根据佛祖生前的言行经历，建造了说法堂和宝塔，城东是佛祖长住的灵鹫山。王舍城附近现在已经变成了农田。近代考古学家经过发掘，找到了竹林精舍、频毗婆罗牢、卑钵罗石室等佛教遗址。

　　现在，王舍城旧址已成为旅游胜地，景点包括竹林精舍、温泉精舍、灵鹫峰、那烂陀寺、玄奘纪念馆、频毗娑罗王牢，等等。

《西游记》中的有趣国家

玄奘西行，途经很多小国，《西游记》将这些小国也描写得趣味横生，为读者描绘了一道道异域风情和风景。

唐僧师徒的西天取经路上要么是在险山恶水与妖怪打斗，要么在国家州郡行侠仗义，西行的路上，有很多国家是作者吴承恩虚构出来的，比如宝象国、祭赛国、朱紫国、狮驼国，但是也有很多国家是作者在参考《大唐西域记》以及其他地理书籍的基础上创造出来的。玄奘的《大唐西域记》记录了西行路上上百个国家的人文地理，其中西域的很多小国，具有独特的民族风情，在很多方面都影响了唐朝文化。下面简单介绍几个西域国家。

乌孙国

今新疆伊犁哈萨克自治州伊宁市、察布查尔锡伯县附近几县及现哈萨克斯坦部分。《西游记》中的乌鸡国与乌孙国发音相似，也许吴承恩就是在乌孙国的基础上虚构了乌鸡国。汉武帝时曾和乌孙联合抗击匈奴，也曾派解忧公主、细君公主和亲，促进了两国的友好往来。

龟兹国

今新疆阿克苏地区库车县、拜城县一带，是古代西域的一个大国，拥有比莫高窟更悠久的石窟艺术，玄奘在西行时经过龟兹，那里已经开始建立寺庙，崇信佛法。隋唐时期，龟兹的乐器、音乐大量传入中原地区，影响了隋唐的音乐风格，为古代音乐注入了新鲜的血液。龟

兹国谐音车迟国，吴承恩笔下的车迟国或许来源于此。又西域有车师国。

莎车国

今新疆喀什地区莎车县，后被于阗吞并，在古代西域，是较为富庶的地区之一。在根据《西游记》改编的电影《情癫大圣》里，唐僧师徒到达的莎车城就是指莎车国。莎车县以维吾尔族、塔吉克族为主要居民，物产丰富，风景秀丽，林果业、畜牧业发达，是产棉大县，玫瑰花的种植达两万亩，且绿色无公害。

温宿国

今新疆阿克苏地区阿克苏市和温宿县一带，温宿在维吾尔语中意为多水的。温宿是丝绸之路上沟通南北的交通要道，境内有天山最高

峰——托木尔峰。独特的冰融地貌，大大小小的河流，使得温宿县自然水资源丰富，矿产资源有20多种，玉石产量也很丰富。被列为国家保护的珍稀野生动物有马鹿、雪豹、扫雪、黑鹳、猞猁、天鹅等，野生药用植物有手掌参、党参、黄芪、黄精、甘草、麻黄草、独活、当归、雪莲等200多种，天山神木园堪称戈壁翡翠、浩瀚中的绿洲，是旅游爱好者的胜地。

乌斯藏国

《西游记》中说猪八戒所在的高老庄在乌斯藏国地界。那么，乌斯藏是哪里呢？参考史料，可以知道乌斯藏是元明两代对西藏的称呼，那么高老庄也就是在西藏了。在唐朝的行政版图上，西藏和甘肃是接壤的，距离河西走廊不远，所以从唐朝地图来看，乌斯藏国界就在现在的甘肃境内。看来唐僧并没有去西藏，而是在甘肃河西走廊附近，就进入了唐朝的西藏边境，所以高老庄在甘肃一带。之后的黄风怪所在的八百里黄风岭其实就是在说甘肃通往新疆的戈壁滩，历史上就是著名的风区，甘肃现在在那里大量建风力发电站。所以唐僧虽然进了乌斯藏国，但通关文牒上没有乌斯藏国，因为根本没有入藏，走了没几天就进入甘肃脱离西藏了。这个解释是目前看来最合理的答案。

斯哈哩国

刚到火焰山，天气炎热，猪八戒说："西方路上有个斯哈哩国，乃日落之处，俗呼为天尽头。若到申酉时，国王差人上城，擂鼓吹角，混杂海沸之声。日乃太阳真火，落于西海之间，如火淬水，接声滚沸；若无鼓角之声混耳，即振杀城中小儿。此地热气蒸人，想必到日落之处也。"那么真的如八戒所说，有斯哈哩国吗？经现代学者考证，斯哈哩的发音来源于阿拉伯语 Djabulsa，意为日落之城，位于阿拉伯的西方，是现在的欧洲，叫作茶弼沙国。我国南宋赵汝适的《诸蕃志》记载："茶弼沙国，城方一千余里。王著战袍，缚金带，顶金冠，穿皂靴，妇人著真珠杉。土产金宝极多。人民住屋有七层，每一层乃一家。其国光明，系太阳没入之地，至晚日入，其声极震，洪于雷霆，每于城门用千人吹角鸣锣击鼓，杂混日声，不然则孕妇及小儿闻日声惊死。"与猪八戒所说基本一致。古人认为太阳东升西落，那么最西面的国家（欧洲）就应该是日落之国。

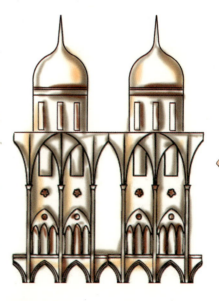

比丘国

寿星的坐骑鹿妖和狐狸精迷惑国王，要吃一千个小孩的心肝。这里的比丘国，其实是现在的尼泊尔，又叫泥婆罗，地处吐鲁番西侧的乐陵川，与中国以喜马拉雅山为界。尼泊尔也是一个佛教国家，国民有当街沐浴的习俗。

东女国

《西游记》中的西梁女国的原型，慧超是唐玄宗时的西行求法高僧，也到过印度，他有部书叫《往五天竺国传》，里面也提到了这个国家，除了强调他们是以女为王以外，还说"属吐蕃国所管，衣着与北天相似，言音即别，土地极寒也"。《新唐书·西域传》则记载得很详细，说他们是"羌别种也，西海亦有女自王，故以东别之"。也就是说，这个女儿国的居民是羌，而且在这个国家的西边还有以女性为王的国家。迦湿弥罗国的古籍中也提到，这里附近有个国家叫Strirajya，意思就是女子的王国。大致可以确定，这个东女国正处于母系氏族时期，就像我国的摩梭族一样。

【阿旃陀石窟】

石窟在佛教文化中占有重要地位。中国的三大石窟更是名闻遐迩,世人皆知。

佛教传入中国后,广泛地影响了中国的音乐、文学、绘画、雕塑等艺术,在雕塑方面产生了诸如云冈石窟、龙门石窟、敦煌壁画等美术作品。然而这并不是我国独有的发明,在佛教的发源地印度,也有很多类似的佛像石窟早于我国出现。

玄奘在《大唐西域记》里最早记载了印度石窟群——阿旃陀石窟。它位于印度西南部马哈拉施特拉邦奥兰加巴德县阿旃陀村的瓦古尔纳河谷,是在离谷底76米的悬崖峭壁上开凿成的一处佛教庙宇,共29洞,绵延550多米,有石雕佛像、藻井图案和壁画等,主要表现佛的生平故事和印度古代的宫廷生活,建造长达700多年。在早期的支提

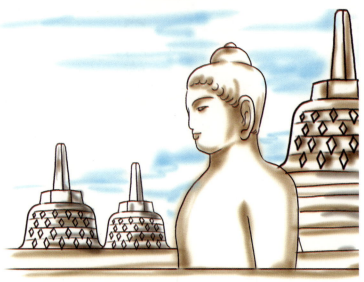

窟中有明显的仿竹木构造痕迹，且装饰简朴，至中晚期后则趋于精美。1819年又被英国人重新发现。

　　阿旃陀佛教石窟始建于公元前2世纪至公元1世纪，到了公元5～6世纪的笈多王朝，又大规模扩建、修饰，增加了很多更加绚丽多彩的石窟。阿旃陀石窟的绘画和雕塑，作为佛教艺术的经典之作，具有重要影响力。我国的石窟艺术和敦煌壁画在很大程度上都受了印度佛教石窟的影响。

　　阿旃陀石窟与泰姬陵被誉为印度的双璧，当初佛教信徒选中这个丘陵起伏、风景秀丽的地方，敬奉佛祖，研读经书，修身养性，并开

始了雕塑和壁画创作。现在阿旃陀石窟不仅是佛教圣地，还是人文景

观、世界文化遗产，吸引着世界上的游客前往。

【天竺印度】

印度是佛教的发源地，是唐僧西天取经的目的地。

唐僧取经的目的地是天竺印度的灵山大雷音寺，在到达灵山之前，师徒就先见到了天竺国王，经历了玉兔精招驸马一劫。其实，在我国历史上，天竺一称并非单指印度，它还包括巴基斯坦、南亚地区国家，是一个统称。《山海经》说："西方有天毒国。"《后汉书·西域传》："天竺国一名身毒。"到了唐朝，就统一使用"天竺"的称呼。后来玄奘前往天竺取经，根据天竺 indu 的读音，为其正名为"印度"。印度在梵语中意为月亮。天竺在历史上出现了四大帝国：孔雀王朝、笈多王朝、德里苏丹王朝、莫卧儿王朝。释迦牟尼生活在孔雀王朝。

印度人曾经创造了灿烂的古代文明，发明了阿拉伯数字、国际象棋、甘蔗制糖法等。佛教也发源于印度。近代，印度政治动荡，沦为英国的殖民地，1947年独立后，分离为印度和巴基斯坦两个国家。

现代的印度是发展中国家，社会财富分布不平衡，种族等级制度严重，十分重男轻女，连本土起源的佛教也消失了。印度人口众多，是仅次于我国的人口大国，主要的民族为印度斯坦族，此外还有尼格罗人、原始澳大利亚人、地中海人、迪纳拉人、黑人等。印度很多地区的男子有包头巾的习俗，叫作Turben，多穿宽松的立领长衫，搭配窄脚的长裤。女子的传统服饰为纱丽，用很长的布料，以披裹的方式缠绕在身上，下身是及地的直筒长裙。

　　在文化方面，印度保留了丰富的文化遗产和旅游资源。自然遗产有楠达德维国家公园、加济兰加国家公园等；文化遗产有阿格拉古堡、泰姬陵、埃罗拉石窟群、布里哈迪斯瓦拉神庙，等等。

《西游中》中的著名河流

《西游记》中记载了很多著名河流，通过讲述唐僧一行前往西天的路途经历，这些河流也呈现给了世人。

　　唐僧师徒四人去西天取经，一路上跋山涉水，经过了许多著名的山脉和河流，其中有很多河流是真实存在的，并非吴承恩凭空虚构。

　　通天河

　　师徒四人在通天河遇到了观音莲花池里修炼成精的鲤鱼精灵感大王，后来在观音的帮助下用鱼篮收服了鲤鱼精。通天河是我国境内一条著名的河流，主要流经青海地区。在古代，通天河又叫作"牦牛河"，位于长江的源头，通天河段指的是沱沱河与当曲河在下游60千米囊

极巴陇地区汇合后的河段。总体上来看，通天河是长江上游的一段，横贯青海玉树藏族自治州全境，长813千米。在通天河大桥南岸，有一块晒经台，唐僧师徒四人取经回来，由老龟背负过河时，唐僧忘了老龟的嘱托，老龟一怒之下将师徒四人翻入河中，经书全被浸湿，上岸之后，他们在一块向阳的大石上晾晒经书，这块石头就是现在的晒经石。

黑水河

黑水河一折中，悟空遇上了鼍龙，他是西海龙王的外甥，悟空后来在西海摩昂太子的帮助下制服鼍龙，救出了师父。在我国，有八九条河流都叫作黑水河。根据《西游记》里的描写，黑水河河水呈黑色，符合这一特征的有越南红河支流的黑水河，它由于河两岸地势较高，河谷狭窄幽深，俯瞰时河水呈黑色而得名；珠江水系也有一条黑水河，在大新县境内，两岸高峰倒映，河水黑蓝；云南丽江的黑水河，河床

多为岩浆岩类的玄武岩，呈青黑色，致使河水也被映成黑色；另有四川境内的黑水河，等等。

泾河

观音前往长安寻访取经人，这中间插叙了一段魏征梦斩泾河龙王的故事。泾河发源于宁夏六盘山，是渭河的一级支流，全长455千米，主要流经陕甘地区。泾河泥沙很大，自古以来进行了很多水利建设，如战国末年秦国修建的郑国渠。附近文物古迹很多，如大佛寺、虞世南书刻石碑、崇文塔、唐朝各名将名臣的墓葬等。除了《西游记》泾河龙王的神话故事，另有唐传奇《柳毅传书》的故事发生在泾河。

第六章 《西游记》中的幻想成真

《西游记》中有很多奇思妙想，而有些幻想在科技发展的今天已实现了。或许多年以后，天宫将建成，普通人们飞天的梦想不再仅仅是神话。

【白骨精的易容术已实现】

改头换面，是古代难以想象的事情，但在科技发达的今天，已经不再成为一件难以企及的幻想。

在白虎岭，白骨夫人一连三次变化成一家三口迷惑唐僧，都被孙悟空的火眼金睛识破。但是唐僧肉眼凡胎，不识真假，认为悟空打死的是凡人，就写下贬书，将孙悟空赶走了。除了白骨精这一折，孙悟空也在其他地方变化成别人的模样。蒲松龄的《聊斋志异》也写到了可以易容换脸的画皮鬼。我们在小说和影视剧里经常会看到神乎其技的易容术：一个人在很短的时间内就能化装易容成另外一个人。那么

现实中这种技术有那么神吗？

　　在古代，易容的相关材料缺少，即使是在现代，也不可能在短时间内完成易容。严格说来，要制造一个高仿真的"人皮面具"，从最初的倒模开始到制作完成，根据不同的情况，需要十几天甚至数月时间。现代的易容术又叫作塑形化装，主要分为以下步骤：①倒出一个阴模；②在阴模上翻出人脸真实石膏像；③用塑性泥修正石膏；④最终模型；⑤吹塑做出面具；⑥抛光、上色进一步加工。由此可以看出，制作易容用的人皮面具过程复杂，绝不像影视剧里那样快速。塑形化

妆技术不同于一般的化妆，它要求化妆师必须有高超的技术水平，不仅要具备化妆技巧，还要有一定的雕塑能力。

除了易容术可以改变人的样貌，整容美容术作为现代的一个新兴产业也让人们趋之若鹜。整容又称整复外科或成形外科，治疗范围主要是皮肤、肌肉及骨骼等创伤、疾病，先天性或后天性组织或器官的缺陷与畸形，治疗包括修复与再造两个内容。现在整容已经拓展到整形美容领域，深受广大爱美人士喜爱。整形美容的项目包括双眼皮、下巴填充、隆鼻、磨骨、牙齿矫正、除皱、祛痘嫩肤、光子脱毛等。在日本和韩国，整容业非常繁荣，但是整容费用高，风险大，也并非适合所有人的体质，据统计，整容业开始10年来，虽然整容成功者不少，但失败的却有20多万例。如果为了美丽不顾一切去整容，很有可能危害到自身健康，甚至生命安全。

【人类也会飞翔】

有人类以来，人们都梦想会飞。当今，人们借助工具，已经可以飞在蓝天上，实现了古人的梦想。

孙悟空跟着菩提祖师学习本领，祖师说悟空的腾云驾雾不算腾云，只算爬云。真正的神仙腾云，一日之内就可以游遍三山五岳，四海苍梧，于是传给悟空一个筋斗云，翻个筋斗就可以飞出十万八千里。

从古至今，人们都梦想能够像鸟儿一样在天上飞行，我国古代的墨子"斫木为鹞，三年而成，飞一日而败"，是说墨子研究了三年，终于用木头制成了一只木鸟，但只飞了一天就坏了。墨子制造的这只"木鹞"就是中国最早的风筝。三国时诸葛亮发明了孔明灯，其原理和现代的热气球相同。

18世纪，法国造纸商孟格菲兄弟在欧洲重新发明了热气球。热气球由球囊、吊篮和加热装置三部分构成，虽然质量很轻，但却极结实．球囊是不透气的，吊篮由藤条编织而成，着陆时能起到缓和冲击的作用。吊篮四角放置4个热气球专用液化气瓶，置计量器，吊篮内还装有温度表、高度表、升降表等飞行仪表。燃烧器是热气球的心脏，热气球的飘飞速度取决于风速。现在，热气球成为一种体育、娱乐运动。

1903年12月17日，在美国北卡罗来纳州，莱特兄弟试飞了他们的"飞行者"1号飞机，这也是现代最早的机动飞机。飞机的动力来源包含活塞发动机、涡轮螺旋桨发动机、涡轮风扇发动机或火箭发动机等，此后飞机被广泛运用到战争、航空交通中去。现在，飞机已经成为我们生活中不可缺少的运输工具。

　　明朝时万户发明了火箭，流传到现在，民间用于烟花爆竹等娱乐活动。航天用的火箭，成为快速远距离输送工具，运载人造卫星、飞船、空间站以及其他飞行器的助推器。现在，人们已经研制出了航天飞机，又叫太空梭，结合了飞机与航天器的性质，可以往返于太空和地面之间。

　　现代科技迅猛发展，人们已经可以通过卫星、太空空间站来探索更加遥远、广阔的太空，人类的飞行已经不是梦想，相信我们会探索到更多的宇宙秘密。

潜入人体的『纳米精灵』

随着科技的发展，人类借助工具上天入地、飞天潜海都不再是一个梦想。

孙悟空在西天路上，曾多次变化，钻进妖怪的肚子里，比如铁扇公主、金皮白毛老鼠精、狮驼岭青毛狮子精，他在他们肚子中随意玩耍，把妖怪制服。人的身体不能像孙悟空那样可以任意伸缩大小，更不能钻入别人的身体恶作剧。但是，随着科技的发展，将纳米技术应用到人体医疗上，已经成为现实。

首先，纳米不是一种物质，而是一种长度的度量单位，又称毫微米，一纳米大约是 0.000001 毫米。我们常说的纳米技术是指纳米科

学与技术，是研究结构尺寸在 1～100 纳米范围内材料的性质和应用。纳米技术的产生和发展，带动了与纳米相关的很多新兴科技领域，如纳米医学、纳米化学、纳米电子学、纳米材料学、纳米生物学等。

在医学领域，将一定剂量的药物，利用纳米技术制成微型药物输送器，在体外电磁信号的引导下输送到病源部位，提高治疗的效果，减轻人体对药物的不良反应。用纳米制造成的微型机器人，其体积小于红细胞，通过向病人血管中注射，能疏通脑血管的血栓，就如同孙悟空通过变化进入人体一般，通过体外仪器的控制，清除心脏动脉的脂肪和沉淀物，甚至还可以击碎人体内部的结石，使结石的体积细小到肉眼也无法看到，更有利于排出体外，减轻病人的痛苦。

纳米技术在医学领域有广阔的发展前景，比如通过体外控制和导向，可以用纳米药物阻断毛细血管来抑制和消灭癌细胞，提高药物的利用效率。纳米颗粒还可以用来将人体的细胞分离或染色，治疗基因缺陷的先天性疾病。如果将药物改良成纳米药物，做成膏药贴在病人

患处，药物的药力成分会通过人体肌肤被直接吸收，无需手术和针剂注射，避免了针剂注射的感染风险。将不容易被人体消化吸收的食品或药物做成纳米类产品，比如把维生素做成纳米粉剂或纳米液，更容易被人体吸收。由此看来，纳米技术也将被应用到养生、保健、美容等相关医学领域。

《红楼梦》

作者：（清）曹雪芹

回数：红楼梦共一百二十回

介绍：《红楼梦》是一部具有高度思想性和高度艺术性的伟大作品，代表古典小说艺术的最高成就之一。在中国古代民俗、封建制度、社会图景、建筑金石等各领域皆有不可替代的研究价值，达到中国古典小说的高峰。被誉为"中国封建社会的百科全书"。

《西游记》

作者：（明）吴承恩

回数：共一百回

介绍：西游记前七回叙述孙悟空出世，有大闹天宫等故事。此后写孙悟空随唐僧西天取经，沿途除妖降魔、战胜困难的故事。书中唐僧、孙悟空、猪八戒、沙僧等形象刻画生动，场景规模宏大，故事结构完整，是中国古典小说中伟大的浪漫主义文学作品。

《水浒传》

作者：（元末明初）施耐庵

回数：一百二十回

介绍：全书以描写农民战争为主要题材，塑造了宋江、吴用、李逵、武松、林冲、鲁智深等梁山英雄群体，揭示了当时的社会矛盾。故事曲折、语言生动、人物性格鲜明，具有很高的艺术成就。

《三国演义》

别名：《三国志通俗演义》

作者：（元末明初）罗贯中

回数：共一百二十回

介绍：《三国演义》故事开始于刘备、关羽、张飞桃园三结义，结束于王浚平吴。描写了东汉末年和三国时代魏、蜀、吴三国之间的军事、政治斗争。文字浅显、人物形象刻画深刻、情节曲折、结构宏大。

读名著 学知识 3

马向于 编著

乱世争雄

——《三国演义》中的军事知识

《三国演义》讲述了东汉末年乱世中群雄争霸的故事……

河南人民出版社

少儿精品
原创阅读书架
美绘版

图书在版编目（CIP）数据

乱世争雄：《三国演义》中的军事知识 / 马向于编
著．-- 郑州：河南人民出版社，2016.3
　（读名著，学知识）
　ISBN 978-7-215-10006-0

　Ⅰ．①乱… Ⅱ．①马… Ⅲ．①《三国演义》研究②军
事－青少年读物 Ⅳ．① I207.413 ② E-49

中国版本图书馆 CIP 数据核字（2016）第 070687 号

目录

第一章 《三国演义》中的宝马名驹

马，在古代战场上，是将士最重要的伙伴。两军对垒，将领披挂上阵离不开战马；两军交锋，冲锋陷阵、驰骋沙场离不开战马。所以，将士都爱马。

【踏雪赤兔】

关于"踏雪赤兔"的记载，最早出现在《三国志》一书中。"人中吕布，马中赤兔"之称，这足以证明此马在三国历史上的影响非同一般。

在《三国演义》描绘的众多名驹中，排名第一的当属赤兔马。赤兔马最早为西凉刺史董卓的坐骑，后被董卓用来收买丁原的义子吕布；吕布死后，赤兔马被曹操赏赐给关羽；关羽被杀后，赤兔马思念旧主，绝食而死。在当时人们的心中，赤兔马一直是好马的代表，可日行千里，还能夜走八百，素有"人中吕布，马中赤兔"之称。

赤兔马是一匹枣红色的烈马，其"浑身上下，火炭般赤，四蹄踏雪，无半根杂毛；从头至尾，长一丈；从蹄至项，高八尺；嘶喊咆哮，有腾空入海之状"。

为什么叫赤兔马呢？你可能会这样认为，"赤"是说其毛色，"兔"是跑得快如兔子，这种想法是不是正确的呢？

兔子在人们心目中是怯懦、弱小的象征。丝毫无英雄气概，但为什么还用兔子来比喻好马呢？仅仅是因为兔子跑得快吗？"赤兔马"中的"兔"到底是什么意思呢？

很早的时候，就出现了《相马经》一书，传说是伯乐的作品。长沙马王堆三号汉墓出土的帛书中就发现了一本手写的《相马经》，书中将良马分成一般良马、国马（或称"国保"，即"国宝"）和天下马（或称"天下保"，即"天下宝"）三等。其中的一篇说"得兔与狐，鸟与鱼，得此四物，毋相其余"。在第三篇中又对这些话作了解说，"欲得兔之头与其肩，欲得狐之周草与其耳，欲得鸟目与颈膺，欲得鱼之鳍与脊"。这些记载，说明了在古代兔形的头是好马的重要外在标准，因为头部是马的品种、品质、体能、齿口最明显的外部表现。古人依据马的头部形状，形象地将马分为直头、兔头、凹头、楔头、半兔头等几种。所谓的赤兔马的"兔"，应当是指马的头形。兔头、半兔头型的马，其特征是鼻以上部分微微向外突出，有些像兔子的头。

从现代马的体质看，兔头的马，多是重型马，也是马中最为高大

的品种，其特点是身体强壮、力量大。而赤兔马的颜色当是枣骝（liú）色，也就是通常所说的红色。这种颜色正是中亚一带草原马的典型毛色。从赤兔马的毛色与头相来看，这是中亚一带，也就是古代所说的西域地区所产的马。而我国中原地区的马则属于蒙古马，蒙古马的优点是速度较快、耐疲劳，但是体形小、体力有限。

所以说，赤兔马是古代西域地区所产的体形高大的马，能日行千里、夜走八百。

【恶名的卢】

的卢马向来有"妨主"之名，但在《三国演义》中，它并没有妨害刘备，反而在檀溪救过刘备性命。

谁也不想在骂名中生活一世，更别说有千载恶名的的卢马了。委屈也罢，生气也罢，的卢马从春秋时候就恶名昭彰，其恶名一直到三国时期因檀溪之跃救了刘备之后才有所改观。

在《三国演义》中，的卢马原是刘表手下降将张武的坐骑，后来张武反叛，刘备主动请缨讨伐张武，在歼灭张武的战役中，被赵云所得，献于刘备，刘备又献于刘表，刘表因手下谋士说该马"眼下有泪槽，额边生白点，名为'的卢'，骑则妨主。"于是便将的卢马又送还给了刘备。

的卢马奔跑的速度飞快，在三国历史中最显眼的一处便是刘备在

避樊城之难时的故事。当时刘备逃出樊城，到檀溪的时候，檀溪宽数丈，并且水流也很急，而刘备被追兵所逼，不得不乘马过溪。走了没几步，的卢马的前蹄便陷入泥中，瞬间刘备的衣袍也被浸湿，这时刘备大急，一边疯狂地抽打着的卢一边大叫："的卢，的卢！今日妨吾！"谁知刚说完，的卢马突然从水中一跃三丈，飞上西岸，摆脱了后面的追兵

救了刘备一命。这一跳摆脱了的卢马防主凶马的名声，反而成了义马，奠定了其三国名马的地位。它虽不及赤兔马那么声名显赫，但在三国中也具有一定的知名度。

的卢，亦作"的颅"。指的是额部有白色斑点的马，古人认为这种马妨主。伯乐《相马经》："的卢，马白额入口至齿者，名曰榆雁，一名的卢。奴乘客死，主乘弃市，凶马也。"《马政论》曰："颡上有白毛谓之的卢。"又曰："上有旋毛及白毛者，谓之的吻，凶。"俗云的卢非也。的卢马已经有了千载的恶名，有了妨主害主的恶名，还有几个人敢要呢？但它檀溪一跃，救了刘备一命，成了义马，是否可以摆脱恶名，在宋朝的辛弃疾《破阵子》中："马作的卢飞快，弓如霹雳弦惊。"让的卢马列入名马一组。此后，一般以"的卢马"形容快马。

的卢檀溪之跃救了刘备一命，于是刘备更加不相信"的卢妨主"的预言了，也因此对这匹救命的宝马无限珍爱，后来出兵入蜀之际因见庞统坐骑老弱，为了显示自己对庞统的重视而将的卢赠送给了庞统。谁知庞统无福消受，刚骑上的卢便被敌人当作刘备在落凤坡乱箭射死，此后，的卢马也失去了踪迹。

【赵云的照夜玉狮子】

长坂坡上，让赵云七进七出而不败的那匹马，名叫照夜玉狮子。

照夜玉狮马，又叫赛龙雀，原产于西域大宛，在《三国演义》里是赵云的坐骑。照夜玉狮子全身雪白，没有一根杂色，优雅高贵，可以日行千里。据说，这种马生下来脖子周围的毛发比身体其他部位都要长，而且性格暴烈，如同狮子一样。这种马长大之后会被马群赶出去，随后，照夜玉狮子的性格就会变得驯良温顺。这种马头至尾一丈二，蹄至背八尺多，大蹄腕儿细七寸，竹签耳朵刀螂脖，干棒骨，开前胸，就像欢龙一样。马的左耳朵里边有一块记，就像一朵玉兰花，其实这不是记，是角，犄角。马肚子一边有四个旋儿，其实这也不是旋儿，而是鳞。头上长角，肚下生鳞，都说那不是马，是龙，起码是龙种。

从这方面来说，照夜玉狮子很像《西游记》里的白龙马。

照夜玉狮子产于大宛国。在汉朝时，西域的大宛国以盛产良马著称。西汉张骞出使西域后，汉使开始频繁来往于西域诸国，他们在贰师城见到了强健的大宛马，于是奏知汉武帝。嗜好宝马的汉武帝闻讯后大喜，特意铸了一匹金马，命使者送到大宛国，想用金马换一匹汗血宝马，结果被大宛国王拒绝，汉使也在归途中被杀。汉武帝大怒，派大将李广利率大军远征大宛国。最后，大宛国人难以抵挡，于是杀了国王，与汉军议和，并同意向汉朝提供良马。汉军挑选了3000匹良马运回中原，但这些马经过长途跋涉后损失惨重，到达玉门关时仅

余一千多匹。得到汗血宝马的汉武帝十分高兴，将"天马"的美名赐予汗血宝马。汉武帝还让汗血宝马等西域良马与蒙古马杂交，培育出了山丹军马。从此，中原的马种得到改良，汉代的生产力和军队的装备也因此大幅增强。

到了唐朝，中原与西域诸国的关系更加密切，唐玄宗曾将义和公主嫁给了宁远（大宛）国王，宁远国王则向玄宗献了两匹"胡种马"（即"汗血宝马"），玄宗为两马取名为"玉花骢"和"照夜白"（即为赵云所骑照夜玉狮子）。它们还被画进了唐代名画《照夜白图》。

【公孙瓒的乌桓马】

公孙瓒因与北方少数民族作战勇猛豪迈而成名的。在他辉煌的战绩中，乌桓马功不可没。

在《三国演义》里，公孙瓒的骑兵部队白马义从在抗击匈奴时，所向披靡，后来大败于袁绍部下鞠义手中。公孙瓒的白马是乌丸马。乌丸即乌桓国，取名于乌桓山，是东胡的游牧民族。该民族的活动范围相当于现在的内蒙古锡林郭勒盟的中东部、赤峰市北部、河北省北部、辽宁省北部地区。乌桓与汉修好后，挑选了来自辽西、辽东、右北平三郡的乌桓人，以及来自科尔沁草原腹地辽西、辽东郡的上好战马，编制成一支战斗力极强的精锐骑兵突击队——乌桓突骑。乌桓突骑由州、郡直接统领，常常作为东汉的先头部队，在大小战事中冲锋陷阵，骁勇异常，赢得了"天下名骑"的美称。后来，公孙瓒用乌桓

的白马组成了白马义从，战斗力很强。

乌桓马大致相当于现在的蒙古马、辽东马。《汉书·匈奴传》记载：尧舜以前"居乎北边，随水草而转移，其畜之所多，则牛马羊"。匈奴马曾显赫一时。公元前200年，汉高祖刘邦出击匈奴时，曾在白登被冒顿单于的30余万骑兵围困七日。后来，汉武帝在与匈奴的战争中曾多次带回大量马匹，并任用匈奴王子金日䃅为汉朝的马监，使民间养马事业空前发达。西晋以后，塞外各部族相继南下，带来马匹数以万计。

蒙古马原产于蒙古高原，处于半野生生存状态，它们既没有舒适的马厩，也没有精美的饲料，在狐狼出没的草原上风餐露宿，夏日忍

受酷暑蚊虫，冬季要能耐得住零下 40℃的严寒。蒙古马体形矮小，其貌不扬。然而，蒙古马在风霜雪雨的大草原上，并没有失去雄悍的马性，它们头大颈短，体魄强健，胸宽鬃长，皮厚毛粗，能抵御西伯利亚暴雪；能扬蹄踢碎狐狼的脑袋。2006 年，蒙古马被我国农业部确定为 138 个国家级畜禽遗传资源保护品种之一。

我国内蒙古的草原马，体格不大，平均肩高 120～135 厘米，体重 267～370 千克。身躯粗壮，四肢坚实有力，体质粗糙结实，头大额宽，胸廓深长，腿短，关节、肌腱发达。飞节角度较小，稍曲飞，蹄质坚实，被毛浓密，毛色复杂，以青、骝和兔褐色为多。蒙古马吃苦耐劳，不畏寒冷，能适应极粗放的饲养管理，生命力极强，能够在艰苦恶劣的条件下生存，8 小时可走 60 千米左右的路程。经过调驯的蒙古马，在战场上不惊不诈，勇猛无比，是一种良好的军马。

【马超的西凉马】

五虎将之一的马超，他的坐骑是血统神秘的西域名驹。马超骑着它杀得曹操割须弃袍，狼狈逃命。

马超率领的是西凉兵，手下的马都是凉州产的马，如吕布的赤兔马，就是西凉马中的极品。据说，马超的坐骑是一匹白色骏马，也叫做照夜玉狮子。照夜玉狮子不仅在《三国演义》里有所提及，在《水浒传》中也出现过。《水浒传》中说，照夜玉狮子像雪练一样洁白如玉，全身没有一根杂毛，头至尾，长一丈，蹄至脊，高八尺，一日能行千里，北方有名唤作"照夜玉狮子马"。本是大金国王子的坐骑，被段景住偷了出来，原本是想送给梁山泊的头领晁盖，结果半路上被曾头市曾家五虎抢了去。晁盖心中大怒，点选人马，前来攻打曾头市，结果死于史文恭箭下，之后又引出了一系列的故事情节。

西凉即是凉州，是现在甘肃省中部的武威市，地处河西走廊东端，是古丝绸之路上的重镇，史有"四凉古都，河西都会"之美称，自古以来就是"人烟扑地桑柘稠"的富饶之地，"通一线于广漠，控五郡之咽喉"的军事战略要地和商业重镇。中国历史上的"凉州"，不仅仅是今天的甘肃凉州区。自汉朝建郡以来，"凉州"的名字更换了很多次，有时叫"武威"，有时叫"姑臧"，有时叫"西凉"，有时叫"前凉"，其疆域，也时大时小。最大时，把大半个甘肃都占了，还扩延到周围几省，史称"凉州大马，横行天下"。（见《京师为张轨歌》，《诗纪》四十三作《凉州大马歌》：凉州大马，横行天下。凉州鸲苔，寇贼消。鸲苔翩翩，怖杀人。）汉末三国时凉州军阀董卓（后为李傕）

率领的西凉军（西凉政府军）和马腾（后为马超）、韩遂率领的西凉军（西凉起义军），曾纵横大半个中国，无人能敌，但后均败于内斗。

凉州位于河西走廊，水草丰茂，适合西凉马生长。在武威地区的出土文物中，有一件铜奔马，又叫马踏飞燕、马超龙雀，是东汉时期的青铜制品。作为一件精美绝伦的艺术品，马踏飞燕通过强烈的对比，以马儿的风驰电掣超越飞翔的鸟儿，表现出西凉马的迅捷和威猛，无怪乎马超的西凉军马可以轻易地打败曹操了。

【典韦的黄骠马】

勇力过人的典韦，为保护曹操而死。勇士配好马，他的坐骑是良驹黄骠马。

在《三国演义》里，曹操手下大将典韦的坐骑是黄骠马。所谓黄骠马，"骠"字的含义是"黄马带白点"，同时也是指马奔跑迅疾的样子。此马的白点多位于肚子和两肋处，最主要的是马头上有白毛，形状圆如满月，所以别名"西凉玉顶干草黄"。黄骠马即使喂饱了草料，肋条也显露在外，给人一种清瘦的感觉，所以另有别名"透骨龙"，是难得一遇的宝马良驹。

典韦效力曹操后，曾在濮阳与吕布大战。骑乘黄骠马的典韦能与骑乘赤兔马的吕布战斗几十回合，足见典韦之勇猛，黄骠马之神骏。后来，张绣背叛曹操，偷袭曹营，被灌醉的典韦力不能支，和黄骠马

一起死于乱军之中。

据小说《隋史遗文》《隋唐演义》中所记，唐初名将秦琼（秦叔宝）的坐骑即为黄骠马。当初秦琼救了王伯当，王伯当无以为报，便将自己的宝马良驹黄骠马赠予秦琼。秦琼原先并不知道此马是黄骠马，只见它是一匹羸瘦、毛长、筋露养不肥的瘦马。后来，经过秦琼的细心照料，不到十个月，瘦马被养得十分肥润，身高八尺，遍体黄毛，如金细卷，并无半点杂色。秦琼的朋友单雄信读过《相马经》，善会相马。他走近黄骠马，用双手在马背上一按，那马纹丝不动，便顺口念了一

段相马经："'此马是黄骠，张口似银条，浑身发金色，四蹄无杂毛；胜似南山豹，不让北海蛟。'好马呀好马！"从此，秦琼对这匹马倍加爱惜。后来秦琼死了，黄骠马也绝食而死。

【曹真的惊帆马】

惊帆马，是因其奔跑时如同飓风卷起帆船一般而得名。

　　曹真有一匹马，名叫惊帆马，是三国时期著名的战马。晋朝崔豹《古今注·杂记》一书中这么写道："惊帆，曹真有骏马，名为惊帆，言其驰骤如烈风之举帆疾也。"曹真曾用此马与司马懿打赌，比赛马匹的奔跑速度，结果惊帆马胜出。惊帆马属于河套马种，耐力惊人，速度飞快，奔跑时如行云流水，譬如白帆顺流。

　　河套地区，指黄河从宁夏横城到陕西府谷的一段，过去也指黄河这一段围着的地区，如今指黄河的这一段和贺兰山、狼山、大青山之

间的地区。俗语说："黄河百害，唯富一套"，"天下黄河富河套，富了前套富后套"。河套地区土壤肥沃，灌溉系统发达，适合种植小麦、水稻、谷、大豆、高粱、玉米、甜菜等作物，是西北最主要的农业区。今天，河套地区被称为"塞外米粮川"。河套地区的畜牧业和水产业也很发达。河套平原地势广阔，水草丰美，这些优越的自然条件都为河套马种的生长提供了有利的条件。后来，汉武帝在河套地区设置朔方郡，开始军事屯田，大量用于农业和军事的马匹也开始养殖起来。

在《史记集解》一书中，引瓒曰："先是，新秦中千里无民，畏寇不敢畜牧。令设亭徼，故民得畜牧也。"李奇注曰："边有官马，今令民能畜官母马者，满三岁归之也……谓与民母马；令得为马种；

令十母马还官一驹，此为息什一也。"通常一匹母马三年中可繁殖两匹马驹，假如一个农户借得五匹母马，则三年可得十匹小马，上交国家一匹，自己可得九匹，收益非常丰厚。在历史文献记载中，发展农牧业的典型人物早期有桥姚。《史记·货殖列传》一书中记载："塞之斥也，唯桥姚至马千匹，牛倍之，羊万头，粟以万钟计。"在汉武帝开拓边塞之初，桥姚抓住机遇，农牧并重，放手发展，成为河套开发中的第一批致富者。

魏延的乌骓马

乌骓，是一匹黑马，全身如同黑缎子一般，唯有四个马蹄子部位白得赛雪。

在《三国演义》里，魏延所骑的是乌骓马，这种马的颜色乌黑发亮，四个马蹄雪白，背长腰短而平直，四肢关节筋腱发育壮实，又叫作"踢云乌骓"，与乌云踏雪相似。虽然在三国故事中，乌骓马作为魏延的坐骑并不引人注目，但在楚汉争霸时，乌骓马却是光彩照人。

就如同"人中吕布，马中赤兔"一样，西楚霸王项羽这样的英雄人物也要有良马来做坐骑。据说，乌骓马刚开始野性难驯，很多人驯服它都没有成功，刚骑到它背上就被摔下来。项羽力能扛鼎，且年轻气盛，偏要驯服乌骓马。当项羽骑上乌骓马时，乌骓马发疯一般在山

林中穿梭奔跑，要将项羽甩下来，结果，直到跑得筋疲力尽，倒在地上休息也没有将项羽甩下马背。这时，乌骓马总算被霸王的拔山之力所折服，心甘情愿地供他驱使了。乌骓马载着项羽打了很多胜仗，后来在垓下之围中，项羽兵败，四面楚歌，项羽一边喝酒一边作歌曰："力拔山兮气盖世，时不利兮骓不逝，骓不逝兮可奈何，虞兮虞兮奈若何！"他的妻子虞姬拔剑自刎。项羽将乌骓马送给亭长，让他带回江东。可是，乌骓马忠于主人，当项羽自刎于乌江边后，它也投身乌江而死。

根据现代考证，乌骓马应该是我国的河曲马系列。河曲马是我国优良的传统军用马种，以黑色、青色为主，原来产于青藏高原的东部地区，现在产自中国甘肃、青海、四川三省交界处，即黄河上游第一

河曲处，故名河曲马。河曲马与内蒙古三河马、新疆伊犁马被誉为我国的三大名马。河曲马头长，颈长中等，胸肌发达，背平腰短，臀部宽平，四肢粗壮，能适应高原气候和各种恶劣的天气条件，适应力、耐久力、抗高压、抗病能力都很强。河曲马性情温顺，气质稳静，持久力较强，疲劳恢复快，长途骑行可达 50 千米。适合劳作。在古代是经常向朝廷进贡的必备品。

司马懿的乌孙马

司马懿，善谋奇策，多次征伐有功。他的坐骑是具有『天马』美誉的乌孙马。

　　在《三国演义》里，司马懿的坐骑是一匹乌孙马。西汉时期，西域的乌孙国同大宛国一样，也盛产良马。据《汉书·西域传》记载："其国多马，富人至四五千匹。"公元前 119 年，张骞第二次出使西域后返回长安，乌孙王猎骄靡派使者送张骞还，并携良马数十匹献给汉朝。十多年后，乌孙王派使者献马，向汉朝求婚，复以一千匹马为聘礼，汉武帝接受了乌孙王的请求，让江都王刘建的女儿细君公主出嫁乌孙。在当时，拥有大批的良马对于汉朝加强军事力量，同北方的匈奴作战具有重要意义。汉武帝见到乌孙马后，赐名"天马"，并即兴赋诗曰："天马来兮从西极，经万里兮归有德。承灵威兮障外国，涉流沙兮四夷服。"

读名著 学知识·《三国演义》

这就是著名的《西极天马歌》。后来，汉武帝得到西域大宛的"汗血马"后，又定大宛汗血马为"天马"，将乌孙马改称为"西极马"。这里所说的"天马""西极马"都是今日伊犁马的前身。历代以来，为了得到西域良马，中原地区与西域一直进行着绢马贸易和茶马贸易。乌孙国即现在的伊犁河流域。现在，伊犁马依然是我国的三大名马之一。

伊犁马由哈萨克马与前苏联顿河马、奥尔洛夫马等杂交而成，是我国珍稀的动物资源，平均体高144～148厘米，体重400～450千克。

伊犁马体格高大，结构匀称，头部小巧而伶俐，眼大眸明，头颈高昂，四肢强健。当它颈项高举时，彪悍威严，加之毛色光泽漂亮，外貌更为俊美秀丽。毛色以骝毛、粟毛及黑毛为主，四肢和额部常有被称作"白章"的白色斑块。伊犁马不仅外貌俊秀，体格魁伟，而且抗病力强，耐粗放，适应性强，有稳定的遗传性能和生产性能。成年公马平均体高148.3厘米，体重在400公斤以上。伊犁马产于伊犁地区各县（市），尤以昭苏县所产堪称骏马。

伊犁马是我国著名的培育品种之一，力速兼备，挽乘皆宜，长途骑乘擅长走对侧步，适应于海拔高、气候严寒、终年放牧的自然环境条件，抗病力强。它保留了哈萨克马的优良特性，饲养起来容易，善走山路，冬季在雪深40～50厘米时尚能刨雪觅食，青草季节增膘快。我国的西北及华北各省、自治区，均引进该马种，表现出其良好的适应性。

第二章 《三国演义》中的兵器

《三国演义》中，知名大将都有自己趁手的兵器，各具不同特性。在这动乱年代，兵器逐渐演变，在历史演进和实战过程中，兵器也不断改进和完善，三国时期产生了更适合时代要求的各种兵器。

【关羽的青龙偃月刀】

关羽用青龙偃月刀斩杀了不少武将，因此后世也将此刀称为关刀。

在《三国演义》里，关羽的随身兵器是青龙偃月刀。无论是在影视作品还是戏剧中，关羽总是以红脸、长髯、手拿青龙偃月刀的形象出现。因此，很多时候，提到青龙偃月刀，我们就会想到关羽，似乎青龙偃月刀就是关羽的一个代名词。《三国演义》中所描述的青龙偃月刀重82斤，上面有青龙图案，因为刀背呈锯齿形，所以又叫冷艳锯。

关于青龙偃月刀，还有一个很离奇的传说。传说天下第一铁匠只在月圆之夜打造兵器，快完工的时候，骤然之间风起云涌，从天空中

滴下 1780 滴鲜血，当地的术士分析，那血是青龙的血，所以，刀就被命名为青龙偃月刀，传说这刀要杀 1780 个人。还有一种说法，说关羽年轻的时候，武艺超群，可是没有一把称心的宝刀，于是关羽就把附近几个庄上打造兵器手艺最好的师傅叫到家中，表明自己想要一把宝刀的意思，并说无论打坏多少把都由自己一人承担，不少分文。烧刀的过程并不顺利，当炼到最后一火时，天黑了，皓月当空，突然炉火中迸出雪亮的毫光，直射天空，打刀的老师傅大喊："快躲开，炉子要炸了！"这时天上一条青龙飞过，被毫光击中，毫光斩了青龙，龙血染上了刀，青龙偃月刀便炼成了。

其实在真实的三国历史上，关羽的兵器并非青龙偃月刀，而是一种类似于矛的长兵器。作者为了使关羽的英雄形象更加丰满，才安排了青龙偃月刀这件兵器。历史上真正的偃月刀到宋朝时才出现，当时又叫掩月刀。偃月即半月的意思，形容刀的形状。传说的故事一般都是后人附会，但这也为小说中的人物增添了传奇色彩，英雄人物总要配上符合

身份的厉害兵器，才显得愈加英勇。关羽手持青龙偃月刀，威风凛凛，汜水关温酒斩华雄、虎牢关三英战吕布、斩颜良文丑解白马之围、千里走单骑、过五关斩六将、长沙大战老黄忠、江东单刀赴会，等等，关羽立下了赫赫战功。关羽兵败麦城死后，青龙偃月刀为东吴大将潘璋所得。后来刘备兴兵讨伐东吴为关羽报仇，关羽的儿子关兴杀了潘璋为父报仇，重新夺回了青龙偃月刀。

【张飞的丈八蛇矛】

扬名天下的丈八蛇矛，与张飞形影不离，是张飞生命的象征。

在大家的印象中，张飞总是以勇猛善战、嫉恶如仇、行事鲁莽的形象出现，所以大家对张飞的印象也就定了型。人人都觉得张飞是一个粗鲁的人。其实不然，张飞身为武将虽然性子暴躁，但有尊贤爱士、敬慕君子的优点，且粗中有细，并不只是一个鲁莽的武夫，行军打仗的时候，他还是懂得运用计谋的。

张飞的随身兵器是丈八蛇矛，这是他和刘备结拜后找著名铁匠打造的趁手兵器。据说，丈八蛇矛又名丈八点钢矛，全用镔铁点刚打造，

读名著 学知识·《三国演义》

【张飞的丈八蛇矛】

扬名天下的丈八蛇矛，与张飞形影不离，是张飞生命的象征。

读名著 学知识·《三国演义》

在大家的印象中，张飞总是以勇猛善战、嫉恶如仇、行事鲁莽的形象出现，所以大家对张飞的印象也就定了型。人人都觉得张飞是一个粗鲁的人。其实不然，张飞身为武将虽然性子暴躁，但有尊贤爱士、敬慕君子的优点，且粗中有细，并不只是一个鲁莽的武夫，行军打仗的时候，他还是懂得运用计谋的。

张飞的随身兵器是丈八蛇矛，这是他和刘备结拜后找著名铁匠打造的趁手兵器。据说，丈八蛇矛又名丈八点钢矛，全用镔铁点刚打造，

矛杆有一丈长，矛尖有八寸，刃开双锋，形状弯曲，像是游蛇，所以叫丈八蛇矛。

　　张飞手执丈八蛇矛转战南北，在敌营中纵横驰骋、来去自如，取敌军将领首级犹如探囊取物。十八路诸侯讨伐董卓，被吕布拦在虎牢关外，没有人是吕布的对手。张飞眼见公孙瓒也落败，便举起丈八蛇矛拍马而出与吕布大战。两人交战五十回合也没有分出胜负，随后刘备和关羽一起上阵。刘关张三人与吕布打得难舍难分，在场的十八路诸侯全部看得惊呆了。长坂坡大战后，张飞接应了赵云，率领二十骑断后，他独自一人手持长矛，横马立在当阳桥头，大喝三声，声音雄壮，气势如山，吓退了曹操八十万大军。张飞戎马一生，他手中的蛇矛为他增色不少。

　　在后人附会的传说中，张飞得到丈八蛇矛还有一段传说。相传涿县的一个树林里出现了一条蟒蛇精，这条蟒蛇精巨大无比，常常危害百姓，张飞听说后，便孤身一人进入树林为民除害。张飞十分勇猛，经过一番恶斗终于将蟒蛇精杀死。等张飞把蟒蛇精扛出树林后，才发现自己扛的不是什么蟒蛇精，而是一

把矛头似蛇形的长矛。原来，不知何时蟒蛇精已变成了丈八蛇矛。从那以后，丈八蛇矛就成了张飞横扫战场时的贴身兵器。

丈八蛇矛与普通的长枪很相似，只是长度太长，有一丈八寸。在中国这种长度的兵器应该叫槊，在外国叫马其顿长矛。另外，丈八蛇矛的矛尖是弯曲的蛇形，在交战时可以对敌人造成撕裂性损伤，杀伤力比较大。张飞遇害后，丈八蛇矛为他的儿子张苞所用，继续为蜀汉建功立业。

读名著 学知识·《三国演义》

【刘备的双股剑】

一般来说，都称剑为百兵刃之君，枪为百兵刃之帅。刘备的兵器是利可断金的两把剑。

双股剑，又叫雌雄双股剑、鸳鸯剑，在《三国演义》中，是刘备的贴身兵器。据说，双股剑长短不一，雄剑长三尺七寸，雌剑长三尺四寸，十分锋利。刘备是中山靖王之后，孝景皇帝玄孙，被汉献帝尊称为皇叔。他早年拜卢植为师学艺，曾参与过镇压黄巾军。早年间曾投靠多位诸侯，后来与孙权联盟在赤壁之战中击败了曹操，夺取了荆州，开始建立自己的蜀汉政权。后来，刘备又成为蜀汉的开国皇帝，一般被称为先主。

刘备手中的兵器是双股剑，是当初起兵时委托当地手艺精湛的铸

剑师打造的。两把剑的铸造材质是不一样的，它们的重量和密度也有所不同。刘备家境贫寒，所以他的双股剑所用的材料是中山大商张世平和苏双所赠的镔铁，《三国演义》中并没有用太多笔墨去描写刘备的双股剑。或许很多人都觉得它并没有关羽、张飞的兵器厉害，但是双股剑却是战场上最实用的兵器。三英战吕布的时候，双股剑作为短兵，甚至可以和方天画戟这样的兵器分庭抗礼，足可见其厉害。

双股剑上的装饰也很独特。雌剑的装饰是一只浴火凤凰，雄剑的装饰是一条祥瑞黄龙，据说都是用了九十一天才磨制成的。剑柄上浮

雕的龙鳞凤羽可以增大握剑时的摩擦力，这样剑身就不容易从手中脱落了。两把剑的剑棱都有一个经过特殊处理的极细的血槽，它的作用是刺进对手的肉体时最大限度地增加对手的血流量，杀伤力很强。

刘备一生为人谦和、待人以宽，所以有很多人愿意为他效忠。世人皆称赞他的仁德，就连曹操也说："天下英雄唯使君与操耳。"他一生都在为建立蜀国与巩固蜀国的政权而努力。公元221年，刘备以为关羽报仇的名义发兵讨伐东吴，但是中途屡遭状况。次年，被陆逊在夷陵之战中打败，退至白帝城。公元223年4月，刘备病逝，谥号昭烈帝。刘备死后，双股剑的身影也消失在《三国演义》中。

【吕布的方天画戟】

方天画戟和赤兔马让吕布在南征北战中所向披靡，使他成为三国中无可争议的头号战将。

　　吕布，字奉先，汉末名将之一，先后跟随丁原、董卓作战，也曾为袁绍效力，后来占据了徐州，自成一方势力，有"三国第一猛将"之称。吕布为人虽然勇猛无比，但是缺少谋断，且刚愎自用，冲动易怒，见利忘义，多疑善变，后来在下邳被曹操击败，在白门楼被绞杀。

　　吕布使用的兵器为方天画戟。戟是我国古代常见的一种兵器，在戟杆一端装有金属枪尖，一侧有月牙形利刃通过两枚小枝与枪尖相连，可刺可砍，分为单耳和双耳，单耳一般叫作青龙戟，双耳叫作方天戟。吕布的方天戟，因其戟杆上加彩绘装饰，又称画杆方天戟，是顶端作

"井"字形的长戟。历史上，方天画戟通常是一种仪设之物，较少用于实战。不过它并非不能用于实战，只是它对使用者的要求极高。

方天画戟是重兵器，与矛、枪等轻兵器不同，且使用复杂，功能多，需要很大的力量和技巧，集轻兵器和重兵器于一身。一般方天画戟的使用者都要有极大的膂力，且用戟的技术十分高超。有资料记载，吕布的方天画戟是用高碳钢制作而成的，重40斤左右，长约一丈二。使用熟练以后，就可以在战场上和各种重兵器相对抗了。

吕布曾凭借手中的方天画戟打败了无数对手，他手持方天画戟，身骑赤兔马，杀入敌军，如入无人之境。十八路军讨伐董卓时，作为董卓的义子，吕布在虎牢关挡住了联军的去路，并用方天画戟轻而易举地战胜了方悦、穆顺、潘凤、王匡、公孙瓒等大将。刘关张三英战吕布，一人对战三人，还打得难解难分。曹操破吕布时，吕布一人持戟挑战曹操麾下于禁、乐进、夏侯惇、夏侯渊、许褚、典韦等六员大将。可见吕布的英勇善战。而且，他先后制造了京都之变、兖州之变、徐州之变等三国历史发展中的几次大的变局，对当时的政治和军事格局产生了重要的影响。即便如此，由于吕布的无谋、多猜忌等个人原因，终究没有成就一番事业，他的一生在三国历史的天空上就如同一颗流星忽闪而过。

吕布或许不是一个杰出的政治家，但他的骁勇善战一直被人们广

为流传。常言道"人中吕布，马中赤兔"，可见吕布在人们心中出色到了什么程度。方天画戟作为一个与主人一样战功累累的兵器，为吕布赢得了许多荣誉。吕布死后，它的赤兔马被曹操赏赐给了关羽，方天画戟却下落不明。

【典韦的双戟】

典韦是曹操手下的早期第一猛将，他使用的兵器是一对双戟。

典韦是曹操早期的部将，身材魁梧，膂力过人，使一对双戟，本来是张邈属下部将，后来归降曹操，成为曹操手下的一员大将。典韦所用的兵器是双戟，属于短兵双兵器，戟头有一个月牙，中间戟头的形状像是枪头，戟上悬挂着彩绸。双戟长三尺半到四尺不等，主要取决于使用者的武力，使用的时候，两手中各拿一戟。典韦手中的双戟是双铁戟，是用寻常的镔铁打造而成的，左手的戟重三十九斤，右手的戟重四十一斤，军中有谚语："帐下壮士有典君，提一双戟八百斤。"这当然是夸张的说法。这样重的戟一般人能拿起来就不错了，但是到

了典韦手中却运使如飞，他两手提着几十斤的武器上阵杀敌，行动自如。

典韦年少时，用匕首斩了李永与李永的妻子为民除害，然后到车上拿出刀戟步行离开，身后的百余名追兵没有人敢上前。后来与吕布作战，战场上弓弩乱发，箭矢如雨，典韦仿佛没看见一般，告诉身边的随从说："等敌军到十步之内的时候再告诉我。"等到敌军来到面前的时候，典韦拿着十多只小戟向敌人抛去，被投中的人全部应声倒地。

　　曹操欣赏典韦的神力和战功，封他为都尉，让他带领数百名亲兵，做自己的贴身侍卫，在自己帐外巡视。典韦魁梧雄壮，手下的亲兵也是严格挑选和训练出来的，每次战斗都身先士卒，保护曹操安全。后来，曹操看典韦表现出色，又升他为校尉。典韦虽然外貌粗壮，但是性格沉稳，为人谨慎，对曹操十分忠诚。行军打仗时，为了保护曹操周全，他日夜守在曹操帐外，夜里便睡在帐篷左右，甚至很少回家。同时，典韦食量惊人，喜爱喝酒吃肉，曹操每次赏给典韦的酒食，都是十几个人的份量。

　　公元 197 年，张绣背叛曹操，但他深知典韦是曹操的贴身护卫，膂力惊人，不除掉典韦就杀不了曹操。于是，张绣设计派人将典韦灌醉，偷走了他的双戟。等到发难时，典韦虽然醒了，但酒力尚在，力不能支，又寻不着兵器，最后在乱军中被杀。

【曹操的倚天剑和青釭剑】

原本，倚天剑和青釭剑这两把绝世剑，都是曹操的爱剑。后来，青釭剑被赵云夺得。

在长坂坡大战中，赵云冲回曹军，寻找刘备夫人和幼主阿斗，正遇到夏侯恩。当时，夏侯恩正忙着抢劫财物，不期遇到赵云。他哪里是赵云的对手，最后被赵云一枪刺死。

赵云看到夏侯恩背上有一柄剑，取来看时，只见剑柄上刻有"青釭"二字，知道这是一把宝剑，就带在身上。原来曹操有两把宝剑，一把名叫倚天剑，曹操自己随身佩带，一把名叫青釭剑，赐给了夏侯恩。这两把剑都锋锐无比，开山劈石，削铁如泥。赵云夺了青釭剑，一手使枪，一手挥剑，在长坂坡曹军的重围中往来冲突。青釭剑太过锋利，

赵云挥剑过处，能把人的铁甲划开；砍到的地方，人身断手折足，血如泉涌；所有士兵的兵器与它相碰，都立即折断。就这样，赵云仗着高强的武艺、一身的胆量和青釭剑的锋利冲出了曹军的包围。

关于青釭剑后来的下落，《三国演义》里并没有记载，但是在民间传说中，青釭剑在后来由赵云当作贺礼，送给了关羽之女关银屏。关三小姐关银屏嫁给了蜀国李恢之子李蔚，后来在战场上，关银屏常用此剑上阵杀敌。关银屏死后，青釭剑作为她的陪葬品，被埋在墓里。后来又传说关银屏的墓被盗墓贼挖开，偷走了青釭剑。但是附近关口

有关银屏弟弟关索的庙宇，关索已经成神，怎会让人盗走姐姐的陪葬品，盗贼只好改走水路，结果在澄江县西南面的抚仙湖上翻船淹死，青釭剑也落入湖中。

　　曹操的另一把宝剑叫倚天剑。倚天剑的名字来源于宋玉的《大言赋》："拔长剑兮倚长天""长剑耿耿倚天外"。唐代大诗人李白也很仰慕倚天剑，《临江王节士歌》中有"安得倚天剑，跨海斩长鲸"的诗句。倚天的意思是说，倚靠着上天，形容极高。宋代韩元吉《霜天晓角·题采石蛾眉亭》词："倚天绝色壁，直下江千尺。"倚天用来形容高度。作为宝剑的名字，足见其仰之弥高、不可一世、傲视天下的气势。曹操佩带倚天剑，一是倚天剑锋利无比，二来倚天剑的名字霸气十足，足以显示曹操的威严，震慑文武百官。

【赵云的亮银枪】

长坂坡里能救出阿斗的赵云，手持的兵器可不一般，它可是我国古代十大名枪之一的亮银枪。

亮银枪是赵云的兵器，其枪全名曰：龙胆亮银枪。随着赵云征战一生，是三国时期的著名兵器。赵云相貌英伟，枪法如神，年轻时受到常山郡的推荐，率领人马投靠公孙瓒。当时，刘备也在公孙瓒手下，两人就此结识。后来，官渡之战时赵云投靠了刘备，此后追随刘备及后主直至终老。

在公孙瓒手下时，赵云身穿白衣盔甲，手提亮银枪，俊雅又不失威猛，与袁绍手下大将文丑、颜良等交战时都稳占上风。当时刘备就爱赵云之才，而赵云也看出公孙瓒胸无大志，而刘备怀仁天下，是仁慈之主。

赵云追随刘备后，忠心耿耿，患难与共。长坂坡之战，刘备军民被曹军冲散，走失了妻儿，刘备和张飞迅速逃离，赵云却反向曹营冲去。有人报告刘备说，赵云去投降曹操了。刘备责骂了报告的那个人，说："子龙绝对不会背弃我！"后来，赵云救了小主人阿斗，在长坂坡深陷曹军重围，他手提银枪宝剑，剑砍枪刺，在曹操百万军中来去自如，杀得曹兵闻风丧胆。自此亮银枪随主人威震天下，成为继方天戟后，与青龙偃月刀、丈八蛇矛齐名的标杆。随后赵云带枪入东吴，撤退之时，吴军见了此枪，无不亡魂丧胆。后来东吴劫妹，此枪拨落吴军箭雨，

快如闪电，可见一斑。汉中之役，这杆长枪"若舞梨花，如飘瑞雪"，已然达到了登峰造极的境界。即便到了晚年，力斩韩氏五子的战绩依旧震撼天下。最终，在箕谷栈道落日的余晖下，这杆长枪保护了蜀军最后的一丝希望。龙胆亮银枪纵横江湖近40年，成为三国史上与青龙偃月刀、丈八蛇矛齐名的标杆。

赵云枪法如神，据说，他的枪法是由三国时期的武术名将童渊传授的。童渊原来只收了张绣和张任两个徒弟，童渊晚年隐居时，收了年轻的赵云做关门弟子。后来，赵云不但学会了师父的绝学百鸟朝凤枪，还自创了一套枪法，青出于蓝，武艺更高。随着刘备出生入死，刘备死后又随诸葛亮南征北伐，凭着一杆银枪和出神入化的枪法，立下了无数汗马功劳。

【黄忠的万石弓】

黄忠是蜀汉五虎大将之一，虽已年近六旬，但弓箭射术却是无人能敌。万石弓是何种弓箭呢？

《三国演义》里有很多描写射箭的情节，很多大将都是神箭手。如七星坛做法后，赵云来接孔明，黑夜中一箭射断东吴船帆绳索，果真是例无虚发。老将黄忠，不减廉颇之勇，能够拉起二石力之弓，被称为万石弓。这种万石弓，是用比钢铁还要坚硬，但却非常轻的紫檀木做成的。黄忠的射箭技巧是百步穿杨，百发百中。

当初关羽向刘备主动请命，要来夺取长沙。长沙太守韩玄，本来性格残暴，不得人心，但是手下有黄忠、魏延两员大将。关羽到城下搦战，韩玄先派杨龄出战，结果两三个回合就被关羽斩于马下。黄忠

亲自出马，两人一言不合，催马交兵，打了一百回合，竟然不分胜负。

关羽心中暗暗佩服，黄忠虽然年纪大，但是武艺超群。第二天，两人

再次交手，打了五六十回合，突然黄忠马失前蹄，将主人掀翻在地，

关羽是仁义之人，不会落井下石，只说："你去换一匹马，再来交战。"

黄忠回到城中，韩玄问为何马失前蹄，黄中说，这匹马好久没有上战

场，所以会出差错。韩玄说，你箭法出神，为什么不用弓箭？黄忠说，

明天就用箭射倒关羽。

　　黄忠想，关羽是仁义之人，在战场上不肯杀我，我怎能恩将仇报，明天杀死他？于是，天明后交战，三十余回合后，黄忠诈败而走，关羽赶上，黄忠拉弦射箭，只听弓弦响，却不见羽箭。关羽再赶，黄忠又射一空箭，等到关羽追到吊桥，黄忠拉弓射箭，正中关羽头盔上的缨子上。关羽方知黄忠是报昨日不杀之恩。

　　韩玄看到了，非常生气，等到黄忠回城，立刻将他押下，说他记着关羽的恩情，与刘备通敌，并喝令军士拉出去斩首。这时众人忙上前求情，不想韩玄说，谁要求情，一并杀了。魏延见状大怒，杀了刽子手，救下黄忠，振臂一呼，城中便反了韩玄。魏延将韩玄一刀杀了，开城迎接关羽。等到刘备、诸葛亮来到长沙，神箭手黄忠也归顺了刘备，后来成为蜀汉五虎将之一。

第三章 《三国演义》中的精锐奇兵

要想打胜仗，就必须有一支好的军队；要想战无不胜攻无不取，最重要的是要有精锐劲旅。三国时期，盘踞的各个势力都有自己的精锐兵团，这是他们赖以生存的重要因素。

【虎豹骑】

虎豹骑是曹操最精锐的部队，因其战斗力极强，作战时像虎豹一样勇猛而得名。

虎豹骑是三国时期战斗力最强的军队。在东汉末年，曹操亲自挑选了多名优秀士兵，加以严格训练，最后组成了这支精锐之师。《三国志·魏书》中这样描述虎豹骑："纯所督虎豹骑，皆天下骁锐，或从百人将补之。"可见这支军队的精锐非同一般。

曹操在世的时候，虎豹骑一直是他的贴身护卫军，负责保护他的安全。虎豹骑是曹操的亲卫军，只交给曹操最信得过的人统领。带领过虎豹骑的比较有名的共有八人，也称为八虎骑，即曹仁、曹洪、曹纯、

夏侯惇、夏侯渊、曹真、曹休、夏侯尚。曹操派自己最信任的曹氏将领来担任虎豹骑的统帅，可见其在曹操心目中的重要程度，这是曹操花费了不少心血组建的一支嫡系精锐，可以算是曹操的"王牌军"。

根据《后汉书》记载，曹操军队的最高指挥机关叫作霸府，军队分为中央军、地方军、屯田军三个部分。地方军守护州郡，屯田军守护边防。中央军分中、外两军，外军驻守在外，中军在内守卫京城和皇宫，通常有 10 万人。中军的核心军队就是虎豹骑。当时曹操挟天子以令诸侯，虎豹骑一部分留在曹操身边保护他，一部分被派去守卫皇宫。

虎豹骑在曹操的带领下军功赫赫。建安五年（公元 200 年），在官渡之战袁曹两军对垒时，曹操亲率虎豹骑趁夜疾行，成功突袭乌巢，烧毁了袁绍囤积在这里的粮草。袁绍军队因此军心大乱，最后，官渡之战以曹操大获全胜而告终。

建安十年（公元 205 年），袁绍长子袁谭叛乱，曹纯任虎豹骑统领，率领虎豹骑围攻南皮。南皮之战中，曹操打得相当辛苦，曹操曾经想放弃，是曹纯坚持急攻，方以"虎豹骑"取胜，袁谭兵败被杀。同年，与袁谭争位的兄弟袁熙、袁尚投奔北方民族乌桓，曹纯再度率领虎豹骑千里奔袭三日三夜，取下乌桓首领蹋顿的首级。建安十三年（公元 208 年），荆州刘表去世，刘备无处安身，率十余万人、辎重数千辆，

日行十余里欲攻取江陵栖身，曹操则派遣曹纯带领五千虎豹骑先行急追，一日一夜疾行三百余里，在当阳长坂坡截住刘备，并最终击败刘备，获其家眷、辎重无数，并收降了许多士兵。

建安十六年（211 年），西凉马腾之子马超联合西凉雄师与曹操军团在关中对战时，许褚带领虎豹骑在潼关之战中斩杀了西凉大将成宜、李堪，大破以马超为首的关西军团。

曹操的虎豹骑分两军，即虎骑和豹骑。三国时期骑兵是很昂贵的兵种，组建这样的精锐骑兵，其花费相当可观，因此虎豹骑的人数不会很多。长坂坡追击刘备时，曹操亲自指挥的五千精骑击败刘备，也就是说，虎豹骑的总人数为数千人，不会过万。

虎豹骑之所以骁勇善战，与组成虎豹骑的士兵有很大关联。裴注三国志引魏书说虎、豹骑或从百人将当中替补，百人将是军中统领数百近千人的军官，他们是步兵军中出色的将领，弓马娴熟。以百人将组成的虎、豹骑，也说明了虎豹骑的骁勇。

曹操死后，曹丕篡汉自立，曹操的虎豹骑被曹丕改编，加入禁军卫武军里。

【白马义从】

在三国历史中，白马义从犹如一颗流星，只经历了短暂的辉煌。它是被谁歼灭的呢？

公孙瓒酷爱白马，所以自己部队的骑兵也都乘白马，蔚为壮观。而他手下的骑兵为了表达忠心，高喊"义之所至，生死相随！苍天可鉴，白马为证"的口号，所以公孙瓒手下的这支精锐部队被叫作"白马义从"。

汉朝时，匈奴时常侵犯边界，公孙瓒驻守北方，时常和北方少数民族开战。根据长期的斗争经验，公孙瓒认识到组建一支精锐奇兵对付匈奴的重要性。为此，他精挑细选勇猛之士，组建了轻骑军白马义

从。在抗击匈奴时，白马义从连连告捷，威震塞外，使以骑兵为主的匈奴再不敢轻易冒犯。《后汉书》记载说，"瓒常与善射之士数十人，皆乘白马，以为左右翼，自号'白马义从'。乌桓更相告语，避白马长史"。本来白马义从的人数只有三千，后来公孙瓒借着它远扬的威名开始扩充军队，并形成了一定的规模，最后使他跻身于十八路诸侯，成为北部的一方割据势力。

后来，公孙瓒与袁绍开战，对手是袁绍的大将鞠义。鞠义带领的是袁绍的强弩射击兵，号称"八百先登"。在两军交战的过程中，"瓒见其兵少，便放骑欲陵蹈之。义兵皆伏盾下不动，未至数十步，乃同时俱起，扬尘大叫，直前冲突，强弩雨发，所中必倒，临陈斩瓒所署冀州刺史严纲甲首千余级。瓒军败绩，步骑奔走，不复还营"。

在这场战争中，白马义从被袁绍的八百先登所歼灭，公孙瓒从此一蹶不振。公孙瓒之所以大败，主要犯了以下几个错误：第一，见敌兵少，轻敌冒进；第二，不会灵活应用战术，出现问题只会死命往前冲；第三，低级地用轻骑去对弩兵（八百先登属弩系）正面进攻。公孙瓒有白马义从的威名，自以为所向披靡，战无不胜，对于对手的装备没有详细的考虑，轻敌冒进，最终葬送了自己的精锐部队，使其就像一颗流星，只经历了短暂的辉煌。

同时，通过这场战争我们也可以看到，白马义从并非完美。它是

读名著 学知识·《三国演义》

典型的轻骑兵部队，擅长攻打匈奴，但由于缺少重甲防护，抵挡不了强弩的射击，所以不善于平原野战之外的战场。若不是三国轻骑少有出名，白马义从也难担第一。

【八百先登】

"白马义从"就是败于"八百先登"手中的。八百先登到底有多厉害呢?

先登,在三国时期,算一种先行部队,也可算为敢死队。先登兵一般都是当开路先锋,逢山开路,遇水架桥,身先士卒,冲锋陷阵,哪里有危险就出现在哪里。三国时,各个部队都有先登,但最著名的要属袁绍手下鞠义所统领的先登部队,叫作八百先登,是袁绍军中最精锐的部队。

在正史中,这支先登兵首次正面亮相,是在界桥大战。在界桥之战中,袁绍刚开始处于被动局面,公孙瓒在界桥战中派出了万余骑,包括前面所提到的精锐部队——白马义从。而袁绍的主力军种为步兵,

相对于骑兵，步兵在战斗时处于绝对劣势。当时张郃的大戟士也是他的精锐部队。和公孙瓒初次交战，袁绍就大败而归，他的步兵根本抵抗不了万余铁骑的冲击。袁绍仔细分析了敌我双方的部队军种和实力，派出了鞠义这支精锐先登部队。鞠义的先登兵也是步兵，但是善于弓弩射箭，连张郃的大戟士也抵挡不了。鞠义的先登和张郃的大戟士最大的不同是手中的武器，即先登是一半手持大盾，一半手持强弩。作战时，一队持盾士兵将大盾横放，做到将自己和"强弩"完全遮掩在大盾之下，一队弩兵在后，依次类推，构筑了坚固的铜墙铁壁，这样，既可以防守，又可以进攻，士兵相互配合，天衣无缝。

　　再次交战的时候，公孙瓒的白马义从因为前次打了胜仗，更加不可一世，警惕性大大降低，贸然向鞠义的先登部队发起进攻。盾甲后面的先登士兵，面对冲击而来的万余铁骑无动于衷。当公孙瓒的部队冲近时，先登兵立即站起，扛起大盾，死扛万余骑，推挤之下，骑兵纷纷落马，然后先登兵把"强弩"亮出来，无数弩箭从大盾中射出，失去移动能力的万余骑中箭无数，损失惨重。经此一役，白马义从几乎全军覆没，公孙瓒大败而归，元气大伤。鞠义为袁绍立下了大功，但他此后居功自傲，后被袁绍所杀。随之，官渡之战，袁绍败于曹操，一蹶不振，不久病死，八百先登也随之烟消云散。

【藤甲兵】

藤甲兵，因其身披藤甲而得名。他们刀枪不入，但最后还是被诸葛亮的军队打败了。

　　诸葛亮南征，曾将孟获七擒七纵，这期间，孟获请了很多人帮忙来对付蜀军。其中有孟获的朋友乌戈国王的军队——藤甲兵，这支军队因为所披铠甲均为藤甲而得名。藤甲兵所披的藤甲以野藤为原材料，由能工巧匠加工制作而成盔甲，再以桐油浸泡七七四十九天后方可制成。这种铠甲既轻便又坚固，刀砍不动、枪刺不进、弓箭也射不穿，而且遇水不沉，还可以用来渡水。孟获第六次被诸葛亮擒住释放后，

便向乌戈国王求援。当时，孟获借了乌戈国王的三万藤甲兵来到桃花渡口与诸葛亮对阵，诸葛亮派大将魏延迎战。谁知藤甲兵非常厉害，刀箭不入，蜀军难以抵挡，只得败走。孟获大获全胜，心中暗自得意。

　　诸葛亮听了魏延对藤甲兵的描述，心想，利于水定不利于火。于是，他亲自去踏勘、考察周围地形，忽到一山，看见一条形如盘蛇的山谷，两边都是悬崖峭壁，没有树木杂草，中间是一条大道，便找来当地人问这是什么地方？经打听得知这是盘蛇谷。诸葛亮心中大喜："这是上天给我成功的机会。"打道回营后，他便命马岱（dài）准备黑油柜车、竹竿等物置放在盘蛇谷的两头，命赵云准备引火之物在路口守卫。接着，诸葛亮又命令魏延与藤甲兵交战，只许败，不许胜，而且要在半

个月内连输十五战，丢弃七个营寨，以引诱藤甲兵进入盘蛇谷。各将纷纷领命而去。

　　第二天，魏延与兀突骨交战，遵照诸葛亮所命，每战必败，半月连败十五次，连丢七个营寨，藤甲兵在后紧追不舍。兀突骨虽然连胜魏延，但是，他并不敢追魏延，以防诸葛亮在山林茂密的地方使用火攻。第十六天，魏延又来叫阵，兀突骨又打败了魏延，魏延过盘蛇谷而逃，兀突骨在后率兵追杀。正追杀间，见魏延逃入一山谷之中，但见谷中并无树木，兀突骨放心追入谷中，这正是盘蛇谷。进得谷中，他忽见谷口有黑油柜车，蛮兵说："这是他们的粮车。"兀突骨大喜，正在这时，忽听小校来报，说谷口"粮车"火起，而且道路也被大批干柴拦断。兀突骨心慌，正要夺路，只见山两边乱丢火把，火把所到之处，便将埋藏在地中的火药引爆。此时，三万藤甲兵左冲右突，上天无路，入地无门，全被烧死，臭不可闻。最终，兀突骨和孟获都被诸葛亮活捉。至此，孟获只能口服心服，归顺蜀国了。

【无当飞军】

无当飞军，享有"南中勇士"的威名，英勇善战，是诸葛亮北伐时的核心精锐部队。

所谓无当飞军，是诸葛亮在南征降服孟获时，征用当地的少数民族蛮兵建立的蜀汉劲旅，和刘备传统的王牌军——白耳兵，以及西凉马氏军团鼎足而立。这支军队富有特色，从部队性质上说，是一支职业雇佣军，并非在编的正规军。蜀汉政权原来就曾经使用过三苗后裔的武陵蛮雇佣军，在伐吴战争中大显身手，连猛将甘宁都死于这些蛮族手中。在南征的过程中，诸葛亮深深体会到蛮兵的威猛。其实，这种现象在历史上并不

鲜见，农耕民族资产固定，普遍缺少果毅精神，游牧渔猎民族经常争夺资源，普遍好勇斗狠。从另一个角度来讲，将这些具有战斗能力的蛮兵留在蜀国后方，也是一个极不稳定的因素。所以，诸葛亮征用蛮兵，既解决了后方的安全问题，又增加了蜀军的作战实力。

在诸葛亮的主持下，蜀国不惜本钱，移南中劲卒，青羌万余家于蜀，为五部，所当无前，号为飞军，这就是无当飞军。这支军队的成员到达蜀郡以后，成为蜀国的军户，世代为蜀国当兵为生，成为职业军人。时成都和南中的繁华不可同日而语，南中夷族素重勇士，故每有空缺，南人必奔走而告，刺血踊跃，以此为荣。当然，当时南方人口也不多，牂柯郡两万户，建宁郡万户，朱提

郡八千户，兴古郡四万户，一下子调走一万户能征惯战的世家，对当地割据势力可以算是釜底抽薪。

无当飞军是何等形象呢？他们皆身披铁甲，能翻山越岭，善于使用弓弩和毒箭，尤其精于防守作战。因为是举家迁移，所以俗以蛮姑为舞，皆团牌辟（披）发，号啸而进。到了蜀国，为了方便管理这支军队，诸葛亮任命王平统领无当飞军。

无当飞军在诸葛亮北伐中原时发挥了重要作用。马谡失街亭后，是王平率领无当飞军死战到底，掩护主力军撤退。后来大战司马懿，司马懿的十万大军抵挡不住无当飞军三千人马的进攻，连连败退。在姜维的北伐中，无当飞军为了掩护主力部队撤退，在张嶷的带领下与魏军死战，最终全军覆没。这支神勇的军队从此也就消失了。

【连弩兵】

连弩，又称「诸葛弩」。相传为诸葛亮所制，威力极大。

在三国战斗中，常见弓箭兵作战。相对于两阵交兵，短兵相接，弓箭可以远距离射击，既可以对抗对方的步兵、骑兵，也可以为自己的部队做进攻的掩护。在赤壁大战草船借箭的故事中，周瑜问诸葛亮，水陆交战，什么兵器最好。诸葛亮回答说，在江河上作战，当然是以弓箭为最好。三国中，擅使弓箭的将领很多，吕布、刘关张、赵云、马超、黄忠、魏延、姜维、典韦、庞德、张辽、许褚、孙策、太史慈，等等，都算得上是《三国演义》中的神箭手。

为了提高弓箭部队的作战效率，诸葛亮发明了诸葛连弩。连弩一

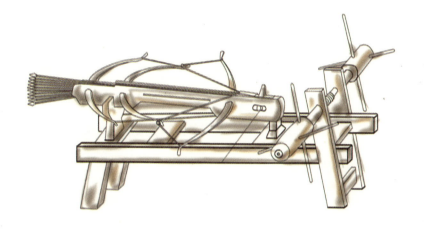

次能发十支箭，杀伤力很大。但原来的连弩是什么模样，我们无从得知。在文献中，连弩被描述成只要扣动扳机，就能连续发射箭支，类似于现在的机关枪。连弩的体积和重量都偏大，不利于单人使用，主要用来防守城池和营寨。后来，马均在诸葛弩的基础上又改进了连弩，使之一次可发射五十支箭，威力更加惊人。

连弩由于制作工艺复杂，所以没有大规模生产，但是随着连弩的推广，各地还是组建了相当规模的连弩兵。首先是诸葛亮所在的蜀国，《三国演义》写到蜀国的连弩兵曾在姜维北伐时，大显神威，救了姜维性命。然而，连弩虽然是诸葛亮的发明，却并非蜀国专有。诸葛亮南征时，孟获手下的连弩兵向蜀军射击，且箭头上涂有毒药，中箭者不多久会毒发身亡，可谓更加厉害。后来，连弩又传到魏国，由马均

加以改进。

　　其实连弩早已有之，只是随着历代的改进，威力越来越大。连弩始见于东汉班固撰《汉书·李陵传》："发连弩射单于。"在西汉时期，连弩成为军队中威力最强的武器，每次可以同时发射三支箭矢，杀伤力十分强大。历史记载汉朝时期的著名将领李陵，手下就有连弩军部队。李陵指挥连弩部队，以五千人对战匈奴十万人而无败绩。

读名著 学知识·《三国演义》

【西凉铁骑】

西凉铁骑，是蜀国最具有攻击力的骑兵部队，是蜀国的三大精锐之一。

西凉军是《三国演义》里，人们对凉州军队的称呼。在《三国演义》里，西凉军有两支，起初是董卓带入京城的一支，另一支是马腾父子带领，马腾遇害后，西凉军由马超带领。凉州地处汉、羌边界，民风剽悍，悍不畏死。董卓带领西凉军入京，所向披靡，劫持汉帝，无人能敌。人们常说"凉州大马，横行天下"，就是形容西凉兵的浩壮军威。前秦始皇得之，便扫平六国，后唐太宗得之，便虎视天下。为何西凉兵如此强大？原因一在于，西凉兵具有北方人以及部分少数游牧民族

的血统。二是两支骑兵常年与边疆胡人作战，都是杀场上剩下的精兵。三是三国时期的最强兵种就是骑兵，而唯一有大量骑兵的就是西凉与幽并两地。所以董卓的西凉兵在当时的确是最强的，而当时唯一能与其抗衡的就是丁原的并州骑。后来吕布投了董卓，也带着最后一部分并州骑投靠了董卓，所以董卓手里当时掌握了汉朝天下最锋利的两支部队，一支是西凉骑，一支是并州骑。后来曹操的虎豹骑的前身，也是从他俘获的西凉骑中精挑细选出来的。

马超的部队，大半都是西凉人，又都以骑兵为主，所以人们常常称他们为"西凉铁骑"。他们跟随马超大战曹操，杀得曹操割须弃袍，狼狈逃窜。后来归顺刘备，成为蜀国的一支劲旅。西凉铁骑，应是蜀国最具有攻击力的骑兵部队，士兵周身精钢铁甲，防御能力极高，是蜀国的三大精锐之一。"西凉铁骑"的威名，来自于对曹魏的对抗。据《山阳公载记》上说，渭水之战时，曹操曾说过这样的话："马儿不死，吾无葬地也。"实在是对马超及其所统领的部队有些惧怕，束

手无策。"西凉铁骑"的最大威风，也可能就是上面所说的，当大军兵临益州城下时，惊得益州城满城震恐，因而就早早地投降了。蜀国建立之后，也正是这支西凉兵团，一直把守着蜀国的边疆之地，使得外族不敢侵犯。

【青州兵】

因为有了青州兵，曹操才得以占据兖州，最终成就霸业。

青州兵《三国志》记载："追黄巾至济北。冬，受降卒三十万，男女百万余口，收其精锐者，号为青州兵。"在初平三年（192 年）十二月，青州的黄巾军主力向曹操投诚，连家属在内共有百万余人。曹操从投诚的军队中优中选优，挑选出数万身强体健者，编成具有强大战斗力的"青州兵"。鉴于之前进攻徐荣失利以及所募扬州兵反叛的前车之鉴，曹操将士卒的战斗力和忠诚放在首位，青州兵战力剽悍，

所向披靡，且如牙兵卫士般只效忠于曹操一人即是其证。可以想见，青州士卒一定是经过了颇严格的选拔，因为最终只有数万人被编为正式军队建制。为打消士卒的后顾之忧，同时也是为了建设较为稳固的后勤基地，其余人众，包括青州兵的家属被安排屯田，为军事提供粮草保障。被编后的青州兵在曹操的管理下已与以前的流民武装不同，他们纪律严明，战斗力大大提高，不久后就投入战斗。

　　曹操刚刚破降黄巾军之际，公孙瓒应袁术之求，派遣刘备屯高唐、单经屯平原、盟友陶谦屯发干以威胁占据冀州的袁绍。这应该就是青州兵的首战。当时陶谦的军队驻扎在东郡的辖地之内，而平原与高唐

也与济北国相邻。因此，曹操便与袁绍一起进行了南北夹击，结果完全击破了袁术的包围圈，这一战大概也是曹操同陶谦结怨的开始。与此同时，青州兵朝着父子相继、世代为兵的职业化、世兵化方向发展。青州兵自被曹操收编后，至少存续了二十八年（192～220年），还参加了曹操指挥的赤壁之战。假如不是世代为兵，这支队伍就不可能维持那么长的时间。

青州兵只听从曹操一人的指挥。曹操死后，处于洛阳的青州兵"以为天下将乱，皆鸣鼓擅去"，他们认为失去了效忠领袖，已没有如此英明的人领导他们，于是各自要求散去，根本不愿服从其他人包括曹操接班人曹丕的指挥，并因此在短期内造成了较大的混乱。幸亏，曹丕手下的贾逵处置得当，为了防止他们造反，向他们无条件提供粮食和回家金钱。这支为曹魏做出了极大贡献的军队，在最后一次向他们效劳一辈子的朝廷朝拜告别后，大多解甲归田，过起了悠闲的农家日子。比起三国时其他军种的全军覆没，青州兵的结局还算良好的。

第四章 《三国演义》中的独特发明

很多发明首先用于军事，而后在民间流传。三国时期，因战争的需要，出现了很多军事用途的独特发明，如孔明灯用于传递信号，馒头、木牛流马都是用于军队食用或后勤补给的。

【木牛流马】

诸葛亮为解决运输粮草的问题，发明了著名的"木牛流马"。

　　三国三绝中，"智绝"诸葛亮的形象深入人心。在很多人眼中，诸葛亮是神祇一般的存在。他足智多谋，能言善辩，是当时杰出的政治家、军事家、文学家。传说他上通天文、下晓地理，不出家门便可知晓天下的局势。刘备为请他出山曾三顾茅庐。后来他便为刘备效力，一生为蜀汉鞠躬尽瘁、呕心沥血。诸葛亮一生有多项发明，木牛流马便是其中的一项。

　　公元231年，诸葛亮奉先主刘备之命出师北伐，率领大军攻打祁山，收复了十多个寨子。但是粮草缺乏，于是就在葫芦山和魏军的司

马懿对峙。运送粮草需要走山路，但是山路非常险恶，真正的马和牛在这样的道路上行走困难，所以军粮迟迟运不到。面对这样的困境，诸葛亮十分焦急，便命人制造了"木牛流马"。"木牛流马"在险峻的山路上也能行走。据传，它可以承受400斤以上的重量，所以很快就解决了蜀国大军的粮食危机。

那么，木牛流马究竟是什么呢？由于木牛流马已经失传了，而古代也没有留下图像可以参考，所以没人见过木牛和流马真正的样子。《三国演义》原文中记载，"宛如活者一般，上山下岭，各尽其变。""甚至将舌头扭转，牛马便不能动，再扭过来，复又长驱自如。"根据描述可以推断出木牛流马是一种用来运输的工具。与木牛流马相关的解

释有很多种，其中比较接近的说法是木板车。很多人认为它们是一种由人力推动的木制运输工具。我们可以设想一个离地三尺、高六尺，长约六寸的水平木条，木条的左端削成了车把的形状，右边有三个孔按品字形排列。再想象一下这样的两条木条变成了人力车的两个轮子，在两个品字形的两个顶孔里插进去一根轴，在品字下端的两个孔里分别用小轴绞装进一条可以沿着小轴摆动的木柱，木柱的另一端要顶着地面。这个有四个腿的人力车就是木牛。木牛可以利用杠杆原理省力，还可以在崎岖的路面和泥泞的道路上面行走，这一点要比圆轮车强上很多。

流马是一个向上靠口的木箱，这只木箱的左右侧壁靠近上缘的垂直中心线上各有一个孔，一根轴从这两个孔里穿过去，流马就可以在轴上前后晃动了。在木箱里，有一块纵向的木板把木箱分隔开，这样木箱里的东西就不会左右移动了。

木牛流马是四条腿的还是带轮子的，后世的人们一直在争论这个问题。到了宋代的时候，人们对木牛流马的看法变得较为一致，认为木牛就是有前辕的独轮车，流马就是没有前辕的独推小车。很多专家都认可这个观点，可是这种说法存在疑点。因为独轮车的机械原理比较简单，早在2000多年前就出现了。由于没有任何实物与图形存在，所以后人对木牛流马的认识也全是来源于文字资料，大家对它们的认

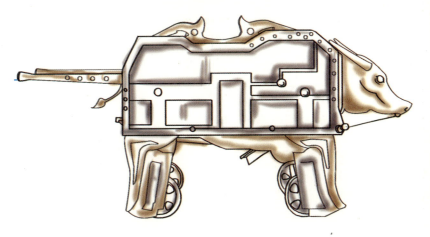

识并不全面。

　　木牛流马是三国演义中很高超的一项发明，确实在诸葛亮出师北伐的时候解除了他的后顾之忧，也为《三国演义》增加了一抹传奇的色彩。

【孔明灯】

孔明灯，又叫许愿灯。相传是诸葛亮发明的，是一种古老的汉族手工艺品，流传至今。

诸葛亮在平阳的时候被司马懿困在城内，无法派人出去求救，于是，诸葛亮制成一种能在天空漂浮的纸灯笼，并算准了风向。他在纸灯笼上放够燃料后，再系上求救的信号，最后才把它们点亮放到空中。随后，这些灯笼便被风送出了城，援军看到灯笼上的求救信号后很快来增援，平阳因此解围。这便是"孔明灯"的由来。另外还有一种说法，认为这种灯像是诸葛亮戴的帽子，因此叫孔明灯。后来，孔明灯被用来在军事上传递信号。

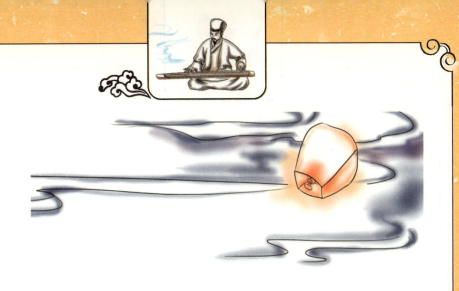

　　孔明灯分为主体和支架两部分，主体大部分由竹篾编成，用棉纸或者纸糊成灯罩，底部的支架是用竹削成的篾做成的。一般孔明灯都是用竹片架成的圆筒形，外面用白色的薄纸包着，开口向下，方便人们点燃。

　　现在，孔明灯又叫天灯、许愿灯，已不再用于军事，而逐渐被它的娱乐功能所取代。现代人放孔明灯多是用来祈福的，大家在孔明灯上写下祝福的心愿，象征着丰收和幸福。所以又叫孔明灯为祈福灯、平安灯。需要注意的是，在放孔明灯的时候，要仔细看一下孔明灯是否破损，还要注意不能在草木多的地方，或者居民区、加油站、仓库等地点燃，以免引起火灾。如果风力过大，会导致热空气流失，孔明灯将无法升起。

　　因为当时是正月十五元宵节，所以元宵节点放天灯庆祝的习俗就

流传下来。现在点孔明灯已不局限于元宵节。很多人都认为它是浪漫和美丽的象征，情人节、七夕节也会有人放飞孔明灯，营造浪漫的爱情氛围。每到节假日的时候，我们就可以看到它从地面上慢慢升起。每一个孔明灯都承载着人们的愿望，人们把它放飞，希望天上的神明能看到自己的愿望，所以孔明灯又叫许愿灯。

　　孔明灯虽然是在战争中发明的，但是它为和平年代的我们带来了很多乐趣，它美好的象征会为人们带去希望。它的美好寓意也会随着时光一直流传下去。

【馒头】

馒头是我们生活中常见的一种食物。相传，馒头这一名字的由来有一段有趣的故事。

蜀国管辖的南蛮部落首领孟获经常发动叛乱。诸葛亮在北伐前，想要先平息蜀国的内部叛乱，于是决定南征。他接受马谡的建议，"兵战为下，攻心为上"，不用残酷镇压的方式，而用抚剿并用的战略手段，对孟获七擒七纵，终于使孟获心服口服，向诸葛亮发誓，保证再也不反叛蜀国。虽然诸葛亮南征用仁义之师招抚，但战争还是不可避免地杀伤了许多人命。在盘蛇谷，诸葛亮见蛮兵被烧死、炸死无数，也垂泪感叹："吾虽有功于社稷，必损寿矣。"收服孟获后，诸葛亮在班师回朝时遇到了困难。当时，诸葛亮的军队正路过泸水，突然天上阴云密布，狂风大作，拦住了大军的去路。当时是九月份，不应该出现这样的天气，诸葛亮觉得很奇怪，便问孟获是什么原因。孟获说，水中有猖神作怪，如想要平安渡河，就要用四十九颗蛮人首级和黑牛白

羊来祭奠猖神。诸葛亮说，现在南征的事已经平定，怎可再妄杀一人。于是命人杀牛宰羊，把牛羊肉做成肉馅，在外面包上用水和好的面团，捏成人头的形状，用它们来代替南蛮人的头。诸葛亮把它们蒸熟后带到泸水边亲自祭祀，泸水受到祭拜后很快便风平浪静了，蜀国大军顺利地渡过了泸水。后来，人们便把这种带肉馅的面食叫作"蛮头"。再后来，人们觉得"蛮头"这个名字实在不雅，便取了"蛮头"的谐音，叫"馒头"，一直沿用至今。

馒头是我国传统面食，松软可口，便于咀嚼，营养丰富，有利于保护肠胃，适合各个年龄段的人食用。我国各地区对馒头的称呼也不同。诸葛亮发明出的馒头是带馅的，所以我国南方还是把带馅不带汤的馒头叫作"馒头"，而把不带馅的叫作"白面馒头"，"包"是指带汤的。而在北方话中，带馅儿的是"包子"，不带馅儿的才叫"馒头"。

除了"馒头"和"包子"外，馒头还有"馍馍""面糕"等称呼。到了现在，经过人们的加工和创新，馒头的种类越来越多，如玉米面馒头、生煎馒头、油炸馒头、肉夹馍等。馒头也不是只有充饥这项功能了，它还可以被做成点心之类的休闲食品，花样

和形状也不再受限制。形状各异的馒头纷纷出炉，为我们的生活添了很多乐趣。

作为中国的传统面食，馒头至今已经有了几千年的存在历史，它见证了我国数千年的历史，历尽沧桑。现在，馒头已经成为我国饮食文化中很重要的一部分，为我国的饮食文化增添了一种多彩的元素，使我国的传统文化更加博大精深。

【八阵图】

相传，八阵图是诸葛亮以乱石堆成的石阵，可挡十万精兵。

　　夷陵之战时，马良赶回成都，将刘备的军营驻扎图交给诸葛亮查看。诸葛亮看后大惊，连营七百里，若陆逊用火攻，蜀军必败。马良问，若兵败该当如何？诸葛亮说，若兵败刘备可以到白帝城暂避，陆逊不敢来追。马良问，这是为何？诸葛亮说，我在入川之时已经在鱼腹浦埋伏下十万精兵。马良说，我往来鱼腹浦数次，并未见一兵一卒。原来，诸葛亮是在鱼腹浦用大石头摆列成八阵图，变化无端，可抵十万精兵。果然，陆逊追到鱼腹浦，见石阵杀气腾腾，不小心从死门进入，最后

幸亏诸葛亮岳父黄承彦指点生门，陆逊才得以逃脱。

那么，八阵图是一种什么样的阵法呢，真的有那么神奇吗？八阵图是古代作战时的一种阵法。按照黄承彦的说法，诸葛亮按遁甲将阵法分成生、伤、休、杜、景、死、惊、开八门，变化无穷。八阵图分别以天、地、风、云、龙、虎、鸟、蛇命名，加上中军共九个大阵，中军由十六个小阵组成，余下的八个阵则各由六个小阵组成，共六十四小阵，八阵中天地风云为"四正"，龙虎鸟蛇为"四奇"，后方还有二十四个阵，以作机动之用。八阵图的特点是"大阵包小阵，大营包小营，隅落勾连，曲折相对""内圆外方"。八阵图的发明与《周易》是分不开的，诸葛亮精通法家和黄老思想，同时精通易学，八阵图的排列其实就是按照"文王八卦方位图"。八阵图每一个大阵中都包含六个小阵，取自《周易》中六爻之意，八阵加中军总共六十四个小阵，与《周易》别卦的六十四相相合。

八阵图历史悠远，最早可以追溯到上古的黄帝时期，后来经过姜太公、管仲、孙武的不断改进和完善，到三国时，诸葛亮将其完善为八阵，使八阵图达到了顶峰。"八阵图"吸收了景田和道家八卦的排列组合，又兼容了天文地理的知识，是古代不可多得的作战阵法。八阵图的遗址在今成都市青白江区弥牟镇，相传是诸葛亮推演兵法、练兵时候用的，原占地面积 1.6 万平方米，里面有很多土垒，垒的形式、

大小、高低都不相同。经过多年的风雨之后，现在仅剩下五磴半石垒供人们参观。

【马钧的发明之一】

马钧，是三国时期魏国的一位官员，同时也是我国古代科技史上最负盛名的机械发明家之一。

在三国时期，除了诸葛亮，还有一位伟大的发明家马钧。如果诸葛亮的发明得益于《三国演义》小说的艺术加工，那么马钧的发明才算得上是智慧的结晶。马钧，字德衡，扶风（今陕西兴平）人，是中国古代科技史上最负盛名的发明家之一。他在魏国发明了指南车、木偶百戏、水翻车，改造了织绫机，改良了诸葛连弩等，为科学发展和技术进步作出了重要贡献。

新式织绫机

即我们常说的绫罗绸缎。绫是一种表面光滑的提花丝织品。我国虽然是生产丝织品最早的国家，但是一直以来生产效率很低，产量不

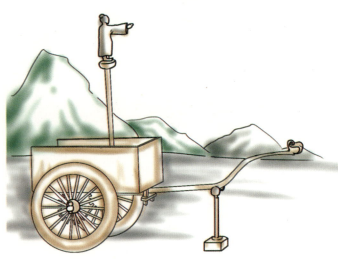

高，古代劳动人民在生产实践中发明了简单的织绫机，这在一定程度上提高了生产效率，但技术很笨拙，织一匹花绫要耗费两个月的时间。马钧看到生产绫布的工人操作劳苦，效率低下，于是决定改造织绫机笨拙的原型。他首先简化了织绫机的踏板，改造了开口运动机件，将原来机器的五十根经线的五十蹑全部改成十二蹑，这样织绫机不仅体积变小，也更简单适用，容易操作，且生产效率提高了四五倍。而且，织出来的绫布，花纹细密精致美观，花型富于变化，深受广大人民的喜爱。织绫机的发明，大大促进了我国古代丝织业的发展，为家庭手工业织布机的产生奠定了基础。

指南车

　　在三国之前就有关于指南车的记载。相传黄帝与蚩尤大战，蚩尤做法，让黄帝的军队迷失了方向，黄帝便制造指南车辨别方向，打败了蚩尤。周朝时，有越裳氏（越南）朝见周公，但是迷失了回国的路线，周公就造指南车相赠。但这些都只是传说，真正制造出指南车的是东汉科学家张衡，他利用纯机械机构，制造出一辆指南车，但是随着张衡的逝世，指南车的造法也就失传了。到了三国时期，马钧对指南车很感兴趣，便想造出一辆。在魏明帝面前，有人讥刺马钧说，指南车只是一种故事传说，根本不存在，况且你没有一点古人留下的参考文献，是根本造不出指南车的。马钧不想与众人争辩，而是把自己的想法告诉了魏明帝，魏明帝很感兴趣，就下令马钧着手去做这件事。马钧在没有皇帝资助、没有前人资料、没有参考模型的情况下，苦心钻研，经过多次试验，没过多久，就利用差动齿轮的构造原理，制成了指南车。马钧发明的指南车，上面有一个木人，不管指南车朝向哪里，木人的手指始终指向南方。于是，满朝文武对马钧佩服得五体投地，称他为"天下之名巧"。

【马钧的发明之二】

马钧喜欢思索，善于动脑，在军事、生产和生活中有不少发明创造。

三国时期的发明家马钧，不仅发明了指南车和织绫机，还发明了龙骨水车、木偶百戏等。

龙骨水车

水车是用齿轮的原理来汲水灌溉农田。刚发明出来时叫翻车，但

是比较粗糙，使用不便。到了三国时，马钧将其改良了新式翻车，叫作龙骨水车，逐渐被推广开来，深受广大农业用户的欢迎。在古代，农民灌溉农田十分不便，当时马钧在洛阳为官，洛阳附近有一块荒地，很适合种植庄稼，老百姓也想把这块空地开辟成农田，只是这块地距离水源较远，不利于灌溉，就此作罢。马钧知道了，决定帮百姓解决这个问题，于是他根据老式翻车的工作原理，重新制造出一种龙骨水车。其结构是以木板为槽，尾部浸入水流中，有小轮轴。另一端小轮轴固定在堤岸的木架上。用时踩动拐木，使大轮轴转动，带动槽内板叶刮水上行，倾灌于地势较高的田中。龙骨水车操作简单，也十分省力，连七八岁的小孩子都可以转动，大大提高了农民的灌溉效率。而且，干旱时可以灌溉，雨涝时又可以向外排水。直到现在，在我国一些偏

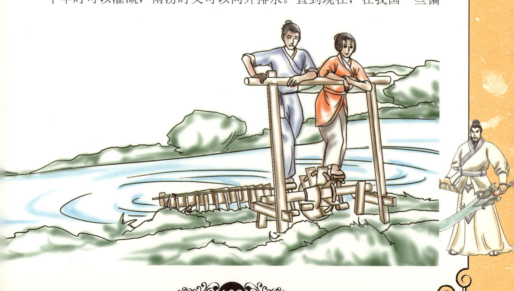

远地区，龙骨水车还在发挥着它的作用。

木偶百戏

又叫水转百戏，是马钧发明出来的一种娱乐玩具，是用来供魏明帝取乐的木偶作品。他用木头做成动轮，然后以水为推动力，使其旋转，通过传动结构，使上层的木偶都动起来。这些木偶有的击鼓，有的吹奏，有的跳舞，有的舞剑，人物多种多样，动作纷繁复杂。木偶百戏表现出了马钧高超的机械制造能力。

马钧不光在生产生活中发明了很多东西，在军事方面也有很多创新。马钧在官渡之战中，发明轮发式发石车，帮助曹操打败了袁绍。蜀国的诸葛连弩威力已经很大，马钧看到后说，如果加以改进，威力可以增加五倍。果然，经过他的改良，连弓弩由一次十发变为一次数十发，威力惊人。马钧虽然有很多发明，但是由于没有受到封建统治阶级的重视，没有流传下来。

【火炮地雷】

火炮和地雷，是两种威力很强的爆炸性火器。

诸葛亮南征时，七擒孟获，孟获在最后一战请了乌戈国国王兀突骨相助。兀突骨有藤甲兵，这些藤甲兵用油浸藤条来做盔甲，刀枪不入，渡河不沉。诸葛亮便想到了火攻，只是这一次用的不是寻常之火，而是用地雷、火炮等火药作为兵器。他用败军之计诱敌深入，将藤甲军引到盘蛇谷。谷中早已准备好冒充粮草却装满火药的车辆，地上的竹竿里也接好了火药引线。蜀军把藤甲军引入山谷后，立即阻断谷口，然后在山谷四面往下投掷火把，发射火箭，火药草木沾火即燃，竹竿里引线烧着，引发地雷铁炮，产生爆炸，最后乌戈国人的藤甲兵被烧得全军覆没。

这里，诸葛亮用到了火炮、地雷。那么在三国时期，我国就开始运用这些热兵器了吗？其实，作者罗贯中生活在元末明初，参加过抗元起义，他所描写的三国战争场面，灵感多源于战场上的亲身经历。这也说明，在元明时期，火药已广泛用于战争，而在三国时期，却是没有火炮和地雷的，这是作者在《三国演义》中的虚构。

火药又叫作黑火药，由硝酸钾、木炭和硫磺机械混合而成，在合适的外界条件下，能够自行燃烧，并产生大量高温燃气，进而爆炸。它最早出现在秦汉方士炼丹中，是因为意外的爆炸而被发明的。火药在军事上主要用于枪弹、炮弹的发射药和火箭、导弹的推进剂及其他驱动装置的能源，是弹药的重要组成部分。

　　火药用于战争，最早可以追溯到春秋时期，但一直到元代，军队才开始大范围使用火铳。在清代乾隆年间，还建立了火器营。火炮是陆战的重要组成部分和突击力量，它火力强大、射程远、机动性强，在近代战争中，主要用于陆战的支援、步兵掩护、协作装甲兵战斗等。

　　而地雷的发明，则起源于宋代。1130 年，金兵攻打陕州，宋军便用火药炮埋伏，结果大胜金兵。到了明朝，中国出现了采用机械发火装置的真正的地雷，当时是一种压发地雷，与今天的"连环雷"相似，"地雷"一词也由此而出。直到 1903 年，俄国发明了防步兵地雷，才慢慢产生了现代化的地雷。

第五章 《三国演义》中的著名战役

　　三国时期，连年征战，民不聊生。但同时，也诞生了几次著名的以少胜多、以弱胜强的战役，改变了中国的历史进程，影响深远。而其战役的战法应用对后世也有深厚的借鉴意义。

虎牢关之战

《三国演义》里的"三英战吕布"便是虎牢关之战。它已成为本书中最著名的故事之一。

当董卓挟持汉献帝后，曹操、袁绍等十八路诸侯便发起联军勤王。这时，董卓也发兵二十万，并将这二十万士兵兵分两路，一路五万，往汜水关，另一路十五万，董卓亲自率兵，往虎牢关。当时，吕布骁勇，已经归顺董卓，出战时吕布领阵。但见他"头戴三叉束发紫金冠，体挂西川红棉百花袍，身披兽面吞头连环铠，腰系勒甲玲珑狮蛮带；弓箭随身，手持画戟，坐下嘶风赤兔马；果然是'人中吕布，马中赤兔'！"这时，袁绍和曹操等人派出方悦、穆顺、武安国等人与吕布交战。不想这几人不是被杀，就是惨败。众人方知吕布英勇，天下无敌。

第二天，公孙瓒亲战吕布，败战而走，吕布催马来赶。那赤兔马

是西凉名马，日行千里，奔腾如飞，瞬间赶上公孙瓒。眼看吕布就要

赶上公孙瓒将他刺死，突然阵营里奔出一员大将，圆睁环眼，倒竖虎须，

手持丈八蛇矛，大声骂吕布："三姓家奴不要猖狂，燕人张翼德在此！"

正是张飞来战吕布。两个人英雄遇英雄，精神抖擞，大战五十多个回合，

也难分上下。关羽见张飞久战不下，便舞起八十二斤重的青龙偃月刀，

拍马赶来，和三弟张飞夹攻吕布。战了三十回合，吕布还是不败，刘

备挥起双股剑，也加入战团。刘关张三兄弟将吕布围在垓心，像走马

灯一样厮杀，把两军战士都看得惊呆了。众人既叹服吕布之英勇，也

佩服刘关张武艺之高强。吕布怕久战不利，便向刘备虚刺一戟，当刘

备闪躲时乘隙脱身，飞马逃回虎牢关。刘关张三兄弟追吕布，但吕布所骑的赤兔马跑得太快，没能追上。追到了虎牢关后，张飞又试图上关杀董卓，可是关上箭如雨下，张飞只得退回。

　　这场大战便是《三国演义》中著名的"三英战吕布"。其实，三英战吕布是作者罗贯中为了更好地塑造人物形象，虚构出来的情节，在真实历史上，是没有这场大战的。根据史书记载，公孙瓒和刘关张都没有参与讨伐董卓。但这并不影响读者对于这场战斗描写的喜爱，

它使得吕布与刘关张四人的人物形象更加丰满，更加深入人心。现在这段描写已经成为大家耳熟能详的故事，在很多绘画作品中也常常有三英战吕布的场面描绘，它已经成为三国绘画中必不可少的创作题材。

【汜水关之战】

「温酒斩华雄」是《三国演义》里很精彩的一段故事。这个精彩的故事就发生在汜水关。

袁绍、曹操组成的十八路诸侯前来讨伐董卓，前锋孙坚在汜（sì）水关被董卓手下大将华雄击败，战后华雄便顾盼自雄，不可一世。接下来，书中对这场大战的描写，完全抛弃了对战场上的正面描写，而是只描写了联军帐内的情景。先是袁术手下骁将俞涉出帐战华雄。俞涉离开没一会儿，立刻就有人进帐报告说俞涉被华雄斩了。接着，太守韩馥手下上将潘凤出战，片刻之间又收到报告说潘凤也被华雄斩了。顿时，众诸侯大惊失色。袁绍感叹地说，可惜我手下大将颜良、文丑不在，否则还会怕区区一个华雄。这时，关羽站出来说，我愿意去斩

了华雄，献于帐下。那时众人皆不认识关羽，公孙瓒便向大家介绍说这是刘备的二弟，现在任马弓手。袁绍见他身为一个小小的马弓手竟敢口出狂言，便喝令打出。于是关羽立下军令状说，如果杀不了华雄，就将我斩了。这时，曹操见关羽仪表不俗，就让袁绍给关羽一个机会，并斟热酒一杯为他壮行。不料，此时关羽却说，先斟了酒，回来再喝也不迟。于是，关羽便出帐上马，接着，众人只听得帐外杀声震天。忽然，鸾铃一响，关羽已将华雄的首级扔在帐下，曹操斟的那杯酒却还是热的。

　　温酒斩华雄的段落，历来为文学评论家所推崇。这段描写采用虚实结合、侧面烘托的手法，不去写战场的厮杀搏斗，不去写关羽如何施展武艺，只用俞涉、潘凤等"上将"来做铺垫，用华雄的勇猛来做烘托，用帐内众人的情绪表现做陪衬，更用"其酒尚温"来说明时间和速度，便将一个敏捷威猛、英勇无敌的关公形象塑造出来。

　　不过，"温酒斩华雄"虽然精彩，却是作者罗贯中的艺术创作，在真实历史上，是没有这段史实的。根据《三国志》记载，汜水关大战，长沙太守孙坚担任前锋，大破董卓军队，华雄也在此战中被孙坚所杀，而不是死于关羽之手。当时公孙瓒在幽州，没有来参加讨伐董卓的联军。且曹操等人在讨伐董卓时，刘备还在下密县做县丞，还没有去投靠公孙瓒，所以是不会出现在汜水关的战场上的，关羽则更不可能出现在那里。

【官渡之战】

官渡之战，是三国时期「三大战役」之一，也是我国历史上以少胜多的著名战役之一。

官渡之战是我国历史上以少胜多、以弱胜强的著名战役之一。建安五年（200 年），曹操与袁绍在官渡（今河南中牟东北）对峙。当时曹操已经迎回汉献帝，挟天子以令诸侯，先后消灭了吕布、袁术，占领了兖州、徐州以及部分豫州、司隶。袁绍已经打败了公孙瓒，占据幽州、冀州、青州、并州，尽有河北之地，意欲南向以争天下。他们作为华北地区的两大势力，各不相容。

建安四年，袁绍率领十万大军进攻许都。众人认为袁绍兵多将广，不可战胜，曹操却认为袁绍志大才疏，刻薄寡恩，没有谋略，所以决定用数万兵力来抗击袁绍。于是，曹操将主力部队放在官渡地区，其

他要地则分兵把守。因为黄河渡津众多，分兵把守容易分散兵力。此时，曹操看准了官渡的位置，认为官渡是夺取许都的要津，料定袁绍必定从官渡来攻。同时也是为了稳定其他各地势力，以防群起而攻。不想，此时刘备反了曹操，与袁绍联合。当时，田丰建议袁绍在曹刘开战时偷袭曹操，一举成功，但是袁绍竟不采纳，于是刘备战败，关羽留在曹营。这时袁绍派颜良进攻白马，曹操率军解白马之围，关羽斩颜良、文丑，袁绍大败。即便如此，袁绍的实力并没有受到多大损失，自此曹袁两军开始进入相持阶段。

三个月后，曹操兵少粮缺，人困马乏，再也不能坚守，意欲退守许都。这时，谋臣荀彧写信劝曹操说，相持已经半年，战况马上就会有转机。于是曹操派人截击、烧毁袁绍的粮草，造成袁绍军队补给困难。恰好这时，袁绍的谋士许攸因得不到袁绍的重用而来投奔曹操。曹操听说后，鞋子都没顾上穿，就出来迎接。许攸见到曹操后，便建议曹操用轻骑偷袭乌巢，烧毁袁绍运来的军队补给。曹操马上便采用了许攸的建议。当袁绍得知乌巢被袭后，立刻派兵来救。结果，袁绍大败，手下的许多将领也投降曹操。战后袁绍军队内部开始分裂，军心也开始涣散，此后袁绍一蹶不振，忧郁而死。

官渡之战增强了曹操的实力，为他统一北方奠定了基础。这次战役，曹操用两万人的兵力，出奇制胜，打败了袁绍十万人的兵力，是中国历史上典型的以少胜多的战例。曹操在官渡之战中充分表现出了杰出的军事才能和知人善任的领导才能，这也是曹操军事生涯中最辉煌的一页。

【博望坡之战】

博望坡之战，是诸葛亮自出茅庐后的第一战。在这一战之后，诸葛亮名气大增。

　　刘备在官渡之战后，便投靠刘表。刘表派他守卫荆州以北，驻屯于新野。这时，曹操已自封丞相，夏侯惇禀告说，刘备在新野练兵，如不铲除，必为后患。于是，曹操便派夏侯惇领兵十万，前往博望城，准备进攻新野。临行前，荀彧劝夏侯惇不可轻敌，因为此时的刘备已经请了诸葛亮做军师，如虎添翼。夏侯惇自以为是地说刘备是鼠辈，诸葛亮是村夫，自己此番出征，必定手到擒来，活捉刘备、孔明。

　　且说诸葛亮刚做了军师，刘备对他很是优待，关羽、张飞二人却有不服，因为诸葛亮此时还没有表现出什么计谋与才学。这时，有人来向刘备报告说，夏侯惇引十万大军杀奔新野。刘备便问计于诸葛亮，

诸葛亮受了剑印后升帐下令：博望坡左边有豫山，让关羽领一千军在山中埋伏，待到夏侯惇军到，且先放过，等到粮草运到时，便放火烧粮；张飞在博望坡右边的安林埋伏，看到南面火起时，便往博望城屯粮处放火；又命关平、刘封预备烧火之物，让赵云做前锋，诈败诱敌，见到起火，就挥军掩杀。安排好将士们后，诸葛亮又派人去准备得胜庆祝的酒宴。众人见状都疑惑不定，心中暗暗在想：且不说胜负与否，孔明连庆功酒都预备好了，似乎稳操胜券。

　　结果，一切如诸葛亮所料，在博望城外，赵云与夏侯惇交战后不数合，赵云便转身逃去。夏侯惇乘胜追赶，赵云又与他交战，且战且退。韩浩觉得情况不妙，于是劝诫夏侯惇，这分明是赵云的诱敌之计，不

可追赶，但是夏侯惇没有听劝，而是继续追赶赵云。这时，刘备也出来和赵云一起战夏侯惇，接连败走，夏侯惇一路追赶到博望坡。博望坡路道两旁皆是芦苇，突然赵云回军掩杀，四下里火光突起。夏侯惇急忙下令撤回博望城，却被关羽拦住，其他人欲救粮草，又遇到张飞，一阵好杀。一直打到天明，曹军死伤不计其数，结果夏侯惇带着残兵败将逃回许昌。

　　经此一战，众人方知诸葛亮料事如神，关羽、张飞等人尽皆拜服。这是诸葛亮自出茅庐以来第一次用兵，此役大获全胜，此后刘关张以及各部将都对诸葛亮越加敬重。博望坡之战不仅奠定了诸葛亮的军师地位，也拉开了诸葛亮奇智巧谋的序幕。

【长坂坡之战】

长坂坡之战，赵云以英勇及所向披靡而一战成名。

　　火烧博望坡之后，曹操便率大军攻打刘备。刘备在诸葛亮的建议下，舍弃樊城，携带军民前往襄阳刘琮处投奔。结果蔡瑁、张允畏惧曹操势大，劝说刘琮不要接纳刘备，刘备只好带领军民前往江陵。事态紧急，关羽前往江夏借兵，诸葛亮前往江陵刘琦处借兵，刘备与其他人在景山与曹军相遇交战，军民皆被冲散，赵云不知所踪。有人向刘备说，赵云投降曹操了。张飞也认为赵云背叛了刘备，刘备却坚定地认为赵云不会背叛自己。

　　原来赵云与刘备走散，决定要找到糜夫人、甘夫人二位主母和小世子阿斗才行。赵云遇到受伤的军士，经过指点前去找糜夫人和阿斗，

正遇到曹军夏侯恩，便将他一枪刺倒。原来曹操有两把宝剑，一名"倚天剑"，一名"青釭剑"，削铁如泥，锋利无比，倚天剑曹操自己佩带，青釭剑赐给了夏侯恩。赵云杀了夏侯恩，夺得青釭剑。没多久，赵云找到了糜夫人和阿斗，请夫人上马逃离，糜夫人却说，自己深受重伤，若是乘了赵云之马，反而会连累了赵云，于是将阿斗交与赵云，自己投井而死。赵云用土墙掩盖枯井，解开盔甲，将阿斗放入怀中固定好，持枪背剑，翻身上马。不一会儿，曹军大将晏明、张郃、马延、张颙、焦触、张南前来围战，曹军蜂拥而至。赵云拔出青釭剑，一阵乱砍，被砍到的人，盔甲尽开，血如泉涌。

曹操在景山上观战，看到赵云一人在百万军中横冲直撞，如入无人之境，锐不可当，忙让曹洪去问这人是谁。赵云喊道："我乃是常

山赵子龙。"曹操感叹："真是一员虎将。"于是起了爱才之心，下令曹军不准暗放冷箭，要捉活的，赵云最终也因此得以逃脱。这一场拼杀，赵云抱着阿斗，砍倒曹军两面大旗，杀死曹军五十名大将。赵云冲出重围后，赶到长坂桥边时，已是人困马乏，而曹军又在后面紧追不舍，幸好这时桥对面有张飞接应，让赵云过桥，自己在此抵挡曹军。赵云见了刘备，相对而泣，赵云说，阿斗在怀中没有声音，只怕不能保了，解开盔甲，原来阿斗还没有睡醒。

刘备将阿斗扔在地上说："为了一个小儿，几乎损失我一员大将！"

赵云慌忙抢上前抱住阿斗，说："主公之恩，我肝脑涂地也不能报答。"长坂坡一战，赵子龙威震天下。

【赤壁之战】

赤壁之战，是三国时期"三大战役"中最为著名的一场战役。它奠定了三国鼎立的基础。

曹操统一北方，又收编了刘表军队，在长坂坡之战后，决定南征，扫平刘备和东吴。于是，刘备派诸葛亮前往东吴，联合孙刘两家兵力对抗曹操，诸葛亮不辱使命，来到柴桑会见孙权。此时曹操诈称有百万大军，东吴的部将得知后，内部便分裂成两派，一派坚持求和，另一派力主死战，孙权犹豫不决。后来，诸葛亮舌战群儒，又向孙权分析了曹军的兵力状况和东吴所占的长江天险、水军娴熟等有利条件，说服了孙权与刘备一起联兵抗曹。一番思虑后，孙权拜周瑜为大都督，联合刘备军队共五万人，在赤壁与曹操隔江对峙。此时，诸葛亮暂时留在东吴。周瑜心胸狭隘，意欲除掉诸葛亮，数次设计置诸葛亮于死地，幸得鲁肃从旁劝解。不久，刘备前来探望诸葛亮，周瑜又设计想除掉

刘备，幸亏关羽在侧，周瑜不敢下杀手。考虑到诸葛亮的安危，刘备便想让诸葛亮一同回去。这时，诸葛亮说，只到十一月二十日晚上，看东南风起，让赵云驾船来南岸接他便可。此时，赤壁大战尚未开始，诸葛亮就已经算到了开战日期，算到了作战必须要有东南风。

曹操任命蔡瑁、张允统领水军，周瑜知道这两人精通水军，十分忧虑，恰好曹操派他的同乡蒋干来做说客，劝周瑜归降。周瑜将计就计，摆群英会，用反间计，让曹操误以为蔡瑁、张允暗通东吴，将两人处死。周瑜得知诸葛亮看穿了他的计谋，比自己更高一筹，还是决意要除掉诸葛亮。于是，周瑜给诸葛亮出了个难题：命他十天内造十万支箭，过期不完工则依照军法处置。聪明的诸葛亮找来鲁肃帮忙，在大雾中用草船借箭之计，如期向周瑜交了差。之后两人暂时和好，相约用火攻对付曹军。周瑜和黄盖又用苦肉计，让黄盖向曹操诈降。之后，

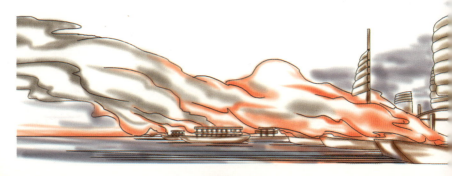

又让凤雏庞统前往曹营投靠，向曹操献上连环计，将曹军所有战船用铁链连在一起，如同平地。

大战在即，周瑜突然想到一事，乃至吐血生病。诸葛亮知道了，前来告诉他，他的心病不过是现在没有东南风，火攻便用不成，这就是所谓的"万事俱备，只欠东风"。诸葛亮还说自己会奇门遁甲，能呼风唤雨，于是建七星坛，为周瑜向天借一晚东风。其实诸葛亮精通天文气象，哪一夜会转东南风，早已在他预料之中，借东风一说，不过是迷惑周瑜而已。周瑜见诸葛亮有鬼神之能，下令借完东风，就杀掉诸葛亮，不料，当东风刮起时，诸葛亮早已坐上赵云的小船，回到刘备那里去了。诸葛亮回来后，立刻布置了攻打落败的曹军的计策，虽然还未开战，但是他已料定曹军的逃跑路线。

东吴那里，黄盖夜里前去诈降，点燃火船，攻击曹营。曹军战船连索，顿时全部起火，火光冲天，曹军在东吴突袭下大败。这就是著名的"赤壁之战"。

【夷陵之战】

夷陵之战，是三国时期「三大战役」里的最后一役。蜀军的惨败，使蜀国实力大损。

    曹丕威逼汉献帝篡汉自立，蜀汉的刘备也在众人的劝说下登基为帝。刘备做了皇帝之后，第一件事就是要为二弟关羽报仇。当初关羽

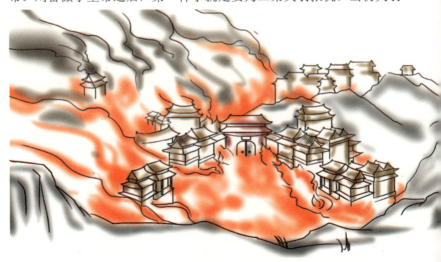

败走麦城，和长子关平为吴军所擒，义不节屈，父子被斩。刘备自与关张二人结拜，情同手足，当得知关羽去世的消息时，几度痛哭昏厥。就在刘备决定起倾国之兵为关羽报仇时，张飞又为部下所杀，提了张飞首级，投靠吴国。新仇旧恨，刘备怒不可遏，誓要扫平吴国。诸葛亮及其他大臣皆连番劝阻说，此时三国鼎立，只要其中两国鹬蚌相争，必有另一国坐收渔利，但是刘备不听，坚决发兵七十万，浩浩荡荡，来攻打吴国。

开战后，刘备初战告捷，势不可当。东吴君臣皆惊慌失色，孙权赶紧派人遣使修好，不仅给刘备送上杀害张飞的凶手，还送还刘备的孙夫人。刘备将杀害关张二人的凶手尽皆屠戮后，还不解恨，誓要灭了东吴。这时，孙权拜陆逊为大都督，总领军事。陆逊虽然年轻，但

是很有将才，为了防止在蜀军攻击吴国时，魏国来趁火打劫，于是他先修书与魏国通好，避免吴国两线作战，腹背受敌。陆逊认为，蜀军现在声势强大，居高守险，锐不可当，求胜心切，吴军应该暂避其锋芒。在节节退让下，据守猇亭，由防御转为进攻。

夷陵山地绵延数百里，吴军坚守不出，当时正值六月天气，酷暑难当，刘备便让蜀军在夷陵一线设立几十个营寨，将营地驻扎在深山密林中，以避炎热，连营七百里。魏帝曹丕知道了，说刘备此战必败。诸葛亮看到了刘备的军营图画，也感叹蜀国休矣。陆逊见时机已到，采用火攻的办法，加上天气炎热，蜀军连营在火攻下被烧成一片。吴军偷袭蜀军，由于连营七百里，蜀军兵力分散，接连大败，刘备和残军退避白帝城后追悔不已，在白帝城托孤病逝。陆逊乘胜追击，误入诸葛亮在鱼腹浦摆设的八阵图，幸亏诸葛亮岳父黄承彦指点，才得以逃脱。夷陵之战改变了三国格局，蜀国大败，后来休养生息四五年才具备了北伐的条件，东吴虽然得胜，但是蜀吴两国关系破裂，再不能联合抗魏。

【潼关大战】

潼关大战，是一场讲求深谋远略、灵活用兵、以智取胜的精彩战役。

　　马超得知父亲马腾为曹操所害后，便率领十万西凉兵，和西凉太守韩遂并作一处，共起二十万大军，前来找曹操报仇。占领长安后，马超又来攻打潼关。于是，曹操引兵来救潼关。两军开战时的战场上，只见西凉兵人人骁勇，兵强马壮，马超"面如傅粉，唇若抹朱，腰细膀宽，声雄力猛，白袍银铠，手执长枪，立马阵前"，连曹操见了也暗暗赞叹。曹操所带兵将，皆不是马超对手，西凉兵一阵冲杀，使得曹军大乱。这时，西凉兵中有人在乱军中喊："穿红袍的是曹操，擒住了有赏！"曹操吓得赶紧脱掉红袍。有人看到了又喊："长胡须的是曹操！"曹操见状忙拔剑将胡子割掉。突然，西凉兵又喊："短胡

子的是曹操！"曹操吓得魂飞魄散，只好扯下旗角包了头逃跑。马超催马追赶，曹洪、夏侯渊来救曹操，马超寡不敌众，只好撤退。

　　接着渭河交战，曹军又败。幸得渭南县令丁斐驱出牛羊，西凉兵都来抢夺牛羊，曹操由许褚背负，才得以逃脱。之后曹操收军渭北，一夜之间筑好营寨，然后带领许褚出营和马超说话。马超本想一举擒下曹操，但见曹操身边有一人，手提钢刀，圆睁怪眼，便问道："你是虎侯吗？"许褚大叫道："我正是许褚！"第二天，许褚向马超下战书。马超大怒，提枪来战许褚，众人在一旁观战，都赞叹马超人才英俊，武艺高强，不亚于当年的吕布。马超和许褚两人大战一百多回合，人越战越精神，可是马匹却无法支撑，于是各自回营中换马再战。

又战了百余回合，仍是难分难解。许褚打得兴起，回到营中，脱了盔甲衣服，继续与马超战斗。这时，马超一枪刺向许褚心窝，许褚扔了钢刀，空手来夺马超的长枪，并将枪折为两段，两人各持半截断枪在马上争斗。曹操恐许褚有失，便鸣金收兵。马超回营后也赞叹许褚"真虎痴也"！

　　之后，曹操用离间之计，使韩遂与马超不和，相互猜疑，瓦解了西凉兵队伍。接着曹操乘势攻击，西凉兵大败。最后，马超只能带着马岱、庞德落败而逃。

第六章 《三国演义》中的巧计智谋

一场胜仗，不仅需要勇猛的士兵，还需要巧妙的计谋。当双方兵力悬殊的情况下，弱者一方若不用奇谋，决难取胜。以少胜多，以弱胜强，正是在这些计谋之下作战的结果。

【美人计】

在《三国演义》里，周瑜为了夺回荆州，实施了美人计。不料，他正因此计而被气得吐血身亡。

赤壁之战后，刘备借居荆州，于是，东吴便派鲁肃去讨还荆州，几次三番都被诸葛亮用计推脱掉。这时周瑜听说刘备的甘夫人去世，于是心生一条美人计，让孙权招赘刘备为妹夫，软禁刘备作为人质，要挟诸葛亮交还荆州。孙权便派吕范前往荆州提亲，刘备不想答应，但是诸葛亮却稳操胜券，说这次刘备结亲是大吉大利，不会有危险。临行前，诸葛亮还交给赵云三个锦囊，每个锦囊里有一条妙计，让赵云陪同刘备时按时拆开。

刚到东吴，赵云便拆开第一个锦囊。原来诸葛亮是让他们到了东吴南徐，立刻采买结婚所用的喜庆礼品，且在大街上逢人便说刘备前来东吴与孙权妹妹结亲。不几天，满城都知道刘备入赘的事情了。紧接着，刘备按照诸葛亮交代的，去拜访"二乔"的父亲乔国老，说明

结亲之事。乔国老便去向孙权母亲吴国太道喜，国太却并不知此事，乔国老说，现在满城百姓都知道了。国太就将孙权叫来，厉声斥责他不禀告母亲擅自为妹妹主婚，孙权只好说这是周瑜出的美人计，是用来换荆州用的。乔国老说，刘备也是当世英雄，现在东吴尽人皆知，不如就顺水推舟将女儿嫁给他。这时国太说，明天在甘露寺见一见刘备，如果果然英雄，就准许婚事，如不中意，就随孙权去办。第二日，国太见刘备有龙凤之姿，十分欢喜。但是大殿外有孙权埋伏的刀斧手，要杀刘备，赵云看出端倪，让刘备禀告国太。国太很生气，说玄德是我的女婿，也如同我的儿子一般，你们怎敢加害？就这样，刘备娶到了孙夫人。孙夫人名叫孙仁，传说又叫孙尚香，自幼好武，嫁给刘备后，

夫妻恩爱。

　　孙权见美人计不成，于是决定让刘备耽于酒色，消磨他的雄心壮志，断绝他与诸葛亮、关羽、张飞的联系。这时，赵云打开了第二个锦囊，然后告诉刘备说曹操引五十万大军，杀奔荆州报赤壁之仇。刘备大惊，告诉孙夫人，于是夫妻二人禀告国太，以要江边祭祖为由，逃离东吴。孙权大惊，此次放走刘备，如同纵虎归山，于是接连派人去追杀刘备，并下令如果孙夫人阻拦，连同孙夫人一起杀掉。追兵赶来时，赵云打开第三个锦囊，让孙夫人厉声喝退追兵。周瑜还不死心，下令继续追赶，结果关羽、张飞都来接应，周瑜大败。诸葛亮让士兵对着吴军齐声大喊："周郎妙计安天下，赔了夫人又折兵！"自作聪明、争强好胜的周瑜听了，恼怒之极，结果口吐鲜血，昏死过去。

【苦肉计】

我们常听到的歇后语"周瑜打黄盖，一个愿打，一个愿挨"便是来自这一出"苦肉计"。

诸葛亮草船借箭后，和周瑜、鲁肃约定用火攻对付曹军。恰巧这时曹操派蔡和、蔡中兄弟前来诈降，周瑜明知二人是诈降，装作不知，将计就计，接纳二人。这时黄盖来见周瑜，也提出了火攻的计谋，周瑜说要用火攻，还差一个人到曹军做内应，但必须让这个人受点皮肉之苦，这样投靠曹操时才不会让他起疑心。黄盖说，为了报答孙氏厚恩，保全江东百姓，他愿意承受这苦肉计，前往曹营诈降。

第二天，周瑜召集将领，吩咐众将领取三个月粮草，做好与曹军交战的准备。黄盖装作不服气周瑜年轻蛮横的口气说，别说三个月，就是三十个月的粮草也没用，如果这个月能打败曹操，自然是好，要是一个月之内破不了曹军，大家还不如投降曹操，保全性命。周瑜大

怒，说，你敢长敌人志气，灭自家威风，妖言惑众，动摇军心！下令推出去斩首。黄盖倚老卖老，大骂周瑜，大将甘宁见状忙为黄盖求情，周瑜这才免了黄盖死刑，但是将他重重责打五十杖，以示惩戒。这时，全军上下都觉得周瑜为一言而重责老将黄盖，实在太过，但这其中的用心良苦只有周瑜和黄盖自己心里清楚。这条苦肉计，总算瞒过了大家。

事后，黄盖好友阚泽来探望他，几番试探，黄盖终于说出了实情。阚泽对黄盖忍辱负重的行为十分感动，于是愿意亲往曹营，为黄盖献

诈降书。当阚泽到了曹营，交上书信时，曹操半信半疑，直斥阚泽说黄盖是来诈降。还好阚泽能言善辩，晓陈利害，最终取得了曹操的信任。这期间，蔡中、蔡和也向曹操暗通消息，叙说黄盖被打忿忿不平之事，使得曹操更无疑虑。

不久，庞统又到曹营献连环计，让曹操用铁链将大小船只连接在一起，犹如平地，这为东吴用火进攻提供了方便。东吴那边，诸葛亮设立七星坛，求借东风。东南风一起，黄盖押着装有燃烧之物的船只，来到曹军对面。程昱看到了，提醒曹操，来船有诈，若是船内装有粮草厚重之物，那么船身吃水深，现在黄盖的船，又轻又浮，定有诡计。曹操派文聘阻挡，已然不及。黄盖点燃船只后，火船顺着东南风直冲向曹营，曹操最终大败。

【连环计】

四大美女之一的貂蝉在王允实施的「连环计」中起了很大的作用。

董卓专权，荒淫残暴，司徒王允与其他忠义的大臣都叹息百姓受苦，汉家王朝不保。王允在府中叹息，忽然遇到自己府上的婢女貂蝉。王允见貂蝉有倾城倾国之色，闭月羞花之貌，心生一计，向貂蝉行礼。貂蝉是奴婢，怎敢接受主人行礼，于是，王允说，天下苍生的命运，都在你身上，如今董卓把持朝政，祸国殃民，更兼有义子吕布，英勇无敌，现下我有一计，先将你许配给吕布，再将你送给董卓，离间他父子关系，这两人皆为好色之徒，为了争夺你，必定自相残杀，这样国家就有救了。这时，貂蝉向王允说，我是大人抚养长大，正无以报答，愿意行使此计，为天下除害。于是，王允收貂蝉为义女。

一日，王允请吕布来府上饮酒，饮酒之间，王允让貂蝉来给吕布斟酒。吕布见貂蝉美若天仙，当时心旌神摇。王允说，这是小女貂蝉，年方二八，正值妙龄，将军若不嫌弃，可收为小妾，侍奉将军。吕布听后满口答应，两人还约定好了日期，不日吕布便来迎娶。哪知到了迎娶的那天，王允又派人接待了董卓，并将貂蝉送给了董卓。当吕布兴高采烈地来迎娶貂蝉时，却在来王允府上的路途中看到董卓将貂蝉接走了，于是心中大怒，便来盘问王允。王允连忙解释说，今日丞相突然造访，说听说了我要把小女许配给将军之事，我想丞相与将军乃

是父子，代将军见一见儿媳也是应该，谁知丞相见了貂蝉后竟然据为己有，强行将貂蝉接走了。心急如焚的吕布听了王允的解释后，立刻赶到丞相府查探貂蝉。貂蝉看到吕布来了，装作十分伤心的样子，又用手指指正在睡觉的董卓，表示自己身不由己。

一天，吕布来到丞相府凤仪亭与貂蝉相会，貂蝉假意诉说相思之苦，正好董卓回来看到了，怒不可遏，持起吕布的方天画戟要杀吕布，吕布赶紧逃走。貂蝉立刻向董卓哭诉说刚才吕布前来调戏。李儒知道了，向董卓进言，吕布是举世无双的枭雄，丞相何必为一个女子与吕布闹翻了脸？不如就将貂蝉赠与吕布，吕布一定会更加效忠于丞相。董卓觉得李儒言之有理，于是回来问貂蝉的意思。这时，貂蝉哭告说，我对丞相忠贞不二，奈何吕布前来调戏，既然丞相要将我许配给吕布，我不如自尽。说着就要拔剑自刎，董卓赶紧拦住，貂蝉说，这一定是李儒出的计谋，董卓遂不听李儒劝告。

最后，董卓和吕布关系破裂，最终董卓死于吕布之手，吕布也成为众人讨伐的对象。王允的"连环计"成功了。

【疑兵计】

疑兵计在《三国演义》里不仅杰出的军事统帅和将领们善于使用，甚至连鲁莽的张飞也会使用。

疑兵计是古代战争中经常使用的战略对策，在《三国演义》里也经常被使用。疑兵计其实是一种心理战术，所谓"实者虚之，虚者实之"，或"虚即是虚，实即是实"，莫测高深，难以把握，从而迷惑敌人，取得胜利。长坂坡之战，赵云突出重围，张飞接应到，在长坂桥上大喝三声，吓跑了曹操的几十万大军。曹军走后，张飞下令拆桥，并让士兵在马尾上绑上树枝，在树林中来往奔跑，顿时尘土飞扬，好似有千军万马。曹军探子报告了曹操，曹操怕张飞埋伏有重兵，遂不敢轻举妄动。

　　赤壁之战后，曹操和残兵败将逃往许昌。诸葛亮早就料定了曹操的逃跑路线，便吩咐赵云、张飞在乌林、葫芦口埋伏，而华容道却让关羽埋伏，并告诉他，让他在华容道高处放火烧烟，曹操见到烟起，就会往华容道来。关羽不信，说，有了烟，正说明此路有伏兵，曹操怎么会来？诸葛亮说，兵法有云，实者虚之，虚者实之，曹操生性多疑，你放起烟雾，他以为你虚张声势，必定会往华容道这条路来。后来，曹操兵败，果然走了华容道。

　　汉中战役时，诸葛亮派赵云领五百军设疑兵，每晚，当曹操的二十万大军入睡时，便在山中敲锣打鼓，齐声呐喊，山谷之中回应，有如千军万马，搞得曹操彻夜难安。一连三夜，都是如此。最后曹操心怯，下令拔营撤退三十里。

在《三国演义》里，使用疑兵计最成功、最经典的故事莫过于空城计。马谡失了街亭，司马懿率领十五万大军来攻打西城。此时诸葛亮身边只有两千军马，如何抵挡十五万大军？炼丹师诸葛亮沉着应战，下令军队隐蔽，大开城门，士兵十数人化装成百姓打扫街道。诸葛亮身披鹤氅，左右琴童，在城头上抚琴一曲，笑迎司马懿。这些分明都显示西城虚弱无防。司马懿老谋深算，跟诸葛亮在一起可谓是棋逢对手，但智者多虑，诸葛亮运用心理战术，虚虚实实，让人揣摩不透，司马懿也不确定城中和附近到底有无埋伏军马，只好下令撤退。

【随机应变】

曹操献刀，体现了他的灵活机智，懂得随机应变，使自己在紧急关头得以保全性命。

董卓立了汉献帝，此后独揽大权，荒淫残暴，使得人神共愤。这时，司徒王允得到渤海太守袁绍的书信，请他一起对抗董卓，王允告诉众官，明日是自己的生日，请大家晚上来府上做客。宴会上，酒过三巡，王允便开始大哭，边哭边说，今天并非我的生日，而是因为怕董卓怀疑，所以假说是我生日，汉家江山传了数百年，没想到今日落在董卓手里。众官听了，无不痛哭。突然座中有一人大笑，正是骁骑校尉曹操。众人问，你家世代也是汉臣，汉朝沦落，你为何不悲反笑？曹操说，你们在这里日哭夜哭，能哭死董卓吗？我发笑不是为了别的，是笑你们

没有一个人能想出除掉董卓的妙计，我虽然没什么本事，但愿意舍身杀掉董卓，救天下于水火。我最近之所以接近董卓，就是为了寻找行刺的机会。于是，曹操向王允要了七宝刀，准备明日到丞相府伺机刺杀董卓。

第二天，曹操来到丞相府，董卓和吕布都在，董卓问，孟德怎么来得这么晚。曹操说，我的马体力不好，行走得慢。董卓说，最近有

从西凉送来的好马，我让奉先去挑一匹送给你。曹操向董卓称谢，吕布便去马厩选马。此时只剩下曹操、董卓两人，曹操心想，这是天赐良机，这奸贼合当被杀。便想拔刀刺杀，但是又怕董卓力大，一刺不成，功亏于溃。董卓为人肥胖，不能久坐，于是就在榻上躺下，翻身向里休息。曹操想，这贼该死了！拿起七宝刀，要拔刀杀董卓。谁知，床榻上有试衣镜，董卓面向里边，从镜中看到曹操拔刀，大声问道，孟德你要干什么？曹操心惊胆战，忙跪下说，我有一口宝刀，要献给丞相！此时吕布已经牵马过来了，董卓接过宝刀看了看，果然珍贵，就交给吕布收下。曹操说，丞相送的马，我先试骑一下，便骑上马出了府。

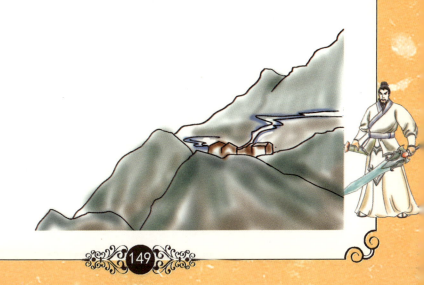

　　吕布说，刚才曹操分明是想行刺，被丞相叫破，所以假装说献刀。董卓说，我也有些疑心。这时李儒来了，听了之后说："曹操的家小都不在这里，现在立刻派人让曹操来见，若是肯来，便是献刀；若是不来，便是行刺。"

　　董卓便派人去追，报告说，曹操假称丞相有紧急要事派他去办理，骑着马飞奔出东门，已经逃出了京城。

【借刀杀人】

曹操想杀祢衡，但又不想担害贤之名。于是运用了"借刀杀人"之计。

在京剧里，有《击鼓骂曹》的剧目，讲的是名士祢衡痛骂奸臣曹操的事。当初，曹操招安了张绣，又打算招安刘表，于是决定派一个有名望的学士去。这时孔融向曹操推荐了自己的朋友祢衡，可是祢衡恃才放旷，将曹操的手下都奚落了一番。张辽气愤不过，拔剑要杀祢衡。曹操却说，我缺少一个击鼓的鼓吏，就让他来做吧，早晚上朝宴会的时候让他击鼓。其实是为了羞辱祢衡。祢衡也不推辞，欣然答应。

到了第二天，曹操大宴宾客，让祢衡击鼓。当时，祢衡穿了一件

破衣服，打鼓击出《渔阳三挝》的音乐节奏，在座的宾客听了，无不伤感。曹操手下人喝问祢衡："为什么穿了件破烂衣服来？"祢衡毫不畏惧，把破衣服脱下来，赤身裸体站在宴会上。大家觉得有失体统，全都掩面不看。曹操责问："大庭广众之下，你怎么如此无礼？"祢衡振振有词："欺君罔上才叫无礼，我的身体是父生母养，我显露出来，是展现我的清白。"曹操说："你说自己清白，那谁是污浊的？"祢衡说："是丞相你啊，你不辨贤愚，是眼浊；不读诗书，是口浊；不纳忠言，是耳浊；不通古今，是身浊；没有容人之量，是腹浊；挟天子以令诸侯，是心浊。我本是饱学之士，你竟然让我做一个小小鼓吏，简直就是阳货轻贱孔子！"曹操无奈，但是心生一计，说："你既然嫌鼓吏官小，那我派你去荆州说服刘表归降，成功了我就封你做公卿。"

话说，祢衡到了荆州，表面称赞刘表的功德，其实暗含讥刺。刘表虽然也想杀祢衡，但他知道曹操的借刀杀人之计：曹操若杀了祢衡，天下会骂他不能容人，会损害自己的威望，所以把祢衡派到他这来，借自己之手除掉祢衡，让天下唾骂刘表杀害贤才的罪名。于是，刘表又打发祢衡去黄祖那里。黄祖不像曹操、刘表那样有涵养、有心机，他听到祢衡讽刺挖苦他，直接就把祢衡杀了。

曹操得知祢衡的死讯后，松了口气说："这种腐儒，纯属自杀。"

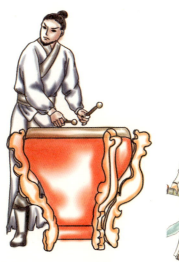

【以逸待劳】

黄忠以逸待劳，取得了定军山之战的胜利，打破了刘、曹两军连年相峙的僵局。

著名京剧表演艺术家谭鑫培有经典京剧曲目《定军山》，讲的是老将黄忠以逸待劳，大败夏侯渊，占领定军山的故事。在《三国演义》中，争夺汉中时，蜀将黄忠在定军山与夏侯渊交战，初战告捷，夏侯渊便坚守不出。于是黄忠率领军队来到定军山，法正仔细观察了定军山的地形，告诉黄忠说，定军山西面有一座山头，那里山势巍峨，道路崎岖，在山上可以清楚地看到定军山上夏侯渊军营的情况，如果我们先打下这座山头，再攻打定军山就易如反掌了。黄盖见这座山头驻

扎的曹军兵马很少，便决定听从法正所说，到了深夜的时候，黄忠领军攻到山顶。山顶由夏侯渊的部将杜袭把守，但是人数很少，只有几百人，黄忠的大批人马一到，曹军士兵全都落荒而逃，黄忠不费吹灰之力便占领了山顶。这座山头与定军山相望，可以清楚地看到夏侯渊军营的情况。法正又说，将军可将军队驻扎在半山腰，我在山顶高处查看夏侯渊动向，如果夏侯渊来进攻，我举起白旗，将军不要出战，等到曹军精力懈怠，我举起红旗，将军再一鼓作气冲杀下去，我们以逸待劳，兵丁大获全胜。黄忠听后点头信服。

话说杜袭逃回去见夏侯渊，并对他说黄忠占了对山。夏侯渊听到后恼怒地说，黄忠占领对面那座山，分明是想查看我军动向，这回我不得不出战。张郃

等人劝阻，夏侯渊只是不听。他派士兵围困黄忠所在的山头，无论怎样辱骂叫阵，法正在山顶举起白旗，黄忠只是不出。骂了一天，曹军大部分都已困倦，精力涣散，法正看准时机，在山顶挥起红旗，黄忠一声令下，战鼓齐鸣，蜀军突然从山腰杀奔而来，曹军惊慌失措，夏侯渊待要准备应战，黄忠已飞奔而来，手起刀落，便将夏侯渊斩于马下。曹军见主帅已死，溃不成军，黄忠乘胜追击，占领了定军山。张郃前来救援，又遇到赵云，曹军大败，张郃与杜袭只好夺路而逃，到了汉水，扎下营寨，派人去禀报曹操。

【将计就计】

孙权杀了关羽后，想嫁祸于曹操。不想被曹操的手下识破，曹操将计就计，使孙权不能得逞。

孙权擒住关羽父子后，便劝说关羽，说是对关公仰慕已久，当初愿意结秦晋之好，为子求婚，结果关羽竟说："虎女怎可配犬子！"拒绝孙权为子求婚。孙权如今擒获关羽，想厚待于他，盼他归顺。结果关羽正义凛然，宁死不愿背叛刘备。于是左咸劝孙权说，当初关羽在曹操营中，三日一小宴，五日一大宴，上马一提金，下马一提银，如此恩遇，尚且留不住关羽，现在被关羽打得要迁都来躲避，此人断不可留，否则必为江东祸患。孙权只好听从左咸的建议，将关羽父子

斩首。

　　不久张昭从建业赶来，听说孙权杀了关羽父子，便说东吴大祸临头了：刘关张自桃园三结义，情同手足，誓同生死，刘备若知关羽父子被害，必定倾全国之兵前来东吴为关羽报仇雪恨，如今，刘备有两川之兵，马赵张黄之勇，更有诸葛亮神机妙算，若来攻打东吴，东吴便有亡国之祸。孙权大惊，说，如此该当如何是好？张昭说，我有一计，可以让刘备不来攻打东吴，荆州可保无虞。如今曹操有百万雄兵，若与刘备联合，东吴便无法对抗，为今之计，立刻将关羽首级送与曹操，让刘备知道，我们杀关羽乃是曹操指使，刘备便会转恨曹操，等到曹

刘交战时，东吴便可坐收渔翁之利。孙权听从张昭的计谋，立刻派人将关羽首级送往洛阳。

曹操听说关羽已死，心中大喜，说，云长已死，我可以高枕无忧了。这时，司马懿说，这是东吴的移祸之计！刘关张三兄弟情同生死，东吴杀了关羽，怕刘备向东吴报仇，所以将首级献给大王，让刘备转而怨恨大王，等到两国交兵时，他东吴便可从中取利。曹操说，仲达说得对，如此该当如何？司马懿说，我们将计就计，为关公雕刻香木身躯，以王侯之礼安葬，刘备便只怨恨东吴。西蜀东吴交兵，西蜀败，我们就去攻打西蜀，东吴败，我们就去攻打东吴，消灭其中之一，另一个也不会长久。曹操便按司马懿所说，厚葬关羽，赠为荆王。后来，刘备果然只怨恨东吴，发倾国之兵攻打东吴，为关羽报仇。

《红楼梦》

作者：（清）曹雪芹

回数：红楼梦共一百二十回

介绍：《红楼梦》是一部具有高度思想性和高度艺术性的伟大作品，代表古典小说艺术的最高成就之一。在中国古代民俗、封建制度、社会图景、建筑金石等各领域皆有不可替代的研究价值，达到中国古典小说的高峰。被誉为"中国封建社会的百科全书"。

《西游记》

作者：（明）吴承恩

回数：共一百回

介绍：西游记前七回叙述孙悟空出世，有大闹天宫等故事。此后写孙悟空随唐僧西天取经，沿途除妖降魔、战胜困难的故事。书中唐僧、孙悟空、猪八戒、沙僧等形象刻画生动，场景规模宏大，故事结构完整，是中国古典小说中伟大的浪漫主义文学作品。

《水浒传》

作者：（元末明初）施耐庵

回数：一百二十回

介绍：全书以描写农民战争为主要题材，塑造了宋江、吴用、李逵、武松、林冲、鲁智深等梁山英雄群体，揭示了当时的社会矛盾。故事曲折、语言生动、人物性格鲜明，具有很高的艺术成就。

《三国演义》

别名：《三国志通俗演义》

作者：（元末明初）罗贯中

回数：共一百二十回

介绍：《三国演义》故事开始于刘备、关羽、张飞桃园三结义，结束于王浚平吴。描写了东汉末年和三国时代魏、蜀、吴三国之间的军事、政治斗争。文字浅显、人物形象刻画深刻、情节曲折、结构宏大。

读 名 著 学 知 识 4

马向于　编著

簪花好汉

——《水浒传》中的大宋民俗

《水浒传》中描写了很多北宋时期的社会风情、民俗生活……

图书在版编目（CIP）数据

簪花好汉 ：《水浒传》中的大宋民俗 / 马向于编著
. -- 郑州 ：河南人民出版社，2016.3
（读名著，学知识）
ISBN 978-7-215-10006-0

Ⅰ．①簪… Ⅱ．①马… Ⅲ．①《水浒》研究②风俗习
惯史－研究－中国－宋代 Ⅳ．① I207.412 ② K892

中国版本图书馆 CIP 数据核字（2016）第 070628 号

目录

读名著 学知识·《水浒传》

第一章 《水浒传》中的民俗

民俗，即民间的风俗习惯。

《水浒传》作为一部描写北宋时期社会变革的长篇小说，在描述精彩故事的同时也向读者展示了丰富多彩的古代民俗文化，例如，如何过元宵节、春节，等等。这些鲜活的民风民俗，不仅大大地丰富了小说的内容，也为小说增色不少。

【北宋如何过元宵节】

元宵节又称为"上元节",是春节之后的第一个重要节日。这个节日是怎么来的呢?

元宵节在《水浒传》第三十三回、第六十六回和第七十二回中分别出现了三次,说明元宵节是北宋时期非常重要的节日。那么,北宋时期的人们是如何过元宵节的呢?

元宵节起源于汉代,汉初为了庆祝平定"诸吕之乱",于是汉文帝便把平定叛乱之日——正月十五定为元宵节。在这一天,家家户户张灯结彩,汉文帝也微服出宫与民同乐,以示纪念,从此,"闹元宵"这一传统就流传了下来。

到了宋代，无论是在宫中还是在普通老百姓家中，在元宵节那天都要在门口悬挂彩灯以增添节日气氛。宫廷还举办有专门的灯会。此时，在元宵节买灯、赏灯已经成为了民间过节的习俗，这时候还出现了专业的灯市。官方制作的巨型灯楼，高大宏伟、金碧辉煌。在元宵节不仅能买灯、赏灯，还可以"打灯谜"。"打灯谜"就是把谜语写在纸条上，然后贴在五彩缤纷的彩灯上供人猜，有时猜对了还有奖品，因此，一时间吸引了众多的民众参与。《水浒传》第七十二回就描写了宋江与众梁山好汉在东京汴梁观看元宵灯会时的盛况。

除了观灯，元宵节还有吃元宵的习俗。正月十五的晚上，家家户户都会吃元宵。元宵由糯米制成，内有馅料。馅有豆沙、白糖、山楂、

各类果料等，食用时煮、煎、蒸、炸皆可。

此外，随着时间的推移，元宵节的活动项目越来越多，很多地方还增加了社火、耍龙灯、耍狮子、踩高跷、划旱船、扭秧歌、打太平鼓等活动。一些地方还有"走百病"的习俗。"走百病"，又称"烤

百病"、"散百病"，参与者多为妇女，她们结伴而行，或走墙边，或过桥，或走郊外，以此形式祈求驱病除灾。

【北宋如何过端午节】

端午节是中华民族古老的传统节日之一。端午节不仅名称叫法繁多，起源说法也众多，不过以纪念屈原说的影响最为广泛。

　　端午节是我国的传统节日，相传是为了纪念春秋战国时期楚国的爱国诗人屈原所创。到了宋代，端午节又称端阳节、五月节，还称其为蕤（ruí）宾节。蕤宾，古乐律十二律之一。古人用十二个音律来对应十二个月，蕤宾对应的是农历五月，所以称端午节为蕤宾节。在《水浒传》第十二回杨志被发配到大名府后，便受到了梁中书的器重。临近端午，为了给梁中书的老丈人祝寿，于是蔡夫人推荐杨志押送生辰纲，从而引出了晁（cháo）盖等众多好汉智取生辰纲的故事。

　　端午节在宋代也是一个很重要的节日，有各种各样丰富多彩的活

动。据《东京梦华录》记载，北宋时端午节的物品有"百索、艾花、银样鼓儿、花花巧画扇、香糖果子、粽子、白团"等。百索，又称合欢索或长命缕，是用彩色的丝线编织而成的丝绳，通常系在幼儿的手臂上用以辟邪。银样鼓儿是端午节里人们相互馈赠的物品之一。花花巧画扇，分红、黄、青、白四种颜色，有刺绣的、缕金的等各种样式，也是端午节时人们互相馈赠之物。此外，在节日里人们会把艾草扎成艾人，然后挂于门上以辟邪。

　　端午节的食物有果子、粽子、白团、药酒等。香糖果子，是用菖蒲、生姜、杏、梅、李、紫苏等切成的细丝，然后加入盐晒干，叫做"百

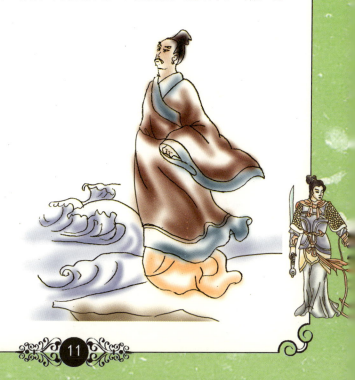

草头"；或者用蜜糖腌制后，再放到梅皮中，称为"酿梅"，都是端午果子。宋代的粽子不仅馅色繁多，而且形式多样，有角粽、锥粽、菱粽、筒粽等，一些大户人家还把粽子做成车、船、楼台的模样。白团，又叫水团，是用糯米粉加砂糖、香料做成的，颜色多样，一般做成人或动物的形状。此外，在节日里人们还有饮用菖蒲酒、艾酒的风俗，这些药酒具有开窍、理气、活血等功效。

赛龙舟古已有之，到了宋代更是盛况空前。北宋张择端的《金明争标注图》就描绘了这一场景，它记载了北宋时皇帝于临水殿看金明池内龙舟竞渡的盛况。龙舟不仅有彩船、乐船、小船、画舫、小龙船、虎头船等各种各样的船，还有长达四十丈的大龙船。赛龙舟时，除了大龙船外，其他船列队布阵，争标竞渡，一幅热闹非凡的景象。

【北宋如何过中秋节】

中秋节的别称众多，如月夕、秋节等，是流行于我国众多民族与东亚诸国的传统文化节日。

中秋节始于唐朝初年，盛行于宋朝。在《水浒传》里有不少描绘中秋节的场景。在中秋节这一天，梁山好汉们也会以各种形式来欢度这个节日。

一是饮酒赏月。史进结识少华山陈达等三位好汉后，往来甚密。中秋佳节，便邀三位好汉到庄上"赏月饮酒"。中秋之日，"宰了一腔大羊，杀了百十个鸡鹅，准备下酒食筵宴"，非常隆重。这与史料记载也是相同的，此时富贵人家要在自家张灯结彩，饮酒赏月；一般人家则到酒楼订饭，边吃边赏月，小孩子则在一边嬉戏，通宵达旦。

　　二是阖家团圆。中秋节对于打虎英雄武松来说也是一个门槛。武松醉打蒋门神后，中秋节被选为张都监等设计陷害武松的"道具"。张都监携夫人宅眷和丫鬟在鸳鸯楼安排筵宴，庆赏中秋。除了武松没有外人，是一个阖家团圆的节日。武松作为外人，"吃了一杯便待转身出来"，这时张都监便挽留说"如自家一般，何故却要回避"。武松参加张都监的中秋节家宴，看到这种营造出的自己人的气氛，武松的心情十分激动，但他也是在这阖家团圆的气氛中坠入了圈套。

　　三是对月欢歌。中秋之夜歌舞升平，酒楼里丝竹箫管并作，演唱歌曲是不可缺少的项目。张都监中秋节宴请武松时也不例外。张都监将自家心爱的养娘玉兰叫出来，安排养娘唱"玉兰中秋对月时景的曲

儿"。

　　此外，当时吃月饼的习俗还没有形成，至少在《水浒传》和《金瓶梅》中没有记载，《红楼梦》中的记载就很详细。不是作者没有注意到吃月饼的习俗，而是在宋朝还没有吃月饼的习俗。

　　中秋节是宋朝的一个狂欢节。中秋夜是不眠之夜，夜市通宵营业，玩月游人，达旦不绝，它把全民带到了一个极端追求享乐的心境。享乐让一个民族堕落，面对金国的金戈铁马，只能是高潮过后便是落幕。

【北宋如何过重阳节】

重阳节，是每年的农历九月初九，是我国传统四大祭祖的节日之一。它形成于战国时期，沿袭至今。

重阳节起源于战国时代，是古时丰收之后祭天、祭祖的重要节日。在宋朝过重阳节的活动更加隆重，梁山好汉也不例外。在《水浒传》第七十一回中对此做了详细的描述，下面我们就来了解一下梁山好汉是如何过重阳节的。

一是菊花大会。

在这一回里，宋江为了招安之事特意在重阳节这天召开了菊花会，并在大会上试探大家对招安的反应。忠义堂是这次菊花会的主会场，只见忠义堂被菊花装点得一片金黄，煞是好看。北宋时，不只在梁山，

无论是东京汴梁还是偏远的边陲小镇，都有重阳赏菊的习俗。在现代，开封市每年还要举办菊花会，也是全国唯一举办菊花大会的城市。

二是鬓插菊花。

为了给菊花大会助兴，宋江当场作了《满江红》词一首。其中写道："鬓边不可无黄菊"，由此可见，鬓插菊花是宋时重阳节的一个重要习俗。其实，这一习俗在唐朝时已经非常盛行了。古人认为鬓插菊花可以避祸消灾，而到了宋元之后，这一风俗却渐渐地变得罕见了。到了清代，北京地区的重阳节习俗是把菊花插在门窗上，寓意着吉祥如意。这也是鬓插菊花的一种变俗。

三是饮菊花酒。

饮菊花酒这一习俗在汉代已经开始盛行了。到了晋代，大诗人陶渊明就有"酒能祛百病，菊能制颓龄"之说。这时的菊花酒，配有刚开始绽放的菊花和青翠的枝叶，因此芳香扑鼻，回味悠长。而且此酒还具有养肝明目、消炎解毒的功效。因此饮菊花酒、赏菊花也成为人们重阳节必不可少的活动。因为菊花酒，重阳节也成了祭祀酒神的酒神节。这一天，也是酿新酒的好日子。如电影《红高粱》的插曲里就有"九月九酿新酒"一词，这更加佐证了重阳节也是酿酒业的重要节日。

【北宋如何过腊八节】

腊八节是每年的农历十二月初八，是我国汉族的传统节日，流传着吃"腊八粥"等习俗。

古时的"腊"是祭祀的意思，是一年的岁终大祭。远在商周时代，我国就有连天地、神灵、祖先一起祭祀的习惯，并且把这种综合祭祀，叫做"合祭"。在每年的腊月初八日用干物祭祀八谷星神，进行祷祝，称为腊八祝或称蜡八祝，故称腊八节。

腊八节的腊祭包括两个方面：一是祭祀；二是祷祝。祭祀是祀祭先啬神神农、司啬神后稷、农神田官之神、水庸神水沟、昆虫神等八谷星神，同时民间连带祭祀祖辈先人。《水浒传》中写道：当时腊月初旬。山东人年例，腊日上坟。只见小喽啰山下报上来说道："大路

读
名
著
学
知
识
·
《
水
浒
传
》

上有一乘轿子，七八个人跟着，挑着两个盒子去坟头化纸。"刘高之妻对宋江说："为因母亲弃世，今得小祥，特来坟前化纸。"从这些描述可以看出：宋朝腊八节也是一个给父母先人上坟烧纸祭祀的节日。

　　祷祝是腊祭的一个重要方面，内容是祈求来年风调雨顺，确保农业丰收。借用腊八粥来谐音腊八祝的意思，每年的腊月初八日用干物煮粥，敬献农神，进行祷祝，祈求保佑，以庆丰收。腊八粥也叫七宝五味粥。最早开始于宋代。每逢腊八这一天，不论是朝廷、官府、寺院还是黎民百姓家都要做腊八粥。宋朝 吴自牧撰《梦粱录》卷六载：

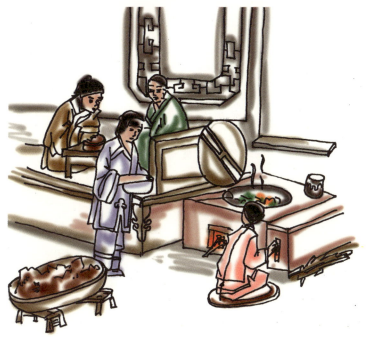

"八日，寺院谓之'腊八'。大刹寺等俱设五味粥，名曰'腊八粥'。"

此时，腊八煮粥已成民间食俗，当时帝王还以此来笼络众臣。元人孙国敕（chì）作《燕都游览志》云："十二月八日，赐百官粥，以米果杂成之。品多者为胜，此盖循宋时故事。"在民间，家家户户也要做腊八粥，祭祀祖先，不仅合家团聚在一起食用，还会馈赠亲朋好友。

读名著 学知识·《水浒传》

【北宋如何过春节】

春节是我国最隆重的传统节日，据史书记载，中国人过春节已有四千多年的历史。

北宋时期，由于经济高度发达，节日的宗教色彩淡化，娱乐成分大大增加，节日成了全民狂欢的代名词，特别是春节更是放大到极致。宋朝的春节从腊月二十三小年开始，到元宵节结束，更有甚者从腊八节开始一直到二月二都称为过年。宋朝时的春节假期，原则上大年初一前后各放三天，元宵节放假七天，腊八放假三天，二月二中和节又放假三天，春节这一个月中就放假二十天，助推了春节的节日文化的发展。

宋朝人过的春节其实是元旦。宋代吴自牧《梦梁录》卷一"正月"

条目："正月朔日，谓之元旦，俗呼为新年。一岁节序，此为之首。"
只是民国实行阳历纪年，正月初一才改称为春节。在《水浒传》里有
不少过节的场景，最多的要数对元宵节的描写。虽然书中没有写过年
的场面，但从对元宵节的描写来看过年也是很隆重的。

　　宋代过春节普遍开始燃放爆竹。在《水浒传》中出现了一个放炮
高手，名叫凌振。呼延灼在推荐他时这样说道："此人善造火炮，能
去十四五里远近，石炮落处，天崩地陷，山倒石裂。"看看他在战场
上的表现：凌振又放一个车箱炮来，那炮直飞在半天里响；凌振就岸
边撒开炮架，搬出号炮来，连放了十数个。号炮者，兴兵列阵埋伏冲
杀的信号，仅为战场之帮衬，不是战场之重要武器，宋朝还没有实质

上的火炮，凌振的炮兵部队只是一群放爆竹的高手。这可以说明宋朝的爆竹制作技术已经很成熟。宋代的除夕夜，爆竹之声通宵不绝。在《东京梦华录》里有这样的描述："是夜，禁中爆竹山呼，闻声于外。"宫廷高院深墙内燃放爆竹的声音，传到了宫外。宫外大街小巷都有人竞相燃放爆竹。据载，宋朝的爆竹品种不下百余种，有单响、双响、连响。其中，飞上天空才爆响的二踢脚爆竹，这是凌振火炮的原型。

宋人过年都要饮酒。《水浒传》中描写饮酒的场景有很多，说明饮酒在宋朝已成为一种时尚。尤其是过节的时候，宣和五年宋江军营中的元旦酒宴、宋江领军剿灭了王庆班师回京的元旦筵宴，还有宋江在花荣寨里度民间元宵节和描写京师元宵节，都描写得令人如临其境。除了这些节日的酒宴，还有梁山好汉的饮酒酒宴，这都足以说明了对酒宴的重视程度。《水浒传》全书中提及六百多场（次）饮酒，并描写了相关的酒业状况、岁时饮酒习俗、饮酒礼仪、宴饮时尚、饮酒器具、酒令、酒的种类品牌，等等。通过这些环境、背景的描写，显示了那个时代酒文化的特点，向读者展现了一幅丰富的宋代酒文化长卷。

【北宋时期的婚俗】

在我国，各个时期的婚俗都各不相同。北宋时期的婚俗比明清时期的婚俗较为开放。

古时婚姻不能自主，必须听从"父母之命、媒妁之言"，"有父从父，无父从兄"。在《水浒传》第二十四回里写到清河县的一个大户财主，有权把婢女潘金莲许配给武大。第三十五回里写到花荣可以将妹妹许配给秦明，而不必问妹妹是否同意。第五十一回里又写到宋江以义兄的身份，将如花似玉、武艺超群的扈三娘配给相貌丑陋、武艺一般的矮脚虎王英，还得到了众人的称赞。

宋代男女双方在确定婚姻关系时男方必须向女方交定礼，也叫聘礼。第五回周通要娶刘太公的女儿，就"撒下二十两金子，一匹红锦

为定礼"。盗亦有道，虽然是强抢压寨夫人，但是娶亲先交定礼的民俗是一定要遵守的。

　　宋代是男权社会，男人可以休妻，女人则必须"嫁鸡随鸡，嫁狗随狗"，没有权利休夫。如第八回林冲发配时，临行前写了一纸休书把妻子张氏休了，"明白立纸休书，任从改嫁，并无争执"。这时实行的是多妻制，有钱有势的人娶了正妻以后，还可以纳妾。如果正妻去世，也可以把妾扶为正妻。第二十四回王婆与西门庆说道："官人，你和李娇娇却长久。"西门庆道："这个人见今娶在家里，若得他会当家时，自册正了他。""册正"就是把妾立为正妻，又称"扶正"。

　　但是，妇女在丈夫过世后就可改嫁，可以自己作主，不受他人干

涉。所以第二十五回王婆向潘金莲说道："初嫁从亲，再嫁由身，阿叔如何管得。"所以在宋代妇女改嫁是自由的，社会环境也比较宽松。如第四十四回潘巧云先嫁了一个王押司，王押司身故后，又改嫁给了杨雄。

宋代男子入赘（zhuì）到女方家中也是非常流行的风俗，第十回李小二被酒店主人招赘为女婿；第十七回曹正入赘在庄农人家；第二十七回张青入赘在孙二娘家；第五回就连桃花山上的强盗周通也要求在刘太公家入赘。

宋代是商品经济高度发达的社会，因此当时的社会风尚还是比较开放的，不同于以后的明清时期。而社会的开放也促进了经济的发展，使宋代社会的繁荣程度达到了一个空前的高度。

【宋朝男人爱戴花】

男人戴花，在唐朝就已经出现了，不过，不是很普遍。在明清时期，也可见到。但只有在宋朝时期，男人戴花才蔚然成风。

男人戴花，在现在看来感觉不可思议。可是在宋朝，男人戴花可谓是一种时尚，几乎无人不戴花。在《水浒传》里，你会发现梁山好汉简直就是"花团锦簇"。

如：浪子燕青，"鬓边长插四季花"；阮小五"斜戴着一顶破头巾，鬓边插朵石榴花"；而刽子手、满脸横肉的蔡庆，生来爱戴一枝花，于是人家干脆叫他"一枝花"蔡庆……

宋朝之所以戴花蔚然成风，当然是有权威的领军人物引领时尚。其中最具权威的当数一代风流帝王宋徽宗。宋徽宗每次出游回宫，都

是"御裹小帽，簪花，乘马"，从驾的文武百官、侍卫等，也都赐花簪戴。宋徽宗不仅崇尚戴花，还制定了一些规则。如赐给贴身侍卫每人锦袄一领，翠叶金花一枝。只有佩戴宫花锦袄者，才能自由出入大内禁地。此时，男人簪花不仅是时尚的佩饰，甚至成为社会身份、等级的一种标志。每逢重大节庆，例如郊祀回銮、宫廷会宴和新进士闻喜宴等，皇帝都要赐花给臣僚。皇帝赐给臣僚们的簪花还分品位：生辰大宴又有辽使在场时，用绢帛花；春秋两宴，用美丽的罗帛花；陪同皇帝游玩的小宴，则用精巧的滴粉缕金花……赐花时，还按官员的品阶决定花的品质和数量的多少，如官衔一般。

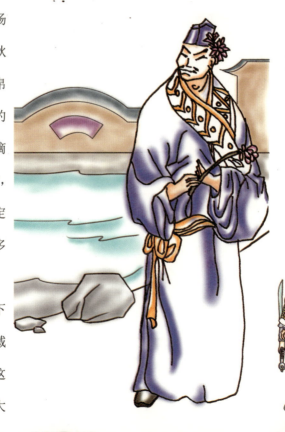

宋朝是我国上下五千年唯一以男人戴花为时尚的朝代，这是为什么呢？因为大

宋开国皇帝赵匡胤为了维护自己的统治，重文轻武，并把文治作为治国的方针。因此，社会上文人气氛浓厚，世人无不以风雅之事为时尚。所以，戴花成为宋时男士的必备佩饰也就不足为奇了。而且这一现象还上升到了一个国家礼制的高度，不禁令人咋舌。

　　说到簪花，除了鲜花，南宋时期还出现了人造花，其中最有名的要属琉璃花。琉璃花即玻璃制成的花，晶莹剔透，煞是好看。南宋末年，宫中流行簪戴琉璃花，世人争相仿效。有诗人便赋诗道："京城禁珠翠，天下尽琉璃。"琉璃——流离，有识之士认为这是"流离之兆"。确实，此后不久，南宋即告灭亡。

【宋代的文身】

泛。原始人类时期就出现文身历史悠久而广现。文身。原始人类时期就出现。文身作为人类辉煌历史文化的一部分，它延续至今已有两千多年。

　　宋代男人不仅喜欢戴花，而且还有文身的习俗。文身是需要用针蘸上墨水，一针一针地将墨水刺到皮肤里去。因为当时没有专业的文身墨水，而黑色的颜料在皮肤里的时间久了，就褪色变淡，成为青色，所以文身又被称为刺青。文身在远古时期就已经出现了，是人类一种非常古老的习俗。古时军士、江湖豪客、浪荡公子文身的比较多。在《水浒传》中文身的好汉也非常多，其中最著名的当属九纹龙史进了。他的绰号便是由身上文的九条青龙而得名。

　　这时人们文身多是为了体现自己的勇猛、彪悍、与众不同。《水浒传》第二回史太公介绍自己的儿子时，讲道："请高手匠人，与他刺了这身花绣，肩臂胸膛鬃有九条龙，满县人口顺，都叫他做九纹龙史进。"第十七回鲁智深向杨志做自我介绍时说："人见洒家背上有花绣，都叫俺做花和尚鲁智深。"浪子燕青的刺青也很好看，京城名

媛李师师还称赞过他。燕青的文身在《水浒传》中有详细的描述："一身雪练绣了这身遍体花绣，却似玉亭柱上铺著阮翠。"可以说是光彩照人。历史上最有名的刺青应该算是"岳母刺字"了：岳飞背上由母亲手刺下的四个大字"精忠报国"，寄托了岳母希望岳飞为国杀敌、报效祖国的爱国心迹。

宋代时文身已经成为流传于民间的风俗时尚，还出现了众多的文身爱好者。文身的专业工匠也大量地出现了，并开始公开摆摊设点招揽生意，一些刺青高手也应运而生。同时，也出现了文身爱好者自发组织的民间社会团体——"锦体社"，并定期举办文身有奖比赛。这大概是世界上最早的文身爱好者协会和世界上最早的文身大奖赛了吧。

【宋朝的小脚女人们】

缠足，是指把女子的脚用长布条紧紧地缠住，限制其正常生长，使脚变成畸形的"三寸金莲"，以为美观。其实这种习俗严重地摧残了女子的身心健康。

缠足是我国封建社会摧残妇女的一种陋习，具体始于何时，已无史料可考了。《水浒传》成书的年代（明朝）正是妇女缠足风行的时代，因此作者在书中以十分欣赏的口吻描绘了这一风俗。而在宋代，尤其是北宋年间，缠足只在上层社会中流行，普通百姓缠足的并不是太多。

《水浒传》中的美女都是小脚，如武松的大嫂潘金莲便有一双美丽的小脚。西门庆为了勾搭潘金莲，故意把筷子掉落地下，"西门庆连忙蹲身下去拾。只见那妇人尖尖的一双小脚儿，正翘在箸边。西门庆且不拾箸，便去那妇人绣花鞋儿上捏一把。"还有宋江的外室阎婆惜、

鲁智深搭救的街头卖唱女金翠莲、京城名媛李师师等都有一双美丽的小脚。

缠足的过程一般分为试紧、裹尖（裹脚趾）、裹瘦（裹脚头）、裹弯（裹脚面）等几个步骤，严重摧残了妇女的身心健康。到了南宋缠足得到了更广泛的普及，"小脚"已成为妇女的通称。女人的小脚为什么称之为"金莲"，也有很多不同的说法，有一种说法认为与佛教文化中的莲花有关。莲花出淤泥而不染，在佛门中被视为一种美好、高洁、珍贵、吉祥的象征，以莲花称妇女小脚当属一种美称。另外，在佛教艺术中，菩萨多是赤着脚站在莲花之上的。再者，妇女的小脚底部形状与莲花瓣相似，这些可能也是把莲花与女子小脚联系起来的重要原因。而

国人喜欢以"金"修饰贵重或美好的事物，在"莲"字旁加一"金"字而成为"金莲"，也属一种表示珍贵的美称。因此，后来的小脚迷们往往以三寸之内者为金莲，以四寸之内者为银莲，以大于四寸者为铁莲。言及金莲势必三寸，金莲成了小脚的代名词。缠脚是对妇女身体和精神残无人道的摧残，这种丑陋习俗一直延续到新中国成立后才被彻底根除。

【宋代的结义】

求。

千金易得，挚友难求。结义指的是没有血缘关系的人因感情深厚或有共同目的而结为兄弟或姐妹。

结义，俗称结拜、换帖、拜把子、拜仁兄弟，也称义结金兰。"金兰"源于《易经》，原意指牢固而融洽的友情，后来用于结拜兄弟姐妹的专称。结义古已有之，最著名的当数三国时期的刘关张"桃园三结义"。结拜既是一种江湖行为，也是一种民间风俗，从古至今长盛不衰。

《水浒传》中多次写到梁山好汉结拜为异姓兄弟的内容，如第七回林冲与鲁智深结拜为兄弟。第十七回鲁智深告诉杨志自己在十字坡与张青结为兄弟："因问起酒家名字，留住俺过了几日，结义酒家，做了弟兄。"第二十三回武松道："天色将晚，哥哥不弃武二时，就此受武二四拜，拜为义兄。"宋江大喜。武松纳头拜了四拜……可以说，《水浒传》中梁山好汉聚义的基础就是结义。

在《水浒传》里，结拜兄弟的仪式也非常简单，无论是路边酒店还是菜园子的大槐树下，随时随地都可以结拜。结拜的过程和礼数也

不复杂，基本都是年龄小的向年长的"拜四拜"。至于对天发誓等程序，则可有可无。第九十三回"混江龙太湖小结义"算是比较正规的一次结拜，梁山李俊等三人与太湖费保等四人，共七位好汉一起结义为异姓兄弟。费保"便叫宰了一口猪、一腔羊，致酒设席，结拜李俊为兄"。由此看来，结义的仪式也非常简单。

　　相比之下，北宋时期的乡间民俗里的结拜要比《水浒传》里描述的复杂得多。在民间，结拜时要选择良辰吉日和庄严肃穆的场所，要

摆设天地牌位和香案，还要铺设三牲供果。按照传统规矩，结拜要经过同饮血酒、叩头换帖、对天盟誓等几个环节。结拜的时候参加结拜的人各持"金兰帖"，"金兰帖"就是用红纸写出每人的姓名、生日、时辰、籍贯及父母、祖父、曾祖父三代姓名并由自己签字画押的帖子。然后根据年龄的大小，依次焚香叩拜神灵和先祖，一起读誓词。磕过头以后"金兰帖"必须相互交换，所以结拜又叫"换帖"。饮血酒就是大家都把手指割破，将血滴入酒中然后同饮，意思是从此血脉相连，情同骨肉。为弟的还要向为兄的磕头，为兄的也要还礼。结拜兄弟相互四拜合起来共八拜，所以称为"八拜之交"。结拜以后义兄弟之间还要给对方的父母磕头，也要行八拜大礼，过去只有对父母长辈才行如此大礼，意思是从此以后要把对方的父母视为自己的亲生父母来孝敬。结拜以后义兄弟之间的婚丧嫁娶等大事情都必须相互参加，并奉送最丰厚的礼物和礼金。

【拈阄】

拈阄是人们处理难题时的一种办法，操作简单且看似公平，于是流传至今。

凡是遇到难以处理的问题，梁山好汉还会以拈阄的办法解决。"拈阄"，就是在纸条上暗写上字或标出记号，做成纸团，让有关的人各自拈取一个。然后打开纸团，按纸团上的记号、注释或者事前的约定，以决定权利或义务应该属于谁的一种处事方式。

《水浒传》第六十九回为了确定梁山寨主人选，宋江和卢俊义二人决定分头领兵攻打东平府和东昌府，先破城者便为山寨之主。至于攻破后的那两个城池如何分配，为了体现公平、公正，没有作弊，便是以拈阄的方式确定的。在以后的战争中宋江和卢俊义每当分兵，基本都是先把两队人数分好，写成两个阄子，然后设摆条案，焚香祈祷，各取一个来决定如何分兵。《水浒传》第一百一十六回对拈阄也有记载。

在现实生活中，当我们对某件事举棋不定的时候，有时也会用"拈阄"来决定事情的定夺，靠"天意"来决定自己摇摆不定的决策究竟

向何方。当然，这么做有点"生死由命，富贵在天"的味道。比如，我们经常听到、看到有的体育赛事由裁判抛硬币看正反面而决定"开局、挑边"，这和"拈阄"有着异曲同工之妙。

生活中有许多不公平现象，有时人们挖空心思，无论如何也难以抹平它事实上的不公。拈阄，能让生活中许多复杂的事情变得简单，让左右为难的争执瞬间消融，让刁钻的人无光可沾，让老实人得到公平。

　　当然，拈阄的结果并不一定是绝对的公平，但是它能够让人们在心灵上感觉到人人是平等的。因此，拈阄民俗至今风行各地，仍然是人们解决复杂问题的法宝。

第二章 《水浒传》中的市井文化

市井，就是靠近井边的市场。古时由于每家每户都需要去井边打水，而打水又是个体力活，所以人们把水打上来后往往要在井边歇息一会儿。于是，井边就成了人们日常生活中常常会聚在一起的地方。也因为常聚集在一起，所以市场交换一般都是在井边进行的，日久天长，就形成了"市井"。

【庙会——商品交易的集市】

庙会，是我国集市贸易形式之一，流行于全国广大地区，其形成与发展和地庙的宗教活动有关。

　　庙会，也称"庙市"，是以商品交易为目的的集市形式之一，因为地点通常设在寺庙内或其附近，而时间一般又在佛教节日或规定的日期举行，所以被称为庙会。北宋时期，由于佛教得到了极大的推广和发展，于是每逢重大宗教节日，市民到各大寺庙里进行集会已经成为司空见惯的日常活动。这种庙会又以开封大相国寺最为有名。每月初一、十五和逢八，大相国寺就会向百姓开放，不仅允许老百姓在寺内做买卖，寺里的出家人也可以摆摊设点。据史料记载，在相国寺的集市里，不仅有能工巧匠的绝活，还有来自天南地北、五湖四海的各种奇珍异宝，宛如现在的世界博览会。

　　这一时期的庙会明显呈现出娱乐性的特点，神人共乐，体现了庙会文化巨大的包容性。在庙会里既有虔诚的宗教信仰，也有世俗的商业贸易。而且，商人们愿意对神灵顶礼膜拜，僧道们也愿意学习商品交换规则，互通有无。在庙会上，小商贩沿街叫卖的吆喝声，招揽主顾的敲打声，来自全国各地民间的各种杂耍艺人，街道两旁店铺里琳琅满目的商品以及街头的各种特色食品，如吹糖人、捏面人、糖葫芦、爆米花、耍猴，等等，使庙会呈现出一幅幅鲜活生动的生活画面。

　　随着庙会的盛行和广大市民对神灵的忠实信仰，庙会上出现了大批术士。这些人随意扯个"神课"或"看命"的布条，或在卦摊前竖

立一块"决疑"的牌子，就开始为人相面卜卦，破解人的前生今世甚至是来世。《水浒传》里对术士就有专门的描绘。术士人数众多，形成了一个专门的职业。据史料记载，最繁盛时期，在东京城内注册登记的术士就有一万人以上，而东京的总人口也不过一百多万，比例之高，确实令人惊叹。

《水浒传》第七十四回描写了每年三月二十八日天齐圣帝降诞日在泰安州举行的东岳庙会："原来庙上好生热闹，不算一百二十行经商买卖，只客店也有一千四五百家，迎接天下香官。到菩萨圣节之时，也没安着人处，许多客店都歇满了。"一千四五百家客店全部住满，庙会盛况可见一斑。

【货币——交易的主要媒介】

货币是商品交换发展到一定阶段的自发产物。宋朝年间出现于我国四川地区的"交子"是世界上最早的纸币。

市井是商品交易的场所，而商品交易的媒介工具是货币。北宋时期使用的货币是黄金、白银和铜钱，最常使用的货币是铜钱。一个铜钱是一文，一千文串在一起是一贯，一贯铜钱等于一两银子，十两银子等于一两金子。即：一两金子＝十两银子＝十贯铜钱＝一万文铜钱。

宋代金融体制比较混乱，铜钱、铁钱、铅锡钱同时流通，各州都有权自行铸钱，还存在私人铸钱的情况，钱的大小不一、成分不等、价值多变。在四川还产生了世界上第一种流通的纸币——交子。这是因为：当地以铁钱为主，大的每千钱二十五斤，中等的十三斤，这给

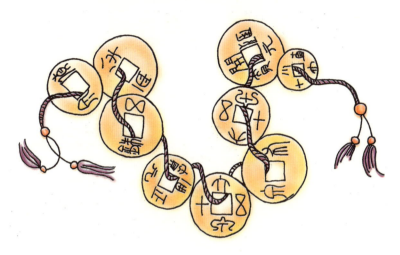

商贸活动带来了很大的不便。不便不只体现在体积大、分量重，而且购买力非常低。如一匹罗需要铁钱二万个，这些铁钱重达一百三十斤，需要用车拉才能搬运，如果长途贩运，更加不便。所以纸币产生于四川，并不是偶然的。

交子是当时四川当地的方言，是票据、凭证的意思。交子又分"官交子"和"私交子"，官交子是朝廷成立交子务后官方承认的官纸币，私交子是流行于民间的票据。

交子的面额由一贯到十贯不等，金额在发放时临时填写，"书填贯文，不限多少，收入人户见钱，便给交子"。由于临时填发有被伪造的风险，加之许多别的弊端，后改为统一印刷。刚开始时面额有五贯、

十贯两种，后又改为一贯和五百文。交子一般用红、黑两种颜色印刷，为了防止伪造，又加入了秘密记号和图样。

交子的出现，大大地促进了宋朝的商品流通和交易，使宋朝的商品经济得到了更大的发展。

【关扑——特殊的交易方式】

宋元时期，随着赌博风气的盛行，赌博活动也深入到了当时蓬勃发展的商业领域中。"关扑"就是其中的一种赌博形式。

《水浒传》第四十回，写到了火眼狻猊邓飞，他就是以关扑为生的生意人。那么什么是关扑呢？它是宋代一种非常流行的交易方式，也叫"扑卖"或者"博卖"，就是以赌博的方式买卖商品。卖家以货物当注，买家以明显低于货物价值的钱当注。下好注以后开赌，买家赢了免费得物，如果输了就把下注的钱白白送给卖家，买家什么东西都得不到。

关扑的方式一般有掷铜钱、摇签、丢飞镖三种。

1. 掷铜钱

就是拿一枚或几枚铜钱往地上扔，看铜钱哪面朝上。如果买家和

卖家事先约定带字儿的一面朝上为赢，结果是扔的铜钱字面朝下，那就是买家输了。

2. 摇签

一般是在签筒里搁一把小竹棍，上面刻上从零到九的数字，买家连摇三根出来。如果这三根竹棍上的数字加起来大于十五就是赢了，小于十五就是输。

3. 扔飞镖

卖家在摊位前事先挂好一个大圆盘，并在上面画上六十四卦，每一卦上贴一只小动物，每一只小动物对应着相应的商品。买家来关扑

的时候，先花钱买一支飞镖，并定好自己准备射中的小动物，然后对准高速旋转的八卦盘把飞镖掷过去。如果飞镖正中事先约定好的动物就是赢，否则便是输。如果买家不服输，还可以花钱再买飞镖继续关扑。

由此可以看出，关扑是由赌博发展而来的。也正因为如此，也有专家把它列为一种娱乐方式，而不是一种商品交易形式。当时的关扑不仅仅限于日常生活用品，出行的车马甚至房屋地产也可以用来押注。因此，关扑这种亦商亦赌的方式，简单明晰，有很大的偶然性，在宋代民间非常盛行。

【蹴鞠】——当时流行的体育运动

蹴鞠是我国古代汉族民间广泛流行的运动，也就是它的起源。蹴鞠作为球类和体育运动的起源，不仅影响了我国其他技能，也直至今天影响了我国足球的起源，其他民族至渐渐传播到了全世界。

《水浒传》第二回就出现了高俅，他是书中的一个反面人物。原本是一个东京街头的小混混，只因为蹴鞠的技艺高超，从而青云直上，从一介草民摇身一变而位极人臣，成为宋徽宗眼前的红人。

蹴鞠，据《史记》记载，起源于春秋战国时期的齐国都城临淄。蹴是踢，鞠就是球，也就是踢球的意思。国际足联已确认现代足球的起源就是我国的蹴鞠。据史料记载，远古时期由黄帝创造的蹴鞠游戏采用的是石制的球，到了汉代，已有了制鞠的标准和规格。当时的球

主要是用动物的毛皮为壳，并装入毛发及织物的轻软实心球。

唐代是蹴鞠的大发展的年代，制鞠的技术也有了很大的进步。鞠的制作工艺非常繁杂，皮革先经火炉炙烤，然后过水揉搓使其变软，再将揉好的皮革裁成方块。方块裁好后，将这样的八片方块皮革缝制成圆形外壳，再在壳内装入动物膀胱，然后吹气成球，这样的球就比汉朝的实心球有了实质的改进。

到了宋代，制鞠工艺在唐代的基础上更进了一步，将唐朝的八片结构改为十二片，使鞠的外形更圆，并采用内缝法将皮革缝好再翻转，这样鞠表面就不会露出缝线，更加美观。而且宋代有了统一的标准，规定球重十四两，约合现今四百三十四克，与现代比赛用足球的重量相近，外观更类似现代的篮球。

这时，不论是在宫廷还是民间，蹴鞠都非常流行，而且组建有专门的蹴鞠队。此时，还出现了专门以蹴鞠为生的艺人，并成立了自己的组织——齐云社，又称圆社。这是专门的蹴鞠组织，专事负责蹴鞠活动的比赛组织和宣传推广。这是我国最早的单项运动协会，类似于今天的足球俱乐部，也可以说是世界上最早的足球俱乐部。

蹴鞠的方法也以娱乐健身的单球门踢法逐步替代了竞技性的多球门、双球门踢法，规则与技法已非常成熟。除了竞技的目的外，还有一种非竞赛性、以娱乐为目的无球门踢法。这种无球门踢法可个人进行，也可多人相互之间进行。踢球时，可以头、肩、背、腹、膝、足等部位接触球，灵活变化，随心所欲。这种方法以动作的花样多少和难度作为评判和取胜的依据，类似于现代的花式足球。这种踢法既有单人表演，也有两三人或者几十人的团体表演，风靡一时。

【相扑】

相扑，不仅是一项古老的传统体育运动，也是一项娱乐活动。在宋代，女子相扑是最能吸引看客眼球的一项娱乐表演。

相扑，又叫角力，也叫角抵、争交，是一种和现在的摔跤类似的体育运动。相扑的起源很早，相传在秦、汉以前就已经出现了，在宋代时是社会上非常流行的一种运动。当时，除了官方的相扑手和民间的相扑手，甚至还有一些女性也加入到这项运动中，比较有名的女性相扑手有赛关索、嚣三娘、黑四娘等。

民间的相扑手，生活比较辛苦。他们的身份与街头上耍把戏的艺人差不多，每天都会在街上为民众表演，为的是能挣点钱以补贴家用。民间的相扑手也有比赛，就是各地州县的相扑高手会定期聚到一起，然后较量高下。南宋时，最具有权威性的相扑比赛，是在临安府（今

杭州）护阁寺南高峰举办的全国性的相扑擂台赛——"露台争交"。

严格的相扑比赛，还会有一套完整的规则。第一，举行比赛有一定的日期。在泰山上举行的比赛一般都选择在三月二十八日东岳圣帝诞辰日举行。《水浒传》写燕青打擂便是在这个日子，元代无名氏的杂剧《刘千病打独角牛》也是以这个日子为背景。

第二，服饰有定制。宋代的相扑服装，沿袭汉、唐以来的旧制。比赛双方上身完全赤裸，下身光腿赤足，仅在腰胯束有短裤，头上一般是梳髻不戴冠，也有时足下穿靴式鞋。《水浒传》中的描述基本与

上面相符，"燕青除了头巾，光光的梳着两个角儿，脱下草鞋，赤了双脚，蹲在献台一边，解了腿绷护膝，跳将起来，把布衫脱将下来……"燕青与任原的装束差不多，除了下身的短裤外，身上都是赤裸的。从流传下来的唐宋相扑图画上看，相扑手的服饰与现代的日本相扑装束大致相同。由此也可看出，日本的相扑也是由我国传播过去的。

第三，有裁判和比赛规则。裁判叫做部署。部署本是唐宋时军营中擅长技击的低级官名，大概是由于军中军人比试武艺时，常邀请熟悉技击术的部署为评判官员，后来逐渐使用开来，便成为所有较技比赛中裁判员的统一称谓。相扑比赛的部署，一般是由经验丰富的老拳师充任。比赛开始之前，部署要进行参神等礼节，然后才请出赛手。

第四，参赛者不分体重级别。赛手不分体重级别，说明宋代的相扑比赛制度还不十分完善。同是训练有素的赛手，如果重量体力差别太大的话，是很难进行比对的，这样的较量存在不公平竞争的因素。

第五，参赛者需要保人作保，在比赛过程中如果不慎有赛手伤亡，伤亡者后果自负，伤人者不负责任。

第六，相扑不光是以勇力决胜负，也注重技巧和参赛者的战术和智谋。因为体重不分级别，所以体格瘦弱的相对高大的选手来说就显得有些吃亏。但是，当时以小搏大、以弱胜强的战例还是屡见不鲜，可见巧智在相扑比赛中也是一个不可忽视的因素。

第七，官方介入管理，胜出的一方有实物奖励。如果比赛规模较大，人多拥挤，鱼龙混杂，很容易就会出现意外事故，也可能导致场面混乱无法控制。因此，官府的介入是必要的。这时官方的主要职责是维持秩序，控制现场场面，保证比赛顺利进行。得胜者有实物奖励，就是所谓的"利物"。"利物"可以是由观众集体摊派的，也可能是政府发出的。"优胜者可得旗、帐、彩缎、锦袄、马匹等"。

随着时代的发展，相扑运动也有了新的发展。现在的相扑运动，不仅技巧上有了更进一步的提高，规则也更加严格，而且也逐渐转向了商业化。

读名著 学知识·《水浒传》

【宋朝的夜市、早市】

夜市，起源于北宋时期。开始出现于宋都开封，即今天的河南省开封。宋代不但有夜市，还有早市。夜市和早市'，体现出了宋代时期商业的繁荣。

在宋代之前，城市实行的是坊市制。城内作为商业交易区的"市"和作为居民住宅区的"坊"，在空间上是分离隔绝的，所有的商业活动只能局限在"市"里进行。居住区的每个坊之间也是互相隔离的，不仅用围墙围住，还有坊门相隔。每日早晚，金鼓之声就会响起。这时，坊门和市门都必须定时开启和关闭。唐代时，甚至还有相关的法律条文。法律规定，除官府特许外，闭门之后、开门之前，在坊市中夜行者，都算作"犯夜"，必笞二十板作为惩罚。因而唐代前期包括长安、

洛阳在内的所有的城市是没有早市和夜市的。但是唐代后期，随着社会经济的发展，这种严格的城市管理制度被打破了。唐代诗人王建的《夜看扬州市》一诗便反映出当时已经出现了夜市：夜市千灯照碧云，高楼红袖客纷纷。如今不似时平日，犹自笙歌彻晓闻。

入宋以后，随着经济的飞速发展，封闭性的城市管理模式逐渐不能适应城市商品经济的发展。于是，原先住宅坊区内临街的民宅陆续开起了店铺，坊内隔绝的旧格局逐渐被打破，坊墙也被拆除，越来越多的商人在坊内街道两旁陆续开设了店铺，过去在时间限制上长期实

行的"夜禁"终于被取消。"日中为市"的惯例一旦突破,商家为了满足市场的需要,追逐商业利益,于是早市、夜市也就应运而生。

《水浒传》在"吴用智取大名府"一回中对夜市就有记载,梁山好汉为智取大名府,不少都乔装改扮成赶趁夜市的小商小贩了。早市见于《水浒传》"宋江怒杀阎婆惜"那一回中。书中写到宋江被阎婆惜晾了大半夜,挨到五更天,出得阎婆惜家门:"忍那口气没出处,一直要奔回下处来。却从县前过,见一碗灯明,看时,却是卖汤药的王公来到县前赶早市。那老儿见是宋江来,慌忙道:'押司如何今日出来得早?'宋江道:'便是夜来酒醉,错听更鼓。'王公道:'押司必然伤酒,且请一盏醒酒二陈汤。'宋江道:'最好。'就凳上坐了,那老子浓浓的奉一盏二陈汤,递与宋江吃。"

这里写了郓城县的早市,而"石秀智杀裴如海"一回也写了蓟州(今天津蓟县)的早市:"却说本处城中一个卖糕粥的王公,其日早挑着担糕粥,点着个灯笼,一个小猴子跟着出来赶早市。"两处早市,一个是县城里的,一个是州城里的,都反映了宋代城市的早市现象。

据《东京梦华录》记载,往往夜市三更才结束,早市"才五更又复开张。如要闹去处,通晓不绝"。甚至在天气寒冷之时也还会有夜市,《东京梦华录》里这样记载:"冬月虽大风雪,亦有夜市。"

繁荣的夜市不仅热闹非凡,而且夜市里的商品种类繁多。开封城

著名的大酒店潘楼，"其下，每日自五更市合，买卖衣物书画珍玩犀玉。至平明，羊头、肚肺、赤白腰子、奶房、肚胘、鹑兔鸠鸽野味、螃蟹、蛤蜊之类讫，方有诸手作人上市买卖零碎作料"。生意一茬接一茬，异常地兴隆、繁忙。

【瓦子】

瓦子，是宋代时期兴起的一种表演场所，以极其丰富的曲艺、说唱、杂技等表演为内容。瓦子的出现，极大地丰富了宋代人们的娱乐生活。

　　宋代是我国社会经济文化发展的重要历史时期。城市的迅猛发展、商品经济的高度繁荣，使新兴的市民阶层地位日益上升。随着城市经济的发展和市民阶层的兴起，与之相适应的民俗文化也大放异彩。到了宋代，随着坊市制度的逐渐瓦解，"瓦子勾栏"开始出现。"瓦子勾栏"是当时市民文娱游乐的重要场所，也是宋代市民文化勃兴的一种标志。

　　瓦子又叫瓦舍、瓦市、瓦肆，简称"瓦"，是固定的娱乐中心，"瓦舍者，谓其来时瓦合，去时瓦解之义，易聚易散也。"由于市民

文化的日渐繁荣，作为其标志的瓦子也越来越多。瓦舍的规模很大，大的瓦舍有十几座勾栏。一般是三教九流、五花八门，下流人士汇集之地——说书、卖艺、杂耍，还有妓馆等，宋代官宦一般禁入此处。据记载，北宋开封的瓦子有十多座，南宋临安的瓦子有二十多座，并且除了都城以外，不少繁荣的大城市也有瓦子。

勾栏又叫勾肆，设在瓦子中，其原意为"栏杆"，也称钩栏、勾阑，勾栏的原意为曲折的栏杆，在宋元时期专指集市瓦舍里设置的演出棚，是固定的演出场所，内设戏台、后台、观众席。勾栏上面还张有巨幕，

用来避风避雨。

　　瓦子勾栏是宋代一种专门的娱乐场所，瓦子勾栏里的文娱活动种类多样，能够满足不同阶层、不同职业、不同年龄层次和不同爱好的人的各种娱乐需求。看客上至达官贵人，下至平民百姓，不少从前为上层独享的娱乐活动由于有了"瓦子勾栏"的存在，已成为大众共同的爱好，以至于有"勾栏不闲，终日团圆"的说法。瓦子勾栏演出的内容主要有说唱、戏剧、杂技和武术等。宋代，瓦子勾栏成为市民文化娱乐生活的中心，每个大型的瓦子都是一个综合性的文艺场所，各种各样的娱乐活动在瓦子勾栏中轮番上演，无疑是将我国民间百戏、说唱曲艺活动推向了一个高峰。从当时存在众多的瓦子勾栏以及瓦子勾栏里的空前盛况来看，可以说宋代的城市文娱生活是相当普及的。

　　宋代是个经济发展极其繁荣的朝代，其城市娱乐也出现了商业化的趋势。瓦子勾栏中除了有各种各样的娱乐表演，也是一个繁荣的商业中心，卖药、卜卦、博彩、饮食和剪卖纸画等，琳琅满目，与现在的商业大街有异曲同工之妙。瓦子勾栏既是娱乐中心，又是商业中心，娱乐活动与商业活动同时进行，因此也称之为"瓦市"。戏友前来瓦舍进行娱乐活动，同时也促进了瓦子中的商业繁荣。

　　瓦子勾栏，作为宋代市民文化的标志，它的娱乐性与商业性，间接地反映了宋代社会的绚丽多姿和宋代人民的朝气与灵气，以及宋代

文化的高度繁荣。

瓦子勾栏的出现，对我国戏曲的形成具有重要的意义。它为民间艺人提供了固定的演出地点，使得演员有了稳定的演出场所和较好的经济收入，促进了技艺之间的交流，这有利于艺术上的提高。

由于勾栏是临时的戏曲剧场，比较简陋，容易损坏，元朝的《南村缀耕录》就记载了勾栏倒塌后压死观众的事情。正因为勾栏的这一缺点，所以后来以砖木结构的庙台逐渐取代了勾栏。

第三章 《水浒传》中的刑罚

我国古代，有一套相对严密的刑事法律制度。这些制度，规定了种类分明的系统的惩治方式，其中各种刑罚、刑具、施罚方式，都透现出了我国古代法文化中极其特殊的内容。

《水浒传》在讲述梁山好汉故事的同时，也描写出了当时的刑法状况。

【刺配】

刺配，指的是古代在犯人的脸部刺字，然后再将其发配到边远地方的一种刑罚。刺配出现于我国五代时期，刺配在清代时被废除。

刺配即刺字和发配，原是两种刑罚。刺字，是一种源自商、周时期的墨刑，到了秦汉时期又叫黥刑。墨黥之刑是古时惩治罪行较轻者的一种刑罚，其方法是在受刑者的面颊或额头上刺字，并染上黑色，以示惩戒并加以标记。而发配是指充军、流放之刑。最早这两种刑罚是分开的，到了五代时期的后晋，这两种刑罚被结合起来一块儿执行，从而产生了刺配这一刑罚。

到了宋代，刺配成了最常见的一种刑罚，《水浒传》中的梁山好汉，如宋江、林冲、武松等都受到过刺配这种刑罚。据史料记载，宋代初

年很少用刺配刑，凡是要刺配的犯人，必须由皇帝批准之后才能执行。宋太祖开宝八年（975年），岭南一带盗贼猖狂，屡教不改者竟向官府示威，赵匡胤大怒，一气之下发布实施刺配的诏令，由此形成定制。从此之后，凡被判处刺配的罪犯，接下来就是卷起铺盖流放了。

　　宋代的刺墨很有讲究，要根据犯罪类型、犯罪程度、犯罪者的身份和量刑轻重等不同情况加以区分：一是刺墨的形状不同。有的刺字，有的刺图案。如犯强盗罪但又够不上死刑的，只在额上刺"强盗"两字。对犯一般强盗罪的，在耳后刺环形团，应受徒、流刑的刺成方块形，

应受杖刑的则刺成圆圈。二是刺墨的深浅不同，一般是根据流刑的远近来决定，发配最远地区的刺七分，发配最近地区的刺四分。三是刺墨的位置不同，罪行重的刺面颊，罪刑中等的刺额角，罪刑较轻的刺耳后。

　　此外，是否要刺墨还要依犯罪者的身份来决定。开始实施刺配刑时不分尊卑贵贱，一律要刺墨，后来认为这样做有失高贵者的尊严，比如，当官的一旦犯罪，也像普通百姓一样往脸上刺字，若再重入官场将成何体统，所以从宋神宗熙宁二年（1069 年）开始。凡朝廷命官应处以刺配刑的不再刺墨，甚至后来主仆同时犯罪，也只刺奴仆而不刺主人了。再后来，只要手中有钱，连脊杖刑也可免除，真正意义上的刺配之刑完全变样了。

【杀威棒】

杀威棒，顾名思义，就是为了将人的威风杀掉，使人慑服的一顿棒打。不过，虽然命名为『杀威棒』，但施行的时候却也大有玄机。

《水浒传》中，发配的犯人凡初到配军，都必须先打一百杀威棒，其意在杀一杀新来犯人的威风和锐气，管你当初是什么英雄好汉，如今进了监狱的门，都得服服帖帖。不管你被定的什么刑，这一百杀威棒的附加刑谁也逃不了。因此杀威棒令人谈之色变，望而生畏。"十人解进，九死一生"就是明证。对于一般犯人，一百杀威棒难以承受。但是，在实际执行过程中，这种刑罚既有原则性，又体现出一种灵活性。所谓原则性，就是杀威棒面前人人平等，不管是朝廷命官，还是平民百姓，只要你成为犯人，在收监前都得吃上一百杀威棒，杀你威风，灭你锐气。所谓灵活性，即这一百杀威棒怎么打由差拨自行掌握，

制度并未明确规定。一百杀威棒可以当时打，也可以过时打（也称"寄打"）；可以重打，也可以轻打；可以认真地打，也可以马虎地打；此外，打犯人哪个部位也没统一规定，可以打臀部，可以打背部，也可以打大腿；还有，可以让犯人站着挨打，也可以绑在刑具上吃棒。总而言之，其中大有文章，别有玄机。

为逃脱或减轻这一百杀威棒，犯人家属或亲友总得千方百计疏通和巴结狱卒，希望犯人能平安地经受棒打。当然，操作并不困难，关键是凭银子说话，并按银子的分量提供各类规格的"服务"。若银子足够，犯人吃了一百杀威棒，绝保平安无事；若少送或没有银子，就难保犯人吃得消。同样的杀威棒，采取不同打法，效果迥异。在轻打

或假打的情况下，双方一起配合走过场，差拨蜻蜓点水似地敲打犯人的屁股，犯人装模作样地嚎叫，打完一百棒，差拨轻松，犯人舒服；如果差拨花五分力气，马马虎虎打下去，犯人往往感觉不太好，甚至会受轻伤；一旦差拨十分用力，认认真真打下去，犯人要么重伤致残，要么断气丧命。这"服务"的三六九等就自然而然地表现出来了。

因此，《水浒传》中林冲发配沧州，资深囚徒就前来指点："此间管营、差拨，都十分害人，只是要诈人钱物。若有人情钱物送与他时，便觑的你好；若是无钱，将你撒在土牢里，求生不生，求死不死。若得了人情，入门便不打你一百杀威棒，只说有病，把来寄下；若不得人情时，这一百棒打得个七死八活。"第二十八回武松发配孟州，资深囚徒也来点拨："包裹里若有人情的书信并使用的银两，取在手头，少刻差拨到来，便可送与他，若吃杀威棒时，也打得轻。若没人情送与他时，端的狼狈。"通过这样的提点，有钱和无钱的差别在此显露出来。林冲和武松这等粗人起初并不明白，只是经高人指点，方才化险为夷。

第四章 《水浒传》中的饮食文化

宋代的饮食文化,不仅继承了之前各个朝代饮食文化的传统,而且还在此基础上不断衍生,推动了我国饮食文化的发展,起到了承前启后的重要作用。

【北宋的酒文化】

我国的酒文化历史悠久，并广泛见之于小说、诗歌等文艺作品中，构成了我国文苑的一道独特的风景线。《水浒传》中对酒文化的描写特别集中突出，也特别出色。

北宋时期大量酿酒理论著作的问世及蒸馏白酒的出现，极大地丰富了我国的酒文化。《水浒传》全书有六百多场（次）饮酒，通过对相关的酒业状况、岁时饮酒习俗、饮酒礼仪、宴饮时尚、饮酒器具、酒令、酒的种类品牌等的描写，显示了那个时代酒文化的特点，向读者展现了一幅丰富的宋代酒文化长卷。

在唐宋时期，从京城闹市到山村僻壤，到处都有酒店，即使人烟罕至之处，也不例外。大名府的"翠云楼，楼上楼下，大小有百十

个阁子"。阁子：即雅间。当时有上百个雅间的酒楼，在现在看来也属于星级酒店了。

鲁智深来到五台山下的一个市井，市井约有五七百人家，酒店稠密，离铁匠人家"行不到三二十步"，有一家酒店；"行了几步"，又是一家酒店；起身从这里出来，连走了三五家酒店，都不肯卖给鲁智深酒，"远远地杏花深处，市稍尽头，一家挑出了草帚儿来"，走到那里看时，却是个傍村小酒店。《水浒传》全书共写了六十四家酒店，其中城镇酒店有三十一家，其余的三十三家在乡村野岭。酒店数量之多，足以可见当时酒店在村镇上的普及。

不仅唐宋时期酒店林立，与酒店相关的酒文化也逐渐衍生出来。在宋代时期，酒店酒楼开始冠以名号。

《水浒传》中有名号的酒楼有：狮子楼、鸳鸯楼、浔阳江楼、快活林酒店、琵琶亭、樊楼、翠云楼，等等。浔阳江酒楼"旁边竖着一根望杆，悬挂着一个青布酒旆子，上写道'浔阳江正库'。雕檐外一面牌额，上有苏东坡大书'浔阳楼'三字"。浔阳楼"门边朱红华表柱上，两面白粉牌，各有五个大字，写道：'世间无比酒，天下有名楼'。"此酒楼请当时的文化大名人苏东坡题写牌匾，这提高了酒店

的文化品位。而书中对快活林酒店的描述是这样的："檐前立着望杆，上面挂着一个酒望子，写着四个大字道：'河阳风月'。转过来看时，门前一带绿油栏杆，插着两把销金旗，每把上五个金字，写道：'醉里乾坤大，壶中日月长'。"这些对酒店的描述都体现出了酒店的文化艺术。酒店将饮酒与文学等艺术相结合，便形成了独特的酒文化。

在《水浒传》里我们可以看到，酒文化随处可见，酒店内酒的品种和服务内容也十分丰富。《水浒传》写到的一般酒有：酒浆、素酒、荤酒、色酒、社酒、社醅、村酒、村醪、茅柴白酒、村醪水白酒、浑白酒、荤清白酒、白酒；高档酒有："蓝桥风月"、"玉壶春"、"透瓶香（出

门倒）"、老酒、青花瓷酒、琼浆玉液、黄封御酒、官酒、葡萄酒等。

为了适应不同阶层的顾客的需要，不仅出现了档次不同的酒楼酒店，而且酒楼酒店里还各设有不同的饮酒场所，如"阁儿"（单间雅座），使隐秘性饮宴有了保证。酒店里四壁白墙，酒店还备有笔墨，让食客可以自由地在墙上题诗题字。

酒店里服务周到，顾客可以自带原料，请酒店代做；或客店兼卖酒肉粮米，客人可以自己动手。如杨雄、石秀、时迁投奔梁山路上，天晚时宿一客店。店小二问是否吃饭，时迁道："我们自理会。"然后自己做菜。顾客喝剩下的酒，酒店也可以代保管。如坐地吃酒，即

读名著 学知识·《水浒传》

把自己的酒食寄放在酒店里，随去随取随吃。武松在孟州杀了张都监等，奔青州去，路上一座高山下，逢"门前一道清溪，屋后都是颠石乱山"的酒店，孔明、孔亮便寄放了"青花瓷酒"和鸡肉，请店家做好，然后来吃。

另外，酒店还提供歌舞助兴等娱乐性活动。宋江、柴进等"正打从樊楼前过，听得楼上笙簧聒耳，鼓乐喧天，灯火凝眸，游人似蚁。宋江、柴进也上樊楼，寻个阁子坐下，取些酒食肴馔，也在楼上赏灯饮酒"。有"绰酒座儿"、"赶座"的，串酒楼卖唱，以求得顾客赏赐。宋江、柴进和李师师对坐饮酒："但是李师师说些街市俊俏的话，皆是柴进回答，燕青立在边头和哄取笑……李师师低唱苏东坡大江东去词。""李师师叫燕青吹箫，伏侍圣上饮酒，少刻又拨一回阮，然后叫燕青唱曲。""叙礼已毕，请入后殿，大设华筵，水陆具备。番官进酒，戎将传杯，歌舞满筵，胡笛聒耳，燕姬美女，各奏戎乐，羯鼓坝箎，胡旋曼舞。"

在《水浒传》中，所有梁山好汉出场都会与酒相伴，似乎大碗喝酒，大块吃肉，方能显现出好汉的英雄气概。在众多梁山好汉中，"花和尚"鲁智深与酒的描写最精彩。鲁智深的所有重头戏都离不开酒。在做提辖时，他酒后仗义，拳打镇关西；避难到五台山时，他一系列的酒态百出，作者描绘得惟妙惟肖；还有酒后大闹五台山，搅得寺庙

不得安宁等场面都写鲁智深酒后的故事。不过，最让读者印象深刻的应该是鲁智深酒后拔垂杨柳的精彩大戏，从此鲁智深威名远播。

纵观整部《水浒传》，其他梁山好汉在酒文化方面的表现也不俗，可以说整部小说都营造着浓厚的酒文化气息。

【北宋的茶文化】

茶叶，是一种著名的保健饮品。中国汉族人的喝茶，据说始于神农时代，到了宋代，饮茶已经成为民间的一种饮食民俗。

《水浒传》里，王婆开的是一家茶坊。其实，在宋代，茶馆遍地皆是，不亚于当时酒馆的规模和数量。宋代茶学与唐代茶学相比，在深度上多有建树。由于茶业的南移，贡茶以建安北苑为最佳，所以不少的茶学研究者在研究重心上也倾向于建茶，特别是对北苑贡茶的研究，既深且精，在学术专题上形成了强烈的时代和地域色彩。这些研究以著作的形式流传下来后，为当今对宋代茶史、茶文化的研究，提供了翔实的资料。在宋代茶叶著作中，比较著名的有叶清臣的《述煮茶小品》、蔡襄的《茶录》、宋子安的《东溪试茶录》、沈括的《本

朝茶法》、赵佶的《大观茶论》等。在宋代茶学作者中，有作为一国之主的宋徽宗赵佶，有朝廷大臣和文学家丁谓、蔡襄，有著名的自然科学家沈括，更有乡儒、进士。从这些作者的身份来看，宋代茶学研究的人才和研究层次都很丰富。在研究内容上包括茶叶产地的比较、烹茶技艺、茶叶型制、原料与成茶的关系、饮茶器具、斗茶过程及欣赏、茶叶质量检评、北苑贡茶名实，等等。宋代茶学由于比较专注于建茶，所以在深度上、系统性上与唐代相比都有了新的发展。

宋代茶文化的发展，在很大程度上受到了宫廷皇室的影响。它的文化特色和文化形式，都或多或少地带上了一种贵族色彩。与此同时，茶文化在高雅的范畴内，得到了更为丰富的发展。宫廷皇室的大力倡导主要表现在以下几个方面：第一，封建礼制对贡茶的精益求精，进

而引发出各种饮茶用茶方式。宋代贡茶自蔡襄任福建转运使后，通过精工改制后，在形式和品质上有了更进一步的发展，号称"小龙团饼茶"。欧阳修称这种茶"其价值金二两，然金可有，而茶不可得"，宋仁宗最推荐这种小龙团，珍惜备加，即使是宰相近臣，也不随便赐赠，只有每年在南郊大礼祭天地时，中枢密院各四位大臣才有幸共同分到一团，而这些大臣往往自己舍不得品饮，专门用来孝敬父母或转赠好友。这种茶在赐赠大臣前，先由宫女用金箔剪成龙凤、花草图案贴在上面，称为"绣茶"。

【牛肉——梁山好汉的主要食物】

生产牛是重要的农业生产工具，因此在宋代明文规定，不允许宰杀耕牛。但是为何梁山的好汉们都如此深爱吃牛肉呢？

《水浒传》里的英雄好汉都是"大碗喝酒，大口吃肉"，非常豪爽。这其中大口吃的肉都是牛肉，是梁山好汉们只爱吃牛肉，还是因为其他的原因呢？

随着农耕文明的确立，从春秋战国时期开始，牛就成了重要的战略物资，以农业为主的古代，生产率十分低下，耕牛是农业生产中重要的一环，耕牛的数量决定了粮食产量的多少，所以牛是严禁杀戮屠宰的。秦朝时，杀牛是罪，少说也要判一年半，牛老了必须交给官

府，官府说能杀才可以杀。对于私自杀牛，官府还鼓励检举揭发。这条法律在封建时期一直维护得很好，宋朝时期也一样。《水浒传》是一部歌颂造反的小说，而吃牛肉恰恰代表了造反精神。作者在描写这一类情节时是很讲究分寸的。有身份的人不轻易吃牛肉，一般的屠夫不杀牛，镇关西也不杀牛，只有极像强盗的人才杀牛，比如史进在家里杀牛，母大虫顾大嫂的黑店门口挂牛肉。所以，作者描写这些公然藐视当世法律的屠杀牛、吃牛肉的情节，在今天看来，这完全是对抗政府的意识和行为。

牛肉含有丰富的蛋白质，氨基酸组成等比猪肉更接近人体需要，能提高机体抗病能力，对生长发育及手术后、病后调养的人在补充失血和修复组织等方面特别适宜。寒冬食牛肉，有暖胃作用，为寒冬补益佳品。中医认为：牛肉有补中益气、滋养脾胃、强健筋骨、化痰息风、止渴止涎的功能。适用于中气下陷、气短体虚、筋骨酸软和贫血久病及面黄目眩之人食用。牛肉味甘、性平，归脾、胃经，具有补脾胃、

益气血、强筋骨、消水肿等功效。老年人将牛肉与仙人掌同食，可起到抗癌止痛、提高机体免疫功能的效果；牛肉加红枣炖服，则有助肌肉生长和促伤口愈合之功效。

【北宋的风味小吃】

在《水浒传》中，作者描述了不少北宋时期的风味小吃。有饼，有面，还有各种小吃，令读者不禁为之垂涎。

在《水浒传》里，唐牛儿卖的一种小吃叫做糟腌，它的制作方法是将材料用盐腌后，再用糟卤腌着，其味清新而畅快。而作为糟腌代表的糟姜，在两宋时期是极为流行的食品，备受朝野宠爱，甚至成了朝廷的贡品之一。范成大《吴郡志·土贡》中就清楚地记载：宋朝，进贡的土特产中，有"白壒，柑，橘，咸酸果子，海味，鱼肚，糟姜。"小小糟姜，竟然成了贡物，登上了大雅之堂。

此外，《水浒传》还多次描写到民间的风味小吃，比如王婆口中

徐三卖的枣糕，李逵吃的蓟州壮面，王公卖的糕粥，张公卖的馉饳儿，等等。在当时，北宋东京（开封）在主食小吃中的饼就有肉饼、蒸饼、糖饼、油饼、髓饼、鸭饼、胡饼、麻饼等，包子就有羊肉包子、山洞梅花包子、龟儿沙馅包子、猪荷包子、酸馅包子等。汤类有瓠羹、瓮羹、肠血粉羹、果木翅羹、金丝肚羹、石肚羹、三脆羹、新法鹌子羹、百味羹、浑泡羹和鸡蕈羹等。那时的面条品种也十分丰富，有名的有软羊面、桐皮面、大燠面、插肉面、菜面等。如今的元宵当时称为团子，有名的就有芝麻团子、黄冷团子等。还有其他许多风味小吃如灌肠、成熟串、细索凉粉、煎鱼饭、豇豆锅儿、生熟烧饭、荷包白饭等。仅据《东京梦华录》记载，当时开封的小吃就有三四百种。

　　直到现在，开封小吃还名扬全国，吸引着全国各地的游客前来品尝花样繁多的经典小吃。开封小吃历经千年、名闻遐迩、长盛不衰，它源于夏商，盛于北宋，在我国饮食文化历史上享有较高的地位，对国民的生存发展有着重大影响。

　　开封小吃里最为著名的是小笼灌汤包，已经有上百年的历史，创始人是黄继善。现有国有第一楼包子铺经营，是著名风味面点店。小笼灌汤包皮薄馅大，灌汤流油，成品出笼后提起来像灯笼，放下去像菊花。包子皮馅分明，色白筋柔，灌汤流油，鲜香有味。吊卤面光滑筋香，卤稠而不腻，与面相粘，不脱不流，颇受食客赞赏。其后，对包子的制皮、馅料及外形进行了大胆改进，还改大笼为小笼蒸制，就笼上桌，现蒸现吃，深受顾客欢迎，生意更加兴隆。

　　除了灌汤小笼包，开封还有桶子鸡、三鲜莲花酥、五香兔肉、开封套四宝、棒棒鸡、鲤鱼焙面、菊花火锅、大京枣、尉氏烩面、双麻火烧、

芝麻翅中翅、杞县红薯泥、花生糕、黄焖鱼等知名小吃，这种小吃店琳琅满目，品种齐全。

　　宋代是我国历史上经济发展较快的一个时期，经济的发展也促进了食品业的发展，使得宋代的饮食结构有了较大的变化，不仅饮食的成分增多，样式也增多了。

第五章 《水浒传》中的医药

药，在《水浒传》全书中曾多次被说起，成为贯穿整个故事的重要因素。也因为药的出现，一次又一次地推动了故事情节的发展。最后，整个故事以毒药收尾，也是作者特意的安排。

【疗伤药】

疗伤药，在《水浒传》中曾多次被提及，成为整书中一个不可或缺的重要因素。

　　药是贯穿《水浒传》始终的一个重要意象，它首先出现于与卖艺同时的卖药情节，像病大虫薛永、打虎将李忠等人都是以此为引子而出场。值得一提的是在第十一回"梁山泊林冲落草 汴京城杨志卖刀"中，杨志被发配之前"请了两个公人寻医士赎了几个棒疮的膏药贴了棒疮便同两个公人上路"，说明了膏药贴在当时的普及程度，也为梁山好汉卖药铺设了情节上的合理因素。因此一方面，从塑造人物形象的角度来说，卖药是为了搭配卖艺，使情节更加丰满，人物形象更是栩栩如生；另一方面，卖艺卖药也是人物出场的一个重要引子，这样不仅可以避免人物登场的生硬和雷同，也在一定程度上推动了情节的进一步发展。

　　说到药，就不得不说一说神医安道全的治病疗伤药。作为故事中的神医，安道全是在宋江得病后出场的。在第六十四回"托塔天王梦中显圣　浪里白条水上报冤"中，以宋江染顽疾作为引子，将安道全引出。在第七十二回"柴进簪花入禁院　李逵元夜闹东京"中写到：宋江带李逵、燕青两人元夜入东京赏灯。这里就给读者埋下了一个疑团，正如作者所说：看官听说宋江是个文面的人如何去得京师？原来却得"神医"安道全上山之后却把毒药与他点去了并用好药调治起了红疤；再要良金美玉，碾为细末，每日涂搽自然消磨去了。那医书中

说"美玉灭斑"正此意也。这里是书中的一个典型例子，在梁山好汉那一百零八将中，不是只有宋江是"文面"之人。文面即在脸上的刺字或脸上的纹身。文面在当时就像是坏人的标签，甚至是为人敬而远之的鉴证，而后却都能在江湖上行走自如，因此文面自然也就成了读者的一个重要疑问。而"药"自然是解决这一疑问的答案，安道全正是将这一重要意象引出的最为合理的媒介，二者合力将情节串联起来，步步推进。

提起疗伤药，也不得不说一说书中常见的金疮药。这种药不仅出现在《水浒传》中，在其他以英雄侠义为题材的话本小说中也极为常见，并且是不可或缺的。第七十九回"刘唐放火烧战船 宋江两败高太尉"中，董平受伤以后，神医安道全就是将"金疮药"敷住疮口，让其在寨中养伤；第五十九回"公孙胜芒砀山降魔 晁天王曾头市中箭"中，晁盖不慎被史文恭的药箭射中后，林冲立刻就"叫取金疮药敷贴上"。由此可见，金疮药在这里既是一个平常的故事意象，亦是情节的一个重要组成部分。

【蒙汗药】

蒙汗药，在《水浒传》中屡有提及。蒙汗药的麻醉作用很强，'蒙汗药就会'人如果吃了蒙汗药，是一睡过去。昏睡过去。呢一种什么样的迷醉药究竟药是什么样的迷醉药呢？

蒙汗药是《水浒传》中篇幅最多，着墨最盛的药，在全书中的作用也最为重要。蒙汗药是什么药呢？南宋周去非的《岭外代答》这样描述它："广西曼陀罗花，遍生原野。大叶百花，结实如茄子，而遍生小刺，乃药人草也。盗贼采乾而末之，以置人饮食，使之醉闷，则挈箧而趋。"《桂海虞衡志校补》有记载写道："曼陀罗花，盗采花为末，置人饮食中，即皆醉也。据是，则蒙汗药非妄。"北宋司马光的《涑水记闻》中也有相关的描述："杜杞字伟长，为湖南转运副使。五溪蛮反，杞以金帛官爵诱出之，因为设宴，饮以曼陀罗酒，昏醉，尽杀之，凡数千人。"通过上面这些史书的记载，我们便可以知道，

读名著 学知识 · 《水浒传》

原来蒙汗药就是具有麻醉作用的曼陀罗浸液。在明朝，蒙汗药将人麻翻的故事，在小说中多次被提及，使蒙汗药的名声越来越大。

　　书中第一次出现蒙汗药，是在第十一回"朱贵水亭施号箭 林冲雪夜上梁山"中，通过朱贵的叙述，蒙汗药出现在了读者的眼前："但是孤单客人到此，轻则蒙汗药麻翻，重则登时结果。"对于蒙汗药的使用，也出现在了第十六回"杨志押运金银担　吴用智取生辰纲"中。在这一回中，武艺高强而且做事谨慎的杨志，为了将功赎罪，便要求押运送给太师蔡京的寿礼"生辰纲"。尽管杨志一路小心翼翼，但还是败在吴用的妙计之下，在黄泥岗上败在"蒙汗药"足下，使得万贯

金珠宝贝都成了好汉们的胜利品。在第五十五回，汤隆赚徐宁上山一节及活捉李逵一节中，也都因蒙汗药的出现而变得合乎情理。

在当时混乱不安、英雄显现的时代，蒙汗药成为"黑店"常用的伎俩。除了朱贵的黑店，孙二娘和张青夫妇开的孟州十字坡酒店更是赫赫有名。书中是这样描述这家酒店的："大树十字坡，客人谁敢那里过，肥的切做馒头馅，瘦的却反去填河。"一个酒店，出名的手段有很多，可以通过价廉或是物美，但能以这样一首恐怖绕口令被江湖人所熟知，而且还能正大光明地持续经营，这不得不说是一个奇迹。纵观全书，这样一家小店，在整个故事当中也有着至关重要的作用。杨志、武松和鲁智深等人都是经这个店而走到一起的，其中武松和鲁智深两位好汉更是差点成了张青砧板上的"黄牛肉"。而这一段故事也成为了书中"不打不相识"的典范，被传为佳话。

【保健药】

在《水浒传》中，保健药较少被提及，但通过仅有的几次描述，还是可以了解到宋代的一些生活习惯。

在水浒中，保健药的戏份很少，也就有几处提及，好像也没有起到什么重要的作用。但仔细翻看，在《水浒传》中还是有一些细节之处写到了当时的保健药。这些保健药，虽然不能在推动故事情节上发挥什么重大作用，但透过它们我们也可以了解到当时的一些生活习惯和社会风貌。

在第三十八回中，宋江吃坏了肚子，可能类似急性肠胃炎，于是张顺便要去请医生来医治。不想这时遭到了宋江的制止，仅被要求"赎一贴止泻六和汤来便好了"。由此可见，像"六和汤药"这样的药剂是民间广泛认可的，不然宋江这样的一介武夫也不可能做出这样的反应。

  汤药之胜，在另一回中也可证明。在第二十回中，宋江被迫去阎婆惜住处过夜，清晨醒来较早，出来时在街上看到了一盏明灯，原来是"卖汤药的王公来到县前赶早市"。这时宋江向王公撒了个谎："便是夜来酒醉错听更鼓。"王公回答道："押司必然伤酒且请一盏醒酒二陈汤。"王公随后便捧一盏"二陈汤"递给宋江喝。一个卖汤药的居然去赶早市，从这点可以看出当时此类汤药市场需求的广泛性。再说，王公也不是一个行医者，但却可以用卖汤药作为一种生计，这也足以说明书中写到的汤药并不完全是一种药，更贴切地说应该是一种"保健品"。

【毒药】

自古以来，毒药便被人们作为一种杀人的武器和手段来使用。最常见的下毒方法是，将毒药放在酒或食物中，毒死被害人。

不像其他的药，毒药在《水浒传》中出现的次数不是很多。虽只有几处，可这几处却是将整个故事情节推上高潮的关键。它的出现是为了化解冲突，可在化解冲突的同时又产生新的冲突，从而不断地将故事情节向前推动。

在毒药出现的各个情节中，最为经典的当属第二十四回中的药鸩武大郎一节。这一节写的是武大、武松两兄弟与潘金莲、西门庆的恩怨情仇。这个故事不仅是《水浒传》的精彩段子，也是传世巨著《金瓶梅》的故事蓝本。它不仅有着复杂的戏剧冲突和故事情节，而且可塑性居功至伟。在这个故事中，"药"是将故事情节推上顶峰的重要媒介。因王婆献计用砒霜将武大毒死，于是潘金莲将砒霜在吃心疼药

时"就势只一灌一盏药都灌下喉咙去了"。接着武大中毒后一命呜呼，含恨含冤而去。后来，武松先杀潘金莲再杀西门庆，也因此走上了充军发配之路。

另一处写到毒药是在故事的结尾。征讨方腊结束后，梁山一百零八将大部分都散了。表面上看是宋江衣锦还乡，其实已遭朝廷奸臣暗自设计。最先是卢俊义被高俅、杨戬二人陷害，喝下水银后落江而死。对待宋江时也是同出一辙，不过是把水银换成了药酒。另一位梁山英雄李逵，他是《水浒传》里性格独特的人物之一，其他人物在梁山泊英雄排座次之后就完全淹没在了英雄群中，而李逵却在整个故事中时时充当着一个催化剂。在故事的结尾，明知是被奸臣所迫害但宋江还是让李逵喝下毒酒，让他和自己一起"上路"，这可以看出李逵在整本小说中的重要性。这不仅是李逵一个人的悲剧，也是这个英雄群体的悲剧，而最后的这一"药"让小说以悲剧收场。

第六章 《水浒传》中的官职

　　在《水浒传》中出现了很多官职的名称，例如太尉、教头、提辖等等。这些官职有的确有其职，有的是借用，有的是虚构，因此对于读者来说，要弄清楚书中的官职大小和地位，恐怕是件很头疼的事情。

【教头】

林冲是《水浒传》中的重要人物之一，"八十万禁军枪法教头"，是八十万禁军教头，这名头很令人艳羡，那么教头是一个什么样的官职呢？有的人认为，教头只是军队中的武术教官，身份并不高，其上还有都教头、指使、训练官等职，而教头和都教头都是无品级的。可见，林冲是地位非常低微的低级军吏。当然，如果单纯从教头这个职位来说的话，的确是这样，但仔细分析书中前后文后，这两种可能性都不是。

如果要了解林冲这教头的职位，就得从北宋的军队编制说起，因为林冲隶属于高俅的殿前司，所以得从殿前司军队编制说起。殿前司管理的京城军队由两部分组成，一部分是殿前诸班直，其中马军称班，步军称直，班约有三十多个，直有十四个。据《宋史》记载一班约有一百二十人，但一直有多少并没有写明，估计总人数不超一万人，除

小部分人外，基本都是禁军精英中的精英；另一部分是捧日、天武四厢军队，北宋军队编制为厢、军、指挥、都（类似我国的师、团、营、连编制），这四厢军队分马军捧日左右厢和步军天武左右厢，一厢一般有三军，一军一般有五至十指挥，一指挥有五都，指挥是基本作战单位，步军一指挥为五百人，马军一指挥为四百人，取最大值的话，每都大概为一百人，每军约五千人，每厢就是一万五千人了，整个殿前司掌控的京城军队数目约六万至七万人，每厢设一都指挥使，每军设一都虞候，每指挥设一指挥使，每都设一都头（步军叫都头，马军

叫军使），都头下面还有副都头（马军叫副兵马使）、十将、将虞候、承局、押官。副都头是最低一级从九品官，在此之上统称将校，是军官来的，而十将、将虞候、承局、押官等这些只能是军吏了，类似现在军队的士官，而教头连军吏也可能不是了。这是一种推测，下面还有另一种推测。

在林冲出场前，还有一个职位也是八十万禁军教头的人物——王进。王进是史进的师父，他在书中的第一回便已出现，比林冲先出场，先分析一下王教头再来推测林冲。首先，假如教头是地位低微的低级军吏的话，那么王进应该是没有资格在高俅上任时呈手本的（手本：官吏履历帖子，谒见长官时用的）。可以这样推测，高俅管理的军队有六七万人，就副都头以上恐怕都超两千人了，怎么还会有心情去看那些低级军吏的履历表呢？如果要看，至少也不是高俅亲自去看，所以从这一点推测，王进不是低级军吏；其二，当高俅派二个牌军去监视王进时，那两个牌军见到王进时，都对王进自称"小人"，这说明牌军的职位至少要比王进低。再看在大名府，杨志和索超为了争夺一个牌军职位而打得难分难解，估计牌军也是军吏之一，这个位置很可能是踏入军官行列的敲门砖，从这点来看，王进至少是属于军官级别的；第三，高俅在辱骂王进时，对他说"你那厮便是都军教头王升的儿子"，说明王进父亲也是个教头，王进很有可能是子承父业，但这

个教头前面可是多了"都军"两个字的。再想一下为了陷害林冲，高俅忍痛割爱将自己的宝刀作为诱饵，还要费心利用白虎堂来设局，捉到林冲后不敢擅自杀害还要走司法程序，这些都可以说明林冲是个正式编制内的军官，不是高俅想杀就能杀的，同时也说明林冲的身份的确低微，不能入白虎堂这等商议军国大事的机构；第四，当两个承局捧太尉令来召林冲时，林冲并没有对他们毕恭毕敬，反而有点不耐烦地给两个承局脸色看，也说明林冲地位比承局高。

所以推测书中的林冲，他的最终官职可能是禁军的一个都头，为正九品四十七阶至五十阶左右的一个小军官，掌管一百号人马，估计也就像现在的上尉连长级别。

【提辖】

提辖，表示管领的意思，也是古代的官名。那么这个官职的官位有多大呢？

　　鲁智深在出家前，因为官职被人称作鲁提辖。提辖这个职位，按《水浒传》中的描述似乎也不大，只是个小军官。

　　关于军事方面的这个称呼，在《宋史·志·职官七》中曾提到提辖这个词："守臣带提举兵马巡检、都监及提辖兵甲者，掌统治军旅、训练教阅，以督捕盗贼而肃清治境。"在这里，"提辖"是作为动词用的，表示管领的意思，而且这个"提辖兵甲"是由当地最高地方官兼任的，也就是说至少是一路或一州的长官才有这样的资格。

　　但是，提辖这个官职也不是编造出来的，在历史上是确有其官。

南宋时有"四提辖"的管制，四者分别指掌管榷货务都茶场（管理专卖）、杂买务杂卖场（管理官近宫府采买）、左藏库（储藏金银钱）和文思院（管制造宫近器物）。这四官署皆置提辖官主管，合称"四辖"。南宋工部军器所掌制造兵器，也有提辖官。在《文献通考·职官十四》一书中有记载："绍兴六年诏，杂买务杂卖场置提辖官一员。"其中就提到有此官，不过这个提辖与军事无关，所以在书中可以看作是虚构的军职。鲁智深和林冲第一次相见时，鲁智深也提到林冲父亲是提辖。大概林冲也是子承父业，所以这个提辖和都头基本上都是相差不远的九品芝麻小官，也只有这样林冲父亲和林冲的岳父张教头才会结成儿女亲家。

在宋朝时，知州当时是五品，提辖为一州或一路所置武职中提辖兵甲者的简称，主管训练军队、督捕盗贼、镇压民众反抗等事务，比知州级别要低，应当是六品至七品，不会小于从七品，相当于现在的正处级、正团级。

但是，提辖官并非是宋朝才有，如在辽代就设置有四类提辖官：一是在路一级行政单位也设置了提辖官，高于州刺史，主要掌管番汉相涉及抓捕盗贼的事情；二是为了护卫斡鲁朵和皇帝陵寝和后妃宫帐，设立宫卫提辖官，如发生了战争，这些提辖官要奉命出征；三是在贵族的领地头下州也设置了提辖官，他们主要掌管头下州的钱帛赋税；

四就是拥有多项任务的一般的提辖官，但是他们的职位并不高，属于

地方杂官，这类提辖官数量很多。

小种经略相公

《水浒传》里的好多好汉如鲁智深、王进等，都曾提到过老种经略相公和小种经略相公。那么这两个职位的权力有多大呢？

　　鲁智深的上司叫做小种经略相公，那么"五路廉访使"又是什么样的官职，和鲁智深口里所说的"镇关西"又有什么联系呢？

　　在北宋时期，地方实行的是路、州、县三级管理制度（就像现在我国实行的省市县三级制度）。与州同级的还有府、军、监，其中大州叫府，每路设一名安抚司，最高的职位是安抚使，原来只管理军事方面的事务，后来由文官担任该职后便成了军民都管（类似我国开国初期时的省长兼军区司令员）。到了宋仁宗时，西夏频繁干扰边界，于是又将陕西路分为五个军事路，而这五个军事路又由渭州、延州、

秦州、庆州和永兴军这五个知州兼任安抚使的官员来管理，这个官员的职位也叫经略安抚使。（据《中国历代官职词典》记载，经略是北宋军职"经略安抚制置使"的简称。）依照当时的规定：掌管一路兵民大政，以知州兼任安抚使，必须由太中大夫以上或曾任侍从官者兼任，太中大夫是文官从四品，而小种经略相公就是渭州知州兼安抚使，那么小种经略相公至少是四品以上的高官了。

当郑屠被鲁智深打死后，因为鲁智深是经略府里的军官，所以地方官是不敢擅自直接去抓他的，只能先向经略相公请示并得到同意后，才敢下文书去捉拿鲁智深。同理，杨志发配到的大名府也是河北路分出来的一个军事路，梁中书也是军民兼管就是这个道理，而且不可能还有一个王太守，书中的王太守也是虚构的。这五路里反而没有延安

府经略安抚司，也就是说没找到老种经略相公的地盘，按书中的说法，老种的地盘也应该是在这五路中，但联系整本书，书中想表达的意思，似乎是老种比小种的官阶更高，所以作者便强加一个更高级的身份给了老种，让老种对这五路经略安抚使有领导监督权。所以，在书中，作者安排了这一幕，通过鲁智深之口给老种安排了一个"关西五路廉访使"的职位，也许这样霸气的说法才能给读者一个真正的镇关西形象。

【统制】

宋朝时期，「统制」原先是临时的统兵官，非常为路军事长所任，用兵处不设。在《水浒传》中，秦明的职位就是「统制」，那么这个职位到底有多大呢？

在《水浒传》中，秦明刚出场时就已经写明了他的官职：青州指挥司兵马总管秦统制。单是从这一长串的官职名来看，又是总管又是统制的，似乎来头颇大，威风不少，可是当秦明攻打清风山时却又只有区区的五百人，这让人不禁感到疑惑。

依照书中所表达的意思，似乎秦明是青州都监黄信的上司，而黄信似乎又是花荣的上司。而统制这一职位在北宋是确有其职的。北宋出兵作战时，常常是在诸将中选拔其中一人作为都统领总管大军，这个是临时派遣的，不是官名。统制和制置使是一样的性质，都是临时性的军事统帅，从《水浒传》一书中来看，以秦明在书中的地位显然是不可能的。到了南宋，统制才成了具体的军事长官称呼。通常每一

读名著 学知识·《水浒传》

统制领兵一万人，估计这又是作者特意将南宋的制度误用所致，硬安一个统制在秦明头上，以突出秦明的军事地位；而兵马总管，是只有路级才有的军事机构，而且多是安抚使兼任，秦明顶多也只能是副都总管，但按书中所描述青州不像大名府、高唐州那样是个军事路，从慕容知府请秦明攻打青风山时比较客气的态度来看，可以猜测秦明非其下属，且秦明是自带有兵的，如果说秦明是副都总管的话，似乎又高估了，但说是都钤辖的话又不像，即使是都钤辖也应该是慕容知府，但如果说秦明仅仅是指挥五百人的一个指挥使的话，显然又低估了。

因为如果是这样的官阶，那么是比黄信的官职还要低的，怎么能成为黄信的师父兼上司呢？

所以，结合全书分析来看，秦明最可能就是驻守当地的禁军。而且从秦明可以带家属这点来分析的话，估计属于就粮禁军一类，根据王安石变法实行将兵法后，秦明极有可能就是其中一将的最高长官，这样就比较符合书中所描述秦明的地位。将的最高长官地位在路都监之下，且受当地路都监管辖，秦明大概属于从六品至正七品武官之类，在宋代重文抑武的情况下，秦明对不是其上司的慕容知府（如果不兼中央职务头衔的话，大概为从五品左右）恭敬有加也是正常的。

【制使】

制使，原意是指皇帝所派出的使者。在《水浒传》里，身为杨家将后代的杨志，开始时的身份便是一名制使。

在《水浒传》里，杨志的官职是殿帅府制使。根据史书记载，制使这个官职在北宋的官制里是没有的，但却有一个相似的名称：制置使。和前面提到的统制一样，制置使也是临时设置的军事高官。按书中的描述，杨志只是一名小小的花石纲押运官，是没可能做到如此高位的，而且当押运的花石纲沉没在黄河后竟然害怕得要逃跑，可见这个制使的官职并不是很高。到了南宋时，在沿海或沿江的州开始设置了沿海制置使一职，权力与之前的制置使有着天壤之别。这时候的沿海制置使变成了一个地方性的职位，通常由知州兼任，而武官则担任沿海制置副使，大概从七品至正八品左右。因此可以推断作者在这里

是误用了官职，书中所表达杨志的官职恐怕也就是沿海制置副使一职。这样的推断也可以很好地解释杨志为何会押运花石纲，而且失掉花石纲也不是杨志这类中下级军官所能承受的，权衡利弊后，所以杨志选择了走路，一如失却生辰纲一样。

　　制使一职究竟位居几品？可以通过一个武官的排列顺序来推测。杨志在大名府比武时，出现过一个关于武官的排列顺序：指挥使－团练使－正制使－统领使－牙将－校尉－副牌军，当然这个排列基本上是作者编造出来的，但从这份排名可以推测出书中杨志真实官职与州都监职位相差不远，大概也是从七品至正八品左右的中下级军官，比黄信差点，类似现在的资深中校营长级别。现在我们再来纠正一下这个武官的

排列顺序。首先，梁中书是大名府军事路的安抚使，因大名府又是陪都之一，所以估计梁中书是带中央头衔的地方官，至少是从二品高官，兼任兵马都总管之职。那么在他下面的李成和闻达，其中之一只能是副兵马都总管了，大概位从五品武官，相当于中将级别。另一位可能是路分钤辖或路兵马都监之职了，相当于少将级别，再低于李成、闻达职位的应该是一军之长都虞候或路下诸将长官（即秦明之类），再下一级就是一都之长都头（军使），所以大名府武官的排列应为：都指挥使→都虞候→指挥使→副指挥使→都头（军使）→副都头（副兵马使）→十将。在这里，十将对应是牌军，校尉对应副都头（副兵马使），而副都头以上统称为将校，所以书中的牙将应该是都头（军使），而杨志和索超同时升了提辖，这个提辖应该是将校的另一种叫法，副指挥使则对应统领使。如此类推。至于高唐州大小排列顺序大致不错，但官职全部加倍加大了，只有枢密使才能满足高廉的称呼，所以也是大错特错的。至于高俅（带领一大堆节度使攻打梁山泊，更是不可能的，这纯粹是为了抬高梁山泊的地位而造的势，本意是使故事情节更具有吸引性。

【节级、管营、押司】

在《水浒传》里，朱仝担任的节级、管营和宋江担任的押司究竟是何种官职呢？

在《水浒传》里，除了教头，见到最多的官职也许就是节级了。按书中说法，似乎节级的官职要比都头大，如朱仝（tóng）出了一趟差就从都头转做了节级，看似是升了官。但是，查阅史料，节级可能指的是这两种官职：一种为低级狱吏，另外一种为军队中的低级武职军吏。从书中来看，朱仝所在的是郓城县，所以可以确定他不会是军队中的低级武职军吏，而且在雷横坐牢的时候是朱仝看管的，那么朱仝顶多就是当地的一个狱吏头目，相当于我国当代的县市级看守所所长。这样看来，朱仝并没有升职，实际上是调了个工作岗位而已。因为这个工作岗位比都头油水多，又舒服，重要的是危险性也低，所以

给人的感觉是朱仝升了职。但从同是节级的杨雄来看，好像也没那么轻松。杨雄经常值夜班，有时还要兼任刽子手，还时不时要表演一下心口碎大石之类的节目给上级领导看。这只能说明杨雄是节级这一官职中的一类，上面还有更大级别的节级或者负责不同事务的节级。从书中的表述可以看到，戴宗与杨雄同是州节级从官名上看也有少许差别，杨雄为两院押狱，戴宗为两院押牢，也许这就是书中想要表达的区别吧。

至于管营，书中常常模糊了与节级的关系。管营其实就相当于现在的监狱长，而差拨大概就是副监狱长，与有看守所所长性质的节级有联系但又不相互隶属。所以，当宋江被发配到江州时，身为两院押牢的戴宗是插不上手勒索的。其实，作者这样的编排大概也是为了引出下一个人物和情节而已。

　　宋江作为《水浒传》中的重要人物，是一个超级厚黑学大师，其实这与他所长期从事的押司一职是有很大关系的。据史书记载，宋代的官职分为官和吏。押司在宋代是一种吏，不是正式编制内的官员，归县丞或主簿直接领导，无品无阶，一般一个县有八个押司，主要负责案卷整理工作或文秘工作，代表官府同百姓打交道，是社会的中坚力量。供职一定年限后，如果经过考核证实在职期内没有过失，而且工作出色，那么经过上司的抬举后是有可能升为正式小官的。而晁盖的保正则有点类似于现在的村长，群众之首，所以说他与宋江在工作上是密切联系的，这也可解释两人关系过密，是共生互利。不怀好意地推测一下：如果晁盖被抓，除了生辰纲外，恐怕与宋江之间不光彩的事情也不会少。所以与其说宋江救晁盖是出于江湖义气，倒不如说是为了自保，这样推测的话，那么朱仝和雷横的行为也是同出一辙的。

【孔目、都头、都监、团练和团练使】

孔目、都头、都监等，在《水浒传》里出现了不少次。这些职位有的在历史上是确有其职的，但是有些是作者错用或误用的，如团练和团练使。

孔目

孔目原指档案目录，作为官职，孔目最早见于唐代，是一州或一节度使手下重要的一名助手，权力较大。唐朝州、镇中曾设"孔目官"掌管六书。在《水浒传》中的孔目被作者描述成了衙门高级官吏，可以左右上级判决，权力不小。例如"铁面孔目"裴宣因与上级知府意见不合，便遭陷害，简直将裴宣当成州府通判了（通判是副知州，级别不高，但有监管知州的权力，知州下令必须经通判签名同意）。实

际上这是作者错用职位，将元代的衙门孔目错用到了宋代。在元代，孔目才是衙门高级官吏，并可以左右上级判决。可是到了宋代，孔目仅为翰林属官，只负责掌管图籍，不负责地方政事。

都头

武松的都头全称便是步兵都头，但是这个都头并不在军队编制内。在阳谷县，武松打死老虎后，知县随意便给予武松一个步兵都头的职位，从这里可以看出都头是非正式编制的吏。都头无品无阶，由县令下属县尉直接管辖，相当于现在的刑警队长。

都监

在《水浒传》里，黄信的职位是都监，全称是青州兵马都监。按北宋军事制度，黄信这个青州兵马都监称呼是正确的，是个普通的州都监，属于慕容知府的部下，大概为从七品或正八品的官阶。同时，都监因职位的高低而有权力的大小之分。路都监负责本路禁旅屯戍、

边防、训练之政令，以肃清所部，而州府以下的都监，则负责本城屯驻、兵甲、训练、差使之事。

团练和团练使

在《水浒传》里，常常会将团练和团练使混为一谈，而且常与都监一起出现，如孟州的张团练和张都监。值得一提的是，作者还刻意将都监划分为都监和兵马都监两种。所以在书中，我们可以看到与黄信同级州府出现的不是都监就是团练或团练使，例如东昌府都监张清、东平府都监董平、颖州团练使彭玘、陈州团练使韩滔和凌州团练使魏定国等。据史书记载，唐前期即有团练使，全称为团练守捉使，负责统领地方军队。到了宋代，团练使成为没有实际职权的虚衔。团练这个职位却是没有的，实际上这又是一处作者误用或乱用官职的地方，像韩滔这样的中下级军官是没有团练这个官阶的。

第七章 《水浒传》中的著名人物

　　《水浒传》塑造了许多家喻户晓的英雄人物，书中描写的一百零八将，个个响当当。他们敢作敢当、替天行道，令读者不禁为之佩服，也给读者留下了深刻的印象。

　　所以，对于《水浒传》的读者来说，要说出其中的著名人物简直就是信手拈来，例如具有"神行太保"之称的戴宗、"没羽箭"张清，等等。

【神行太保戴宗】

戴宗，是《水浒传》里的重要人物之一，为人仗义疏财，有一门"神行"的绝技，能日行八百里。

戴宗的绰号是"神行太保"。"神行"指的是他的绝技，而"太保"原本是官名，一般负责辅助国君或太子，没有什么实权，用在戴宗身上只是个尊称而已。

戴宗原来是江州知府蔡九手下的一名节级，本是奉知府之命到京城送礼给知府父亲的，不想在梁山泊朱贵开的酒店中被人用蒙汗药逮住。原来是想与吴用设计解救当时在狱中的宋江，不想也被牵连入狱，最后被梁山好汉从法场救出，上了梁山泊。

这是戴宗上梁山泊前的故事，那么戴宗的绝技绝在哪里呢？书中这样描述了他的"神行"："但出路时，传书飞报紧急军情事，把两个甲马拴在两只腿上，作起'神行法'来，一日能行五百里；把四个

甲马拴在腿上，便一日能行八百里。"由于他有这一惊人道术，所以在救人危难、传送紧急军情等方面立下了无数功劳。有一回宋江患了背疮，病入膏肓，如果不是戴宗用神行绝技把神医安道全接过来医治宋江，恐怕宋江也难保性命了。其实我们算一算，戴宗日行八百，一天二十四小时，这么算下来一小时仅走三十三里左右，比现代马拉松速度还慢一点。现代马拉松全长约四十二公里，马拉松选手最好的成绩是两小时多一点，也就是说一小时要跑四十二里左右，显然要比戴宗快多了。只不过书中对速度有夸张的描写，加上又用道术，所以有点神化。

【没羽箭张清】

张清，在梁山泊里排名十六，有一门用飞石打人的绝技。最出名的故事便是在归顺梁山前，他连伤梁山十五将。

张清，外号"没羽箭"，在梁山坐第十六把交椅。单从字面上看，便可知"没羽箭"定是形容其绝技之厉害。

箭是由箭头、箭杆、箭羽三部分组成的，张弓射出的羽箭速度很快，而张清用的是石子，虽然没羽，但是其速度之快似箭。原本，张清是东昌府里的一名猛将，善用飞石打人，他的石子百发百中，想打哪就能打到哪里。

攻打东昌府这一战，卢俊义带领了二十五员头领，马步军兵一万，兼有关胜、呼延灼、朱仝、索超、杨志等上将，却因为张清而告败。

郝思文、项充两名好汉还被击中而在船中养伤。卢俊义告败后立即向宋江求助，于是宋江攻下东平府后，便亲自率军助战，但是最后也是被张清打得落花流水。首次交锋，就有十五员战将被张清飞石打伤，吓得"杨志胆丧心寒"，使宋江军马闻之胆寒。为何梁山的好汉们如此怯阵呢？无他，确实是张清的飞石太厉害了。第一个上阵的金枪手徐宁，战不到五回合，就被飞石击中眉心，"翻身落马"；接下来燕顺是"伏鞍而走"；韩滔鼻凹被击中，"鲜血迸流，逃回本阵"；关

胜出马迎战时，张清用一石子打在了关胜的青龙刀上，随即立刻迸出火光，使得关胜"无心恋战，勒马便回"。接下来宣赞、呼延灼、刘唐、杨志、朱仝、雷横，一个个都败在张清手下，准确地说都被张清的飞石打败，足见张清这飞石有多绝。而这飞石绝就绝在它弹无虚发，百发百中，防不胜防，而且还绝而不神，没有神化的因素，贴近现实，叫人可信。

【神箭花荣】

花荣箭术高超，具有百步穿杨的功夫，因此有了『小李广』的称号。

在《水浒传》里是这样描写花荣的："百步穿杨神臂健，弓开秋月分明，雕翎箭发并寒星，人称小李广，将种是花荣。"因花荣的武艺高超，所以人们把他比作汉朝的名将李广，因而得名"小李广"。这是实写，并无夸张之辞。在清风寨救宋江时，他已是小露锋芒，刘知寨听说花荣如此装束就已"惊的魂飞魄散……哪里敢出来相见"，怕的就是那枝箭。宋江被救出后，刘知寨不甘心，便派人去花荣寨中夺人。当刘知寨的手下到花荣寨时，只见花荣坐在正厅上，"左手拿着弓，右手挽着箭。众人都拥在门前。花荣竖起弓，大喝道：'……看我先射大门上左边门神的骨朵头。'搭上箭，拽满弓，只一箭……正射中门神骨朵头。二百人都一惊。花荣又取第二枝箭，大叫道：'你

们众人再看：我第二枝箭要射右边门神的这头盔上朱缨！'飕的又一箭，不偏不斜，正中缨头上。"从这段描写可以看出花荣的箭术确实精准。花荣初上梁山时，大家都夸他的神箭，唯独晁盖大有不信之意。于是在游山时，花荣看到天上的大雁便取箭说要射第三只大雁的头。大雁落下时果然不假，这时晁盖才心服口服，"此梁山无一个不钦敬花荣"，可谓一箭定乾坤。对影山花荣一箭射断绒条，分开两杆结在一起的方天画戟，不能不使人叫绝。所以吴用称赞道："休言将军比小李广，便是养由基也不及身手。"而

这样的评价也不算过分。

【浪里白条张顺】

张顺，因为水性极好，所以外号"浪里白条"。他那一身水上、水下的功夫让人不得不为之叫绝。

张顺，梁山好汉，在梁山英雄中排名第三十位，无论是水上还是水下功夫都非常了得，是梁山中水性最好的。因生得肌肤如雪，在水中游移就像一根白条一闪而过，所以人称"浪里白条"，和李逵并称"黑白水陆双煞"。他可以在水底伏七天七夜，在水面上时"两条腿踏着水浪，如行平地；那水不过他肚皮，淹着脐下"。第六十五回里写到张顺到建康请神医安道全，渡江时因熟睡被强人绑住手脚然后推入江中。就凭这潜水的绝招，张顺在江底咬断绳子，浮水过江活命。还有一场浔阳江上与李逵的水中搏斗，更是精彩无比，"惹得江边三五百人观看，没一个不喝彩"，连"宋江看得也呆了"。如果没有这么高

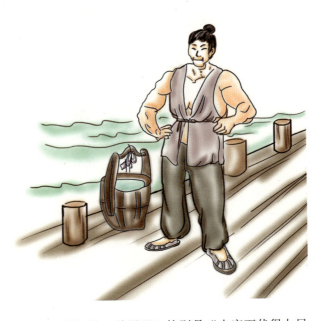

超的水上功夫，怎么能取得如此之效果呢？特别是"水底下伏得七日七夜"的功夫，更是让人不禁叫绝。伏在水底，就类似现在的潜泳或潜水。不过现在都要借助工具，例如潜水服及氧气装置或潜泳用的呼吸器具这些工具，借助这些工具现在的潜水员在水下可以待上几天。但是在张顺的那个年代，是没有什么辅助工具的，却能"水底下伏得七日七夜"，这不得不说绝，而且有点神了。

【身轻如燕的时迁】

时迁，能飞檐走壁，轻功非常的厉害。虽然时迁在梁山上排名倒数第二，但是他的故事和名声却远胜于他的排名，是个脍炙人口的角色。

时迁祖籍高唐州，自幼练得一身好轻功，善能飞檐走壁，穿墙绕梁，轻巧地犹如大鼓上蹦来跳去的跳蚤，跳而不惊动鼓响，所以江湖人称"鼓上蚤"。流落在蓟州府时吃了官司，后来被病关索杨雄所救。在翠屏山盗取古坟后，时迁遇到了杀死淫妇潘巧云的杨雄、石秀，于是便跟着两人一起上了梁山。在去梁山的途中，三人在一个叫独龙岗祝家庄的地方找了家客栈歇脚。在客栈时，时迁很是巴结杨雄、石秀二人，主动为二人倒水洗脸洗手、倒酒执杯。在有酒没肉的情况下，与其说时迁是为了解馋，倒不如说他开始展示自己的"才艺"，他趁店小二不注意时偷偷地将客栈里唯一的一只报晓鸡宰而烹之。时迁把鸡煮熟后还得意洋洋地向二人邀功请赏，说道："煮得熟了，把来与

二位哥哥吃。"这时，杨、石二人并没有提出反对意见，一个说："你这厮还是贼手贼脚。"一个笑："还不改本行。"两人虽然嘴上责怪时迁，但下手倒不见缓慢。随后，杨雄等人不仅把前来讨说法的店伙计一顿胖揍，还一把火将客栈烧了！但是，他们小看了祝家庄的实力。后来，时迁被挠钩拖走，杨、石二人在求告李家庄庄主李应出手无门后，最后无奈只得上梁山讨救兵。

宋江在收留时迁时，恐怕也没指望他能有什么大的作为，所以随意安排时迁一个酒店接待的职位。可人算不如天算，梁山好汉被大将呼延灼的连环马杀得屁滚尿流，就连无敌的林教头都中了箭！

就在宋江一筹莫展时，铁匠汤隆出了个主意：请他姑舅哥哥徐宁过来帮忙破阵。但诱饵是徐家祖传的宝贝——雁翎圈金甲。可是如何才能取得这徐家的祖传宝贝呢？这个任务毫无异议地落在神偷身上，于是时迁从此开始了他的传奇！时迁在偷盗时不仅手脚轻敏，而且知道灵活地和主人进行迂回包抄！踩点-望风-埋藏-潜伏-换位-吹灯-盗甲-口技-出门-交货。这一套动作惊险万分，又妙趣横生，让人不由地拍案叫绝！

时迁上梁山后，为军中走报机密步军头领第二名。后随军出征，建下不少功劳，可惜在回京途中不幸患绞肠痧，最后身亡。时迁偷鸡、时迁盗甲、时迁火烧翠云楼的精彩故事家喻户晓，为百姓所津津乐道。

甚至后世的盗贼们还奉他为祖师爷。是少有的以偷技闻名的英雄。过去很多地方还专门建有时迁庙，庙里供奉的就是"贼神菩萨"时迁。

【力大无比的鲁智深】

鲁智深，是《水浒传》里的重要人物之一。他力大无比，而拳打镇关西、倒拔垂杨柳的故事早已深入人心。

鲁智深原名鲁达，绰号"花和尚"，法名智深，是《水浒传》中极具特色的著名人物，也是《水浒传》中写得最好的几个人物之一，在一百零八位梁山好汉里位居第十三。他行侠仗义、嫉恶如仇，三拳打死镇关西。在逃亡途中，经赵员外介绍到五台山出家为僧，于是他有了安身之处，隐姓埋名过起了日子。后来经过许多波折，上了梁山。鲁智深绰号"花和尚"，出了家也喝酒吃肉。鲁智深生得身长八尺，面阔耳大，鼻直口方，为人慷慨大方，嫉恶如仇，豪爽直率，而且力大无穷。

　　鲁智深在五台山出家的时候，按规定和尚是不能喝酒的，但是他守不住佛门的清规戒律，一次喝了酒撒起酒疯，几十个人都按不住他。第二次喝酒，他的祸闯大了，把山腰的亭子和泥塑的金刚都打坏了。寺里的僧众把他阻在外面，喝醉酒的鲁智深力气倍增，发起酒疯来，撞坏了寺院的大门，将来制服他的百十名僧人全都打倒。寺里的住持

没法再原谅他了，智真长老只得让他去投东京汴梁大相国寺安身，临别时智真长老赠言："遇林而起，遇山而富。遇水而兴，遇江而至。"

等到了东京（今开封），大相国寺的长老也不敢把鲁智深放在庙里，只派他去酸枣门外看守菜园。这差事正适合鲁智深，因为菜园里的蔬菜常被小流氓们连偷带抢，没人管得住。面对新来的和尚，不知道鲁智深底细的流氓们已经做好准备，要把新来的和尚扔进粪坑里，给他一个下马威。一天，流氓们假情假意地拿着礼品来到菜园，然后假惺惺地对鲁智深说："我们是街坊邻居，特来祝贺的。"鲁智深便请他们进屋说话，但是流氓们却都站在粪坑边不动，于是鲁智深便有些疑心了。这时，领头的流氓张三和李四跪了下来，原本是想等鲁智深来扶他们时，趁机抓住鲁智深的脚再把他掀翻。但是他们没能得逞，鲁智深的动作比他们还要快，嗖嗖两脚，张三和李四就掉进粪坑里游起泳来，这粪坑太深了。鲁智深哈哈大笑："先把他们拉上来洗一洗，再来说话。"这时，流氓们连忙七手八脚把张三和李四救出粪坑，他俩洗去满身臭屎，换上同伴的衣服。最后，鲁智深才把自己的出身告诉流氓们："千军万马中我都能进进出出，对付你们几个小混混算什么！"流氓们听后吓得屁滚尿流地回去了。

第二天流氓们杀好猪买了酒，然后毕恭毕敬地来请鲁智深去吃，嘴里还师父长师父短的，这可把鲁智深乐坏了。正吃着唱着，突然杨

柳树上的乌鸦开始哇哇乱叫。张三说乌鸦叫不吉利，李四就要拿梯子去拆乌鸦窝。鲁智深看看那棵树，说："哪要什么梯子。"只见鲁智深脱了衣服，然后走到树下，弓下身去，右手在下搂住树干，左手在上，腰部往上一挺，竟将柳树连根拔起！众人见状，全部都拜倒在地，嘴里还都嚷嚷着："师父不是人！""我不是人是什么？""师父若不是天上的罗汉，哪来这样的神力！"从此这帮流氓对鲁智深崇拜极了，每天都拿好菜好酒来款待鲁智深。有时，鲁智深酒后兴起便为大家表演拳术，由于他的拳带着醉意，所以也称"鲁智深醉拳"。

第八章 《水浒传》中的人物绰号

在古今小说里，人物绰号最多的恐怕要数《水浒传》了，梁山泊上的一百零八将都有自己的江湖绰号。有的以动物名为绰号，有的以人物形体特征为绰号，有的以人物品行为绰号，还有的以人物官职为绰号，等等。

这些人物绰号不仅能深化人物形象，还能更好地表现人物的性格和人物的身份阶层，让读者过目难忘。这也是作者匠心独运之处。

【以动物名为绰号】

梁山一百零八名好汉，个个都有江湖绰号，因多为武将，所以以动物名为绰号的比较多，占了总数的三分之一。

在《水浒传》里，有三分之一的梁山好汉是以动物名作为绰号的。其实，用动物名作为人物的绰号来塑造人物有两方面的意义：首先，是由于受到了中华民族几千年图腾崇拜的影响。图腾崇拜是发生在氏族公社时期的一种宗教信仰的现象，一般表现为对某种动物的崇拜。在原始人的信仰中，认为本氏族人都源于某种特定的物种，大部分被认为与某种动物具有亲缘关系。于是，图腾信仰便与祖先崇拜发生了关系。例如，"天命玄鸟，降而生商。"（《史记》）玄鸟便成为商族的图腾。因此，图腾崇拜与其说是对动、植物的崇拜，还不如说是

对祖先的崇拜，这样更准确些。其次，作者是为了表现人物的凛然不可侵犯，因此以动物（尤其是猛兽猛禽）作为比拟，是一种形象思维，让读者从绰号中感受人物的勇猛气概，联想与思想上深化人物形象。

在《水浒传》里用动物形象为绰号的共有十一虎、六龙、两蛇、一麒麟、一雕、一狮、一鳄、一鹏、三豹、一兽、一蜃、一猿、一犬、一鼠、一蝎、一龟、一蚤。如：

旱地忽律朱贵："忽律"这个绰号听起来好像有点外族人的意思，其实它不是指民族和人名，而是指两种猛兽：一种是宋代契丹语里鳄鱼的意思。"旱地忽律"即在陆地上的鳄鱼；另一种指的是有剧毒的四脚蛇，它生性喜食乌龟，将猎物吃剩一个空壳后钻入其中，冒充乌龟，看起来温顺无害，一旦有猎物靠近便发出夺命一击，直接致其死命。不管哪种解释，"忽律"是一种善于伪装的可怕动物，用来形容朱贵的阴险狡诈性格可谓恰如其分。

摩云金翅欧鹏："摩云金翅"即传说中的"迦楼罗"，是一种大鸟。佛经中载，此鸟头上有如意珠，翅有庄严宝色，鸣声悲苦，以龙为食。因欧鹏身材高大，不仅有一身快步如飞的好功夫，还暗器一流。这个绰号相当贴切人物形象。

"病大虫"薛永：这里的"病"字并不是"疾病"的意思，而是指人物脸色发黄。而"大虫"指的是老虎。 在《水浒传》里，薛永

是因为原为军官的爷爷得罪了势力强的人，从此家道中落，而薛永虽

有一身好武艺却无法从军杀敌，建功立业，犹如猛虎发不了威，因此

被人叫做"病大虫"。

【以人物形体特征为绰号】

在《水浒传》里，梁山英雄的绰号有的是根据人物的形体或外貌特征来取的。这些特征既符合人物的形体特征，又体现了人物的个性特征，令人难忘。

在《水浒传》中，施耐庵抓住人物的形体特征为人物设计绰号。这样不仅使人物形象直观化让读者过目难忘，而且还使人物绰号具有更高的文学价值。在梁山好汉里，以人物形体特征为绰号的好汉有十八人。如：

青面兽杨志：因"面皮上老大一搭青记"，所以因此得名"青面兽"。

美髯公朱仝：因为长有一尺五寸长的须髯，故称"美髯公"。

白面郎君郑天寿：因"生得白净面皮"，故号"白面郎君"，上梁山之前是打做银饰的银匠。

豹子头林冲：生得豹头环眼，所以取号为"豹子头"。

一丈青扈三娘：因身材修长、面容姣好而得名，而一丈青是宋时形容美貌女子的俗语。

九纹龙史进：身上有"一团花绣，肩臂胸膛，总有九条龙"，所以人称"九纹龙"。

【以武器为绰号】

在《水浒传》里，以武器为绰号的好汉也有不少，如「大刀」关胜，等等。

在梁山一百零八名好汉里，有的好汉的绰号是根据人物使用的兵器来取的。这些兵器多数与人物所持的兵器有关，有些则是与当时的金国炮名有关。作者这样独具匠心的设计，一是为了让读者可以知道这些人物他们所赖以成名的兵器，其二是为了让读者了解当时社会的一些背景。例如：

大刀关胜：是三国名将关羽的后代，精通兵法，使一把青龙偃月刀，所以人称大刀关胜。

双鞭呼延灼：名将呼延赞的后代，善用双鞭，故号"双鞭"。

双枪将董平：用的武器是双枪，舞如梨花遍体，勇猛无敌，人称

"英雄双枪将，风流万户侯"。

没羽箭张清：惯使飞石，像没有羽毛的箭一样，故号"没羽箭"。在东昌府一战，张清用飞石连打梁山十五员大将，从此"没羽箭"之名威震天下。

金枪手徐宁：金枪法、钩镰枪法天下独步，枪法变幻莫测，雁翎金甲刀枪不入。

【以神怪星宿名为绰号】

《水浒传》中的人物绰号各有特色，有的英雄好汉的绰号，是以神怪星宿名来取的，这是为什么呢？

施耐庵为《水浒传》中的人物设计绰号的确是很花心思的。以神怪星宿名为绰号，这虽然可以看得出作者是受到封建意识的影响，但也是作者独具匠心的设计之一。

在这些以神怪星宿名作为的绰号里，其中以"凶星"居多，这样不仅体现了作者所塑造人物的勇猛凶悍，反映了他们不为封建礼教束缚的反叛精神，而且还加深了《水浒传》的精神内涵，同时也与书中所谓"上应天命，星君托世"的梁山好汉说法相印证。另外，也是用对比来表现梁山好汉"号虽丑、心有义"的真性情。如：

赤发鬼刘唐：紫黑阔脸，因鬓边生有红痣，痣上面还长了一片黑毛，故人称"赤发鬼"。专使一口朴刀，武艺过人，攻打方腊时阵亡。

立地太岁阮小二：太岁是一种肉状的生物，传说生于土中，很厉害。如果有人惹怒了它，就会遭殃。立地，表明生活在地面。叫阮小二为"立地太岁"，是因为阮小二性格刚烈，既不容忍别人欺负他，也不允许恶人横行乡里。所以恶人都怕他，不敢招惹。

操刀鬼曹正：是林冲的徒弟。祖辈是屠户出身，善于杀猪剥牛而且手段极好，所以人称"操刀鬼"。最后，在征讨方腊时中毒而死。

母夜叉孙二娘：夜叉是佛教中的护法，喜欢吃人，但也是护法。

母夜叉是比喻凶悍、泼辣的妇女。由于孙二娘在孟州道十字坡与张青开酒店卖人肉，专干杀人夺货的勾当，而且性情凶恶，所以人称"母夜叉"。

八臂哪吒项充：背插二十把飞刀，会妖法，哪吒八臂，比喻能耐了得。最后，在同宋江征讨方腊时，项充在睦州城被乱军剁作肉泥。

读名著 学知识 · 《水浒传》

【以人物品性、志向或遭际为绰号】

给各位英雄取绰号，是施耐庵塑造人物形象的一个重要手段。以人物品性、志向或遭际为绰号，也可加深读者对人物的印象。

在《水浒传》中，有十五位好汉的绰号属于"性格类"绰号，例如霹雳火秦明、黑旋风李逵、浪子燕青，等等。

霹雳火秦明：因其性如烈火，刚烈骁勇，恰似霹雳，故人称"霹雳火"。

没遮拦穆弘：步战常用朴刀，马战使长枪。有一身高超的武艺，恃强冲动，横冲直撞，无人能挡。此绰号形容得很传神。

浪子燕青：通常把在外面瞎混捣蛋的年轻人称为"浪子"。但是燕青心灵手巧，不仅会吹箫唱曲，还精通相扑，而且还射一手好箭，

称燕青为浪子，并非全是贬义，相反却含有夸耀的成分。他无所不通，不受封建礼法的约束，是位放任不羁的豪杰。

黑旋风李逵：有两种说法，一是旋风其实是宋代的一种火炮，李逵面似黑炭，性情火爆，恰似大炮，名副其实。另外是指李逵皮肤黝黑而且行事果断，冲杀威力惊人，如旋风般冲突千军之中，穿梭敌阵之内。不论哪种说法，都使人想到李逵是个勇敢、莽撞、憨直、做事不顾后果的人，加强了李逵形象的典型性。

【以人物本领、武艺或技艺为绰号】

在形形色色的绰号中，以人物本领、武艺或技艺为绰号的有神行太保戴宗等人。这些才能出众的人物常常令读者印象深刻。

用市井中人的职业、技艺为《水浒传》中的人物取绰号，可以看出作者施耐庵对当时的市民生活有着广泛的关注。这一类以市井中人的职业、技艺取绰号的梁山英雄是社会中常见的平民百姓的形象，由于种种原因，这些平民成为了梁山好汉，被逼上梁山。这不仅塑造了人物类型的多样性，还反映了深刻的社会现实，所以说通过梁山可以让读者看到当时的社会现实，它是社会的缩影。在"官逼民反"的混乱社会，残酷的现实让平民百姓走投无路，也强化了梁山好汉反贪官的思想倾向。如：

船火儿张横：在宋代，除了舵手，船上其他的船工全都叫船火儿，指的是船上的伙计。在上梁山前，张横是一名赌徒、船伙计，这本是他的职业也是他最擅长之处，后来演变成为了他的绰号。上梁山后，张横成为了梁山泊的水军头目，可惜征讨方腊时在途中病故。

神行太保戴宗：原是江州两院押牢节级，因其日能行八百里，行走得快，所以有"神行"之称。而"太保"一称呢，是因为戴宗打扮似庙祝，且有异术，宋时称这类人为太保。上了梁山后，戴宗专门负责打探消息，为山寨立下功劳无数。

丑郡马宣赞：宣赞原来是一名武官，掌管兵马。"此人生的面如锅底，鼻孔朝天，卷发赤须，彪形八尺"，使用的武器是钢刀，武功出众。在连珠箭得胜，于是爱才的郡王招他做郡马，因他长相丑陋，所以得名"丑郡马"。

活闪婆王定六："活闪"也就是"霍闪"，在江淮一带指的是闪

电的意思，在陕北内蒙古河套一带也有类似叫法，指的是闪过、迅速、快的意思。"活闪婆"即道教中所说的电母。直到今天在杭州方言中还有"霍闪"一词，因为"活闪婆"中的"活"与"霍"谐音，所以才有了王定六"活闪婆"的来历。在《水浒传》里，王定六走路是跳着走的，转眼间人就不见了。"活闪婆"这个绰号把抽象的东西形象化了，使人容易记住。

【以古人名为绰号】

《水浒传》中的人物绰号各有特色，其中，用古人名为绰号这也是作者独特的用意。

以古人名作为绰号，是作者施耐庵有意将梁山好汉与有相似之处的古人进行联系，通过以古人名称为绰号说明他们的共通之处。以古人名为绰号，一是可以让读者更容易了解梁山好汉的厉害之处，再就是这也反映了当时的绿林好汉的尚古之风。但值得一提的是，《水浒传》中有些人物绰号是不能望文生义的，例如病关索杨雄、病尉迟孙立，这里的"病"字并不是"疾病"的意思，而是"超过"，意为"超过关索"、"超过尉迟"。

小李广花荣：原是清风寨的副知寨，不仅相貌出众，而且身手也

相当了得。花荣使一杆银枪，善骑烈马，能开硬弓，多次用神箭立奇功。以西汉飞将军李广为绰号，人称"小李广"是因为花荣与李广都精通射箭。

小温侯吕方：原本在对影山一带落草为寇，后来投奔梁山。吕方平常爱学东汉末年猛将吕布为人，因此习学方天画戟，又因为吕方与吕布同姓，所以被称"小温侯"。

病尉迟孙立：模仿隋末起义军中尉迟敬德的名字而来。因为尉迟敬德善用鞭，而孙立也同他一样善用鞭，所以以之为名。

《红楼梦》

作者：（清）曹雪芹

回数：红楼梦共一百二十回

介绍：《红楼梦》是一部具有高度思想性和高度艺术性的伟大作品，代表古典小说艺术的最高成就之一。在中国古代民俗、封建制度、社会图景、建筑金石等各领域皆有不可替代的研究价值，达到中国古典小说的高峰。被誉为"中国封建社会的百科全书"。

《西游记》

作者：（明）吴承恩

回数：共一百回

介绍：西游记前七回叙述孙悟空出世，有大闹天宫等故事。此后写孙悟空随唐僧西天取经，沿途除妖降魔、战胜困难的故事。书中唐僧、孙悟空、猪八戒、沙僧等形象刻画生动，场景规模宏大，故事结构完整，是中国古典小说中伟大的浪漫主义文学作品。

《水浒传》

作者：（元末明初）施耐庵

回数：一百二十回

介绍：全书以描写农民战争为主要题材，塑造了宋江、吴用、李逵、武松、林冲、鲁智深等梁山英雄群体，揭示了当时的社会矛盾。故事曲折、语言生动、人物性格鲜明，具有很高的艺术成就。

《三国演义》

别名：《三国志通俗演义》

作者：（元末明初）罗贯中

回数：共一百二十回

介绍：《三国演义》故事开始于刘备、关羽、张飞桃园三结义，结束于王浚平吴。描写了东汉末年和三国时代魏、蜀、吴三国之间的军事、政治斗争。文字浅显、人物形象刻画深刻、情节曲折、结构宏大。